LES
BIBLIOTHÈQUES POPULAIRES
A L'ÉTRANGER ET EN FRANCE

PAR

MAURICE PELLISSON

INSPECTEUR D'ACADÉMIE

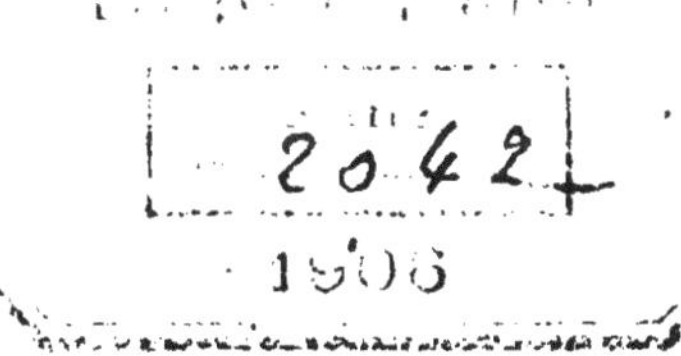

PARIS

IMPRIMERIE NATIONALE

MDCCCCVI

LES
BIBLIOTHÈQUES POPULAIRES

À L'ÉTRANGER ET EN FRANCE

LES
BIBLIOTHÈQUES POPULAIRES
À L'ÉTRANGER ET EN FRANCE.

I

LES BIBLIOTHÈQUES PUBLIQUES AUX ÉTATS-UNIS.

Durant les cinquante dernières années, il n'est pas de pays où les bibliothèques publiques aient pris plus d'extension que dans les États-Unis de l'Amérique du Nord : leur nombre, leur importance y ont augmenté d'une façon tout à fait surprenante, et il faut ajouter que, par la manière dont elles sont administrées et organisées, elles présentent un caractère démocratique qui ne se marque nulle part ailleurs au même degré. Les citoyens de la grande république américaine prisent très haut cette institution et sont légitimement fiers des progrès qu'ils lui ont fait accomplir. Ils en ont retracé avec complaisance les origines et le développement. Pour le rapide historique que nous voudrions donner ici, nous n'avons qu'à choisir entre les documents qui abondent et à résumer quelques ouvrages où le sujet a été très diligemment étudié [1].

[1] Nous indiquons une fois pour toutes les sources auxquelles nous avons le plus souvent puisé : *Public libraries in the United States of America. Special Report. Department of the Interior, Bureau of Education. Part I*, Washington, 1876. — *Report of the Commissioner of Education for the year 1892-1893.* Vol. I, Washington, 1897. — *Report of the Commissionner of Education for the year 1899-1900.* Vol. I. Washington, 1901. — *Home Education Bulletin. Public libraries and popular education*, Albany, May 1900. — *National educational Association. Journal of proceedings and addresses of the fortieth annual meeting held at Detroit*, July 1901. Published by the Association, 1901. — *Report of the Commissioner of Education for the year 1902.* Vol. I, Washington, 1903. — William T. Fletcher, *Public libraries in America.* Boston, 1894. — Thomas Greenwood, *Free public libraries*, London, 1886. — Schultze, *Freie öffentliche Bibliotheken*, Stettin, 1900. — Depping, «Les bibliothèques publiques aux États-Unis» (*Journal officiel*, 5 mai 1877). — Daniel Grand, «L'organisation et le fonctionnement des bibliothèques publiques

HISTORIQUE.

On a eu raison de noter [1] comme un fait important que les premiers colons de la Nouvelle-Angleterre avaient, en général, de la culture et que les familles de puritains qui montaient la « Fleur-de-Mai » possédaient presque toutes une petite bibliothèque privée : il y avait là en effet une promesse et un germe.

Vingt ans après, la bibliothèque de l'Université Harvard (1638) était fondée et ainsi un dépôt de livres se trouvait mis à la disposition d'une collectivité.

Mais cette collectivité ne comprenait que le personnel universitaire des maîtres et des élèves. Cent ans plus tard Franklin imagine un cadre singulièrement large et souple en créant à Philadelphie la première bibliothèque par souscription. Il a raconté comment, en 1731, il réunit une cinquantaine de personnes, pour la plupart de jeunes artisans, qui mirent en commun les volumes qu'ils possédaient et qui, pour augmenter cette collection, s'engagèrent à payer une première fois 40 shillings, puis 20 shillings chaque année. Ainsi, pour profiter de la bibliothèque, plus d'autre condition que de verser une cotisation, dont le taux était assez peu élevé pour que les humbles mêmes pussent l'acquitter. Les lecteurs associés montraient d'ailleurs leur préoccupation de l'intérêt général en établissant dans leurs statuts que tous les citoyens seraient admis à lire sur place; les cotisants ne se réservaient d'autre privilège que de pouvoir emporter les livres à domicile. Le type complet de la bibliothèque publique n'était pas encore ainsi complètement réalisé, mais il ne s'en fallait guère. Et cela est si vrai que la personnalité civile (*incorporation*) fut accordée à la « Philadelphia Library Company » dix ans après sa fondation et qu'elle obtint l'exemption d'impôts (1742).

En fait, on peut considérer que, dès lors, la première période de l'histoire des bibliothèques publiques a commencé;

des États-Unis» (*Courrier des bibliothèques*, mars-avril 1901).— A. Schinz, «Les Bibliothèques publiques aux États-Unis» (*Bibliothèque universelle et Revue suisse*, juillet 1898).

[1] *The public library movement in the United States*, by Joseph Leroy Harrison (*The Library*, mars-avril 1896).

pendant environ cent années une foule de sociétés de souscripteurs préparèrent leur avènement [1].

En même temps, durant tout le xviii° siècle et pendant le premier quart du xix°, on vit s'instituer un grand nombre de bibliothèques qui ne s'adressaient pas à la généralité des lecteurs, mais à des réunions d'hommes appartenant à une même confession religieuse, à une même profession, à un même métier : bibliothèques des paroisses, dont l'initiateur fut le Dr Bray vers 1700, bibliothèque juridique, bibliothèque médicale à Philadelphie; bibliothèque des arts et des sciences, bibliothèque des jeunes employés de commerce à Boston; bibliothèque législative et administrative (dite *du Congrès*) à Washington, etc. C'est aussi dans cette période que, pour la première fois, certaines bibliothèques reçurent des subventions municipales : telle la bibliothèque de Salisbury, dans le Connecticut, en 1803.

Le mouvement, ainsi commencé, s'accentua à dater du jour où le gouverneur de l'État de New-York, de Witt Clinton, proposa à l'Assemblée législative, dans son message annuel, de créer des bibliothèques dans les districts scolaires. Son idée n'aboutit pas tout de suite : mais, en 1835, fut votée une loi, autorisant les citoyens à s'imposer pour fonder et entretenir des bibliothèques de ce genre. Il faut ici, pour prévenir une confusion possible, rappeler les paroles de John A. Dix, secrétaire de l'État, expliquant le dessein que l'on poursuivait : « La loi, disait-il, est faite moins encore pour l'intérêt des enfants qui fréquentent l'école que pour les adultes qui ont quitté les bancs. Son objet général est de placer, dans le district scolaire, à la portée de tous ses habitants, une collection de bons ouvrages propres à cultiver leur intelligence et à les munir de connaissances utiles. » Il ne s'agissait donc pas de former des bibliothèques destinées spécialement aux écoles, mais de placer une bibliothèque publique, dans chaque circonscription scolaire. L'exemple donné par l'État de New-York ne tarda pas à être suivi, et tout d'abord dans le Michigan (1837) où Horace Mann faisait campagne pour développer l'éducation populaire. En 1838, le Gouvernement central ayant mis à la disposition des divers États une certaine

---

[1] Pour l'histoire de ces bibliothèques de sociétés voir Horace E. Scudder, « Public libraries a hundred years ago », dans le *Special Report from Bureau of Education*, 1876.

1.

somme qui devait être affectée à l'achat de livres et de matériel pour les écoles, le mouvement s'étendit et s'accéléra. On vit s'ouvrir des bibliothèques de district scolaire dans le Connecticut (1839), Rhode Island et Iowa (1840), Indiana (1841), Maine (1844), Ohio (1847), Wisconsin (1848), Missouri (1853). Cette date de 1853 marque le moment où l'institution fut le plus prospère : les bibliothèques de district comptèrent alors un total de 1,604,210 volumes. Mais, dès lors, commence un recul : graduellement le nombre des volumes diminue et, en 1888, on constate qu'il est tombé à 762,388. Après avoir donné des promesses de succès, l'entreprise avait donc échoué. Pour quelles raisons ? Peut-être le district scolaire était-il une unité territoriale trop étroite ; peut-être avait-on trop négligé d'organiser un contrôle pour l'emploi des fonds et la conservation des livres ; peut-être commit-on une faute en tolérant que les subventions du Gouvernement pussent être appliquées aux besoins de l'école en général, et non pas seulement à la bibliothèque. Le fait est qu'il fallut, en 1889, dans l'État de New-York, sur l'initiative de Melvil Dewey et de A.-S. Draper, surintendant de l'Instruction publique, réformer l'institution de fond en comble ; sans quoi elle eût disparu d'elle-même. Mais, malgré cet insuccès, l'expérience des bibliothèques de district ne fut pas inutile : elles avaient reçu des subventions de l'État et étaient entretenues par une imposition municipale, elles étaient créées par une loi et instituées près de l'école. On les considérait donc comme un organe de l'éducation nationale. Le principe même de la bibliothèque publique était acquis ; il ne s'agissait plus que de trouver les moyens d'en faire une meilleure application.

C'est à quoi pourvut l'époque qui suivit et qui forme comme la troisième période de l'histoire des bibliothèques publiques aux États-Unis.

En 1847, Josiah Quincy, maire de Boston, proposa à l'assemblée municipale de demander à l'assemblée de l'État que la ville fût autorisée à lever un impôt pour établir une bibliothèque publique. Cette autorisation fut accordée ; Boston eut ainsi la première bibliothèque publique de ville (*Free Town Library*) ; à la circonscription de district scolaire était substituée la circonscription urbaine, bien plus propre à assurer le succès de l'institution.

L'autorisation donnée à la seule ville de Boston fut étendue à toutes les villes du Massachusetts, en 1851; dès 1849, l'assemblée du New-Hampshire avait donné une autorisation générale aux cités de l'État, et la même mesure fut prise dans le Maine (1854), Vermont (1865), Ohio (1867). Depuis 1870, ce mouvement a gagné tous les États et s'est développé surtout dans ceux du Centre et de l'Ouest. Le type de la bibliothèque publique est dès lors réalisé.

Un nouveau progrès s'accomplit quand certai... s assemblées législatives décidèrent que les États pourraient encourager et assister les villes pour l'établissement et le développement de leurs bibliothèques. C'est en Massachusetts que la première loi de ce genre a été votée en 1890. Une commission de cinq membres nommés par le gouverneur a pour mission de prêter son appui et de donner des directions aux bibliothécaires et aux administrateurs des bibliothèques municipales; elle a de plus le pouvoir d'attribuer une subvention de 100 dollars aux villes qui acceptent les dispositions de la loi et le contrôle de l'État. C'est dans le même esprit que l'État de New-York, en 1892, a mis le système des bibliothèques municipales sous la direction des régents de l'Université et qu'il vient en aide aux villes sous diverses formes.

Reste encore une étape à franchir. De divers côtés l'on demande que la bibliothèque publique soit rendue obligatoire pour les villes, comme l'école est obligatoire. Cette idée commence à faire du chemin : une proposition en ce sens a été présentée, en 1892, à l'assemblée législative du New-Hampshire [1]. Elle n'a pas abouti; mais on ne considère pas cet échec comme définitif; on croit plutôt que le xx° siècle ne se passera pas sans qu'on ait assuré le succès de cette entreprise nouvelle. «Jadis, lisons-nous dans le *Home Education Bulletin* (mai 1900), on regardait comme une *charité* d'instruire les enfants du peuple; on reconnaît aujourd'hui que c'est un *devoir*. Tôt ou tard on appliquera le même principe aux bibliothèques publiques qui sont une des formes les plus hautes de l'éducation nationale. »

[1] En 1897, la loi du New-Hampshire a rendu l'établissement de la bibliothèque obligatoire, sinon pour toutes les communes, au moins pour celles d'une certaine importance.

LÉGISLATION ET ADMINISTRATION.

Nous avons indiqué le principe général suivant lequel sont fondées les « Free Town Libraries »[1]; mais il faut bien entendre que leur législation n'est point uniforme. Il y a sans doute toujours de l'analogie entre les lois qui règlent la matière dans les divers États de l'Union; mais il y a aussi des différences entre les dispositions de ces lois relativement à l'institution des bibliothèques, à leurs ressources, à leur mode d'administration. Il convient donc de donner quelques détails sur ces divers points.

Quand la création d'une bibliothèque municipale est demandée, la décision, d'après laquelle la ville est autorisée à lever une taxe spéciale pour la fonder et l'entretenir, appartient, dans certains États, à l'assemblée législative de l'État. C'est ainsi que les choses se passent en Californie, Colorado, Minnesota, Mississipi, Nebraska, Ohio. Et c'est un premier cas. Second cas : dans des États assez nombreux (Connecticut, Iowa, Maine, Massachusetts, Missouri, Montana, New-Hampshire, New-Jersey, New-Mexico, New-York, Dakota N. et S., Texas, Vermont, Wisconsin) cette décision est prise à la suite d'un vote de la population régulièrement convoquée à cet effet. Troisième cas : en Illinois, Kansas, Michigan, dans les grandes villes c'est le conseil municipal qui décide; dans les villes de moindre importance la population, assemblée en meeting, se prononce par un vote. Ailleurs, enfin, l'autorisation est accordée sur un avis formulé par le bureau d'éducation.

De même, en ce qui concerne la quotité de la taxe qui peut être levée, il y a des variations suivant les lieux. Dans certains

---

[1] Les « Free Town Libraries » ne sont pas les seules bibliothèques publiques qui existent aux États-Unis. Sont aussi publiques les bibliothèques d'État (mais en général elles ne font pas de prêts au dehors) et les bibliothèques de district scolaire, qui n'ont point partout disparu. Mais la bibliothèque publique gratuite, entretenue par une taxe municipale, servant à la fois aux lecteurs sur place et faisant des prêts à domicile, est la forme la plus généralisée.

On remarquera que nous ne parlons pas de bibliothèque populaire; les États-Unis ignorent cette spécialité. Les bibliothèques publiques y sont faites pour toutes les classes, et la classe populaire n'hésite pas à les fréquenter, parce que l'accès en est commode et que toutes les mesures utiles y sont prises pour que le public peu lettré puisse, sans peine et sans embarras, trouver ce qu'il lui faut.

États, le montant de cette taxe reste indéterminé : les villes ont toute liberté pour le fixer à leur gré (Connecticut, Massachusetts, New-Hampshire, New-York, Pennsylvanie, Texas). Vingt-trois États limitent le montant de la taxe par une disposition légale. Il varie d'un tiers de centime (*mill*) à 2 centimes 1/2 par dollar sur la propriété imposable. C'est d'après le chiffre de la population que le taux est déterminé. Parfois les villes sont autorisées à lever, pour la fondation de la bibliothèque, une taxe plus forte que celle qui est autorisée par la suite pour son entretien. Il est des États, par exemple le Colorado, où la loi ne prévoit pas une imposition directe, mais où elle affecte à l'entretien de la bibliothèque publique le produit des amendes infligées pour les délits et contraventions. En Rhode Island, l'État accorde une subvention aux villes qui veulent fonder une bibliothèque publique, à charge pour ces villes de voter une somme égale à celle qui leur est accordée.

Il faut remarquer que les crédits, une fois votés, ne peuvent plus être modifiés que par un nouveau vote. Les assemblées municipales ne peuvent ni les augmenter, ni les réduire : bonne précaution contre les fantaisies des politiciens.

Aux ressources ordinaires ainsi créées, très souvent il vient s'en ajouter d'autres. Dans certaines villes, l'impôt direct prélevé en faveur de la bibliothèque publique est augmenté par le produit de certaines taxes spéciales. Ainsi, à Worcester (Massachusetts), la bibliothèque voit son budget annuel grossi d'environ 6,000 dollars par le produit de la taxe sur les chiens. Les dons et legs, en argent et en volumes, faits par des particuliers contribuent aussi, dans une très large mesure, à la prospérité des « Free Town Libraries ».

Les bibliothèques, fondées par des particuliers et entretenues par le revenu des sommes qu'ils ont données, celles qu'on appelle bibliothèques dotées (*endowed*) peuvent être incorporées à la municipalité et, par suite, en recevoir des subventions permanentes ou temporaires. Le même avantage est assuré à des bibliothèques qui, après avoir été des bibliothèques de sociétés, sont devenues municipales, suivant le vœu des souscripteurs.

Il arrive que certains donateurs se contentent de fournir le terrain et le local où la bibliothèque est installée, laissant à la ville le soin de pourvoir aux dépenses d'entretien. D'autres, et c'est là un cas très fréquent, offrent une certaine somme pour la construction des bâtiments et pour d'autres dépenses, à la condition que la ville votera une somme égale.

Enfin, dans certaines occasions, des souscriptions extraordinaires sont provoquées en faveur de la bibliothèque et il n'est pas rare qu'elles atteignent un total élevé.

En fait, les ressources des «Free Town Libraries» sont très larges et hors de toute proportion avec celles qui sont attribuées aux bibliothèques européennes. Les municipalités se montrent volontiers libérales, comme si elles se sentaient stimulées par la munificence des particuliers. Cette sorte de munificence est, en effet, devenue traditionnelle dans le pays des milliardaires. Dans un appendice de son livre : *Public Libraries in America*, M. Fletcher dresse une liste des principaux dons et legs; il en cite soixante, parmi lesquels il n'en est pas d'inférieur à 30,000 dollars, et il nous faut en signaler quelques-uns d'une opulence extraordinaire : à Chicago, Waltér N. Newburg donne 2 millions de dollars, John Crerar, 3 millions; à Baltimore, John Peabody, 1,400,000, Enoch Pratt, 1,225,000; à Saint-Paul (Minnesota), Henry Hall, 500,000; à New-York, la famille Astor, 200,000, James Lenox, 800,000; à Rochester, Mortimer F. Reynolds, 500,000; à Philadelphie, Dr James Rush, 1,500,000. Mais tous restent bien loin derrière M. Andrew Carnegie : en 1900, il avait distribué aux bibliothèques publiques des États-Unis une somme totale de 8,482,950 dollars. Depuis, en 1900-1901, 12,759,700 dollars ont été consacrés par lui à ce même objet [1].

On ne saurait oublier d'ajouter que les bibliothèques américaines ne reçoivent pas seulement des dons en argent; elles sont aussi enrichies par des dons précieux en volumes; telles les belles collections d'ouvrages léguées à la bibliothèque de Boston par Josiah Bates et George Ticknor.

Riches pour la plupart, les «Free Town Libraries» sont aussi en général bien administrées. Cette administration s'exerce par un conseil (*Board of Trustees*). Le nombre des membres qui le composent varie suivant l'importance des établissements et des localités; il n'est jamais inférieur à 3, et il est de 9 dans les bibliothèques d'importance moyenne. Les membres sont plus nombreux dans les grandes villes et aussi dans le cas où, la biblio-

---

[1] Du 1er juin 1902 au 31 mai 1903, Carnegie a donné 6,679,000 dollars (*The Library Journal*, juin 1903, p. 111).

thèque ayant été fondée par un particulier ou cédée par une société, les donateurs demandent à être représentés dans le conseil. L'assemblée municipale y a toujours un représentant, ici le maire, là le président du bureau d'éducation, ailleurs le surintendant des écoles. Notons que les femmes sont admises à faire partie du *Board of Trustees*.

Souvent c'est au conseil municipal qu'il appartient d'élire les membres du *Board*, soit directement, soit sur la présentation du maire. Parfois la population les désigne, ou encore le bureau d'éducation, qui doit les choisir en dehors des personnes dont il est composé.

La durée habituelle du mandat des *Trustees* est de trois ans; d'ordinaire, ils se divisent en groupes, et un groupe sort de fonctions chaque année.

Le *Board of Trustees* a la personnalité civile; il gère les biens de la bibliothèque et exerce son contrôle sur toutes les opérations financières. La municipalité reçoit de lui un rapport annuel où il est rendu compte des recettes, des dépenses de toute nature, des acquisitions de nouveaux ouvrages, du mouvement des prêts, etc. Ce rapport est publié. Chaque année, les *Trustees* élisent leur président, leur secrétaire, leur trésorier et ils se répartissent en diverses commissions, commission d'administration, commission des bâtiments, des finances, des livres, etc. Une ou deux fois par mois ont lieu des réunions régulières et le public peut assister à ces séances dont les journaux publient le procès-verbal.

A la commission d'administration appartient le droit de faire les nominations, promotions, révocations des membres du personnel de la bibliothèque et de fixer leurs appointements. Dans la pratique, cette commission ne prend de résolutions sur ces divers points qu'après une entente avec le bibliothécaire en chef. Celui-ci qui, parfois, est nommé pour trois années, parfois pour une durée indéterminée, ne fait point partie du *Board of Trustees*, mais il y a voix consultative et souvent remplit l'office de secrétaire. En droit, il n'a pas de fonds à manier; il est pourtant d'usage, pour faciliter la marche du service, de mettre à sa disposition des sommes qui lui permettent de pourvoir aux dépenses courantes.

Pendant longtemps, les *Trustees* ont administré avec une entière indépendance; à leur autorité nulle limite, nul contrôle.

Mais on pouvait regretter aussi qu'ils n'eussent aucune direction. Depuis une quinzaine d'années, voici que, dans la législation des bibliothèques publiques, commence à se marquer une tendance nouvelle qui consiste à développer l'intervention de l'État. De 1849 à 1889, l'État se borna à autoriser les communes à établir et à entretenir leurs bibliothèques; depuis 1890, il accorde des subventions, mais sous la condition de pouvoir exercer une direction et une surveillance par l'intermédiaire de commissions (*State Commissions*), dont l'objet principal est de répandre et de développer la science bibliographique et bibliothéconomique, et en général de hâter les progrès des bibliothèques. Des lois en ce sens ont passé en Massachusetts (1890), New-York (1892), Maine, New-Hampshire, Connecticut (1893).

C'est peut-être l'État de New-York qui, à cet égard, a fait la démarche la plus décisive. Sa loi sur les « Free Town Libraries » a été incorporée à la loi sur l'Université d'État. Voici, en bref, les relations qu'elle établit entre les régents de l'Université et les bibliothèques placées sous leur juridiction : chaque année, l'Université consacre une somme de 25,000 dollars au développement des bibliothèques publiques : elle leur accorde des subventions qui ne peuvent excéder 200 dollars par bibliothèque, à charge pour la commune qui bénéficie d'une subvention d'une certaine somme de voter une somme égale; des chartes d'incorporation sont conférées même aux bibliothèques qui, sans être propriétés municipales, sont toutefois ouvertes au public; les *Trustees* peuvent correspondre avec les dignitaires de l'Université et en obtenir les conseils et directions dont ils ont besoin; des collections circulantes de livres sont envoyées dans les localités rurales; enfin, l'Université entretient une sorte d'école normale pour former un personnel d'habiles bibliothécaires[1]. En échange de ces avantages qui lui sont faits, l'administration des « Free Town Libraries » est tenue d'envoyer un rapport annuel à l'Université, de se soumettre en tout temps à l'inspection et de souscrire aux révocations qui pourraient être prononcées par les régents contre les administrateurs incapables.

A l'administration officielle, l'Association des bibliothécaires américains, A. L. A., comme on dit par abréviation (*American*

---

[1] Nous parlerons plus loin avec plus de détail des bibliothèques circulantes et des écoles de bibliothécaires.

'*ibrary Association*) prête officieusement un concours très précieux.

En 1853, eut lieu une première tentative pour constituer une association de bibliothécaires; au congrès, tenu alors à New-York sous la présidence du professeur Jewett, un projet de statuts fut présenté et accueilli. Mais les choses n'allèrent pas plus loin. Vingt-trois ans après, quand les bibliothécaires se réunirent de nouveau en congrès à Philadelphie, à l'occasion du centenaire de l'indépendance, l'idée avait mûri. Alors fut fondée l'A. L. A., dont le but était défini comme suit : « Elle a pour objet de servir le progrès des bibliothèques en engageant les citoyens à les créer et à les entretenir, en travaillant à leur procurer l'appui de l'État et une législation nationale, en favorisant entre elles la coopération de façon à améliorer les résultats et à diminuer les dépenses, en provoquant entre les bibliothécaires des échanges de vues, en stimulant le zèle des administrateurs et de tous ceux qui s'occupent des questions d'éducation. » La société, d'ailleurs, résumait ses intentions dans la devise qu'elle prit dès les premiers jours : *The best reading for the largest number at the least cost.*

L'A. L. A. devint très tôt prospère; en 1903, elle comptait 1,478 membres, et, avec les recettes provenant des cotisations (2 dollars pour les membres, 5 dollars pour les associés), avec les dons et legs, elle a pu se constituer un fonds de dotation (*endowment*). Chaque année, elle se réunit en congrès, tantôt dans une grande ville, tantôt dans une ville d'eaux, tantôt à l'Est, tantôt à l'Ouest, pour traiter les questions professionnelles. Dans ces réunions, l'on a d'abord examiné surtout des sujets d'ordre pratique; depuis quelques années, les discussions tendent à prendre un caractère plus théorique et plus large. Le recueil des procès-verbaux forme une collection importante.

En raison de l'étendue du domaine où elle a à se mouvoir, l'A. L. A. a dû se diviser en plusieurs sections : il y a, par exemple, une *Trustee's Section*, qui étudie les questions administratives, une *College Section* qui s'occupe de ce qui intéresse particulièrement les bibliothèques des collèges et des Universités.

Une de ces sections, la *Publishing Section*, a manifesté une activité remarquable. C'est elle qui a donné, en 1882, une édition, mise à jour, de l'Index des périodiques, de Poole; en 1890, un

Catalogue de lecture pour la jeunesse, par John Sargent; en 1893[1], un *Index de littérature générale*, en 1903, un *Guide to the study and use of Reference books*. Elle publie (sur fiches), depuis 1898, le dépouillement de près de 200 périodiques, *Printed Cards for articles in current Periodicals*, travaux précieux pour la clientèle des bibliothèques. Le périodique que l'A. L. A. fit paraître dès 1876, *The Library Journal*, forme aujourd'hui une collection de près de 30 volumes et c'est une véritable encyclopédie de la science bibliographique et bibliothéconomique.

De plus, cette grande société encourage, dans chaque État, la création d'associations formées sur son modèle et de clubs locaux dans les diverses localités; elle soutient aussi une société (*Firma*), dite *Bureau des bibliothèques* (*Library Bureau*), qui se charge des installations matérielles, qui fournit au meilleur compte matériel et mobilier (fiches et fichiers, rayonnages, pupitres, etc., etc.); enfin elle se tient en relations étroites avec les écoles normales de bibliothécaires dont nous parlerons plus loin. Elle est, en somme, comme un laboratoire où se préparent les expériences, et comme un grand conseil privé près duquel les administrateurs peuvent toujours se renseigner sur les questions à l'étude et les sujets à l'ordre du jour.

INSTALLATION MATÉRIELLE ET ORGANISATION.

Un étranger qui visite pour la première fois une ville, petite ou grande, des États-Unis risque peu de se tromper si, en voyant la construction la plus riche, il pense que c'est la bibliothèque publique. Pour l'installation de leurs bibliothèques, ni l'espace, ni l'argent n'ont manqué aux Américains et ils ne les ont pas ménagés.

On peut voir, dans *Home Education Bulletin*, numéro de mai 1900, de nombreuses photographies représentant l'intérieur et l'extérieur de plusieurs de ces monuments[2] : tous sont au moins très confortables et beaucoup sont magnifiques. En France, on a vivement critiqué naguère ce que l'on appelait nos *palais*

[1] A cette même date, l'A. L. A. constitua, pour l'Exposition de Chicago, une bibliothèque de 5,000 volumes, dont elle dressa un catalogue, et qui était destinée à servir de modèle aux petites bibliothèques en formation.

[2] Voir aussi une brochure publiée à l'occasion de l'Exposition de Saint Louis : *Some Wisconsin Library Buildings*, Madison, 1904.

scolaires; comparés aux bibliothèques vraiment palatiales des États-Unis, ils paraissent d'assez piètres bâtisses.

Entre les plus somptueuses, on peut citer la bibliothèque de Boston. Elle a été édifiée sur le modèle de notre bibliothèque Sainte-Geneviève, mais on y a déployé bien plus de luxe. Les trois façades principales sont en granit d'un gris blanc et l'escalier central, à l'intérieur, est tout entier en marbre jaune veiné noir, provenant des carrières de Sienne. On sait que les murs sont décorés de fresques de M. Sargent (*Le Triomphe de la Religion*), de M. Abbey (*La recherche du Saint-Graal*) et de Puvis de Chavanne (*Les Muses inspiratrices acclamant le Génie messager de lumière*). L'ameublement est assorti à ces splendeurs : par exemple, pour la salle du conseil (*Trustee's Room*), on a acheté le mobilier du pavillon de Haarlem, palais de Louis Bonaparte et d'Hortense de Beauharnais.

Il faut remarquer d'ailleurs que beaucoup de bibliothèques servent en même temps de musée : musée des beaux-arts, des arts industriels, d'histoire naturelle. Dans presque toutes, on a au moins aménagé des salles de fêtes, de conférences, de concerts, parfois des gymnases. A la « Free Library » de Homestead (fondation Carnegie), il y a même des salles de billard, salle pour les dames, salle pour les hommes.

A ces préoccupations de luxe ou de confort il est arrivé que l'on ait sacrifié l'utile et que l'on ait perdu de vue les conditions imposées par la destination propre de l'édifice. Un bibliothécaire américain très réputé, M. John Cotton Dana, se moque des architectes qui, ayant à construire des bibliothèques, ont élevé des temples grecs, des palais à l'italienne ou des monuments funèbres de style composite. « L'essentiel, dit-il, quand on construit une bibliothèque, c'est d'y ménager beaucoup d'espace et un bon éclairage, d'éviter les étages, les cloisons non mobiles et les meubles fixes. Beaucoup de bibliothèques sont de construction récente; peut-être en est-il à peine une douzaine qui remplissent ces conditions. La faute en est, en partie, aux bibliothécaires, qui n'ont pas su comprendre ce que réclame l'avenir; en partie, aux *trustees*, qui ont cherché la magnificence, l'élégance, ce qui pouvait en imposer à leurs administrés; en partie, aux architectes, qui ont suivi la convention et la vieille routine pour les arrangements intérieurs et les dispositions extérieures. Les fautes des pères pèsent sur les enfants et des monuments comme la bibliothèque de Boston sont faits pour confirmer dans leurs erreurs administrateurs et architectes[1]. »

Il y a sans doute de la justesse dans la sévérité de M. Dana, mais il paraît être un peu pessimiste. Depuis une dizaine d'années, il semble, en effet, que les bibliothécaires soient décidés à rompre avec ces errements du passé et qu'ils ne craignent pas d'entrer en lutte, même de « se prendre aux cheveux »[2] avec les architectes qui veulent les perpétuer. Aussi ces derniers commencent-ils à se laisser convaincre, à moins se préoccuper de « l'effet », plus de ce qui est pratique. C'est dans cet esprit qu'un architecte de talent, M. Normand S. Patton, a cherché à dégager les principes qui doivent être appliqués au chauffage, à l'éclairage, à la ventilation des bibliothèques[3].

Telles qu'elles sont, même avec leurs défauts, les bibliothèques des États-Unis ont une installation supérieure à celle de la plupart de nos bibliothèques européennes. Pour ce qui regarde leur distribution générale, deux systèmes sont en présence : dans l'un, dit système des *stacks*, les livres sont déposés dans des magasins, placés à part, pour la construction desquels on n'emploie guère que le fer et le verre et qui ont en général une élévation de cinq ou six étages ; de là, l'on fait parvenir les livres aux lecteurs par un système de wagonnets qui roulent sur des rails passant le long des rayonnages, au moyen de longs câbles actionnés par l'électricité (*Automatic carrying busket*). Dans l'autre système, dit système de Poole, il y a autant de salles spéciales, auxquelles sont annexés leurs magasins, qu'il y a de sections dans la bibliothèque. Par exemple : A Histoire. — B. Religion. — C. Médecine, etc. On discute encore sur les avantages et les inconvénients respectifs de ces deux systèmes. La question est trop technique pour que nous la puissions examiner ici ; il nous suffira d'indiquer qu'elle est posée.

La partie de la bibliothèque réservée au public comprend toujours plusieurs divisions, qui ont pour objet de faciliter le service et d'assurer les commodités des lecteurs. Dans les bibliothèques

[1] *Library Problems.* Reprinted from the *Pedagogical Seminary,* vol. IX, n° 2.

[2] ....*in letzter Zeit Bibliothekare und Architekten sich oft in den Haaren gelegen haben.* (Schultze, *Freie öffentliche Bibliotheken,* p. 57.)

[3] *Report of the Commissioner of Education for the year 1892-1893,* vol. I, p. 718, Washington, 1895.

importantes, on trouve une *salle de distribution* (*Delivery room*), où les emprunteurs reçoivent les livres qu'ils veulent emporter à domicile; une *salle de lecture* (*Reading room*), qui contient surtout des ouvrages courants; une *salle de travail* (*Reference room*) pour ceux qui ont à faire des recherches d'ordre scientifique; une *salle des périodiques* (*Periodical room*); une *salle des journaux* (*Newspaper room*). Souvent aussi, une salle est affectée aux brevets d'invention (*Patent room*). De plus, il n'est pas rare que des locaux à part soient réservés aux femmes et aux enfants.

Dans ces diverses salles, le matériel d'installation ne laisse guère à désirer, et l'on apporte aussi beaucoup de soin au matériel de travail, papeterie, etc., mis à la disposition des lecteurs.

Ce n'est pas tout : l'on ne croit pas avoir assez fait en rendant commode l'accès de la bibliothèque [1] et son séjour confortable. L'expérience ayant montré que bien des gens, qui hésitent devant une longue course pour venir emprunter des livres, en feraient usage volontiers s'ils étaient à leur portée, beaucoup de bibliothèques se sont, pour ainsi dire, extériorisées. Dans les villes qui couvrent une large surface, elles ont, pour pouvoir atteindre les lecteurs, établi des succursales et des sections de prêt et de distribution.

Il y a d'abord de simples sections de prêt (*Delivery station*) et voici comment les choses s'y passent : à la bibliothèque centrale sont préparés dans la matinée les envois de livres demandés à la section; on les y fait parvenir l'après-midi par des voitures de louage; puis, après un temps déterminé, ils sont retournés à la bibliothèque centrale pour être échangés contre de nouveaux volumes. C'est à la bibliothèque centrale que toutes les opérations sont enregistrées; à la *Delivery station*, on se borne à recueillir et à transmettre les demandes, à recevoir et à retourner les ouvrages demandés. Ce sont des employés de la bibliothèque centrale qui font ce service.

Dans les *Distributing agencies*, l'on fait parvenir à des époques déterminées, tous les deux mois, tous les six mois par exemple, une quantité de livres suffisante pour répondre aux demandes qui

---

[1] Les bibliothèques, aux États-Unis, sont ouvertes au public de 9 heures du matin à 10 heures du soir. Pour des motifs d'ordre religieux, elles ferment le dimanche. Mais une campagne a commencé pour obtenir qu'elles soient ouvertes aussi ce jour-là.

se peuvent prévoir. Pendant ce temps, ils sont mis à la disposition des emprunteurs, et ils circulent ainsi jusqu'au moment où ils rentrent à la bibliothèque centrale, qui les remplace par une collection nouvelle. Ces agences de distribution ont leur siège dans des usines, dans des boutiques, souvent chez des pharmaciens; elles sont tenues par des collaborateurs bénévoles.

Remarquons que les sections de prêt comprennent parfois une salle de lecture, et que l'on y place de petites collections d'ouvrages qui peuvent être lus sur place (*Delivery stations with Reading room*).

Les succursales (*Branches*) ont plus d'importance que les sections de prêt et les agences de distribution. Elles possèdent d'une façon permanente des collections assez étendues; elles font le service des prêts directement et indépendamment de la bibliothèque centrale, tout en lui étant rattachées par des rapports administratifs. Les bâtiments où on les installe sont construits en général en vue de recevoir environ 10,000 volumes. Enfin leur personnel détaché de la bibliothèque centrale se compose de deux bibliothécaires adjoints (*assistants*) et d'un concierge.

Il arrive en outre que ces succursales organisent, elles aussi, des sections de prêt (*combined branch libraries and delivery stations*). C'est ce qui se voit à Boston, où la Bibliothèque publique compte 8 succursales et 14 sections.

Ainsi, dans les bibliothèques des villes américaines bien agencées pour recevoir le public, l'on ne croit pourtant pas que l'on n'ait qu'à l'attendre; l'on va au-devant de lui. Et voici que, depuis quelques années, l'on se préoccupe de rayonner sur les campagnes. Longtemps, il n'avait pas été fait d'effort continu et systématique pour procurer aux paysans, aux habitants des petits villages, les moyens d'avoir accès à des collections de bons livres. L'on savait cependant que, si les livres manquaient dans les communes rurales, c'était moins parce que l'on n'y aimait pas à lire que par suite de difficultés d'ordre purement pratique.

En 1892, Melvil Dewey imagina un système d'extension applicable aux bibliothèques rurales. Il obtint de l'assemblée de l'État de New-York un crédit qu'il employa à l'achat de collections formées de cinquante, soixante, cent volumes. Des *stations* furent établies dans des écoles de village, des centres d'extension universitaire, des clubs d'étude, etc. Une collection était envoyée dans une station pour six mois, et, à la fin de cette période, elle était retournée à Albany pour y être dirigée sur un autre point. C'est là le système des bibliothèques nomades, *Travelling Libraries* [1].

Pour assurer la conservation des volumes et leur retour, certaines garanties sont exigées. Dans les communes qui n'ont ni bibliothèque publique ni école autorisée, il faut pour obtenir un envoi qu'une demande soit faite et signée par 25 contribuables. Chaque collection est placée dans une boîte et accompagnée d'un catalogue imprimé et annoté. Elle est composée de façon à constituer soit une petite bibliothèque générale, soit une bibliothèque sur un sujet spécial, suivant les demandes et les besoins; ainsi : *Cinquante livres sur l'économie politique,* — *soixante volumes sur l'agriculture,* — *vingt-six ouvrages sur les littératures anglaise et américaine,* — *choix de cinquante livres pour la jeunesse,* etc. Ces envois ont pour objet d'amorcer, pour ainsi dire, l'institution d'une bibliothèque locale. Des localités un peu importantes on exige même l'engagement qu'elles prendront des mesures pour fonder, dans un certain délai, une bibliothèque permanente. En fait beaucoup de *Travelling Libraries* se sont déjà transformées en établissements sédentaires et permanents.

Le succès obtenu par cette organisation dans l'État de New-York a amené d'autres États à l'imiter. Des bibliothèques circulantes fonctionnent en Michigan, dans l'Ohio, le Kansas [2], le Maine, Iowa, Minnesota.

En somme, comme on le voit, le système des bibliothèques publiques aux États-Unis est extrêmement souple et élastique. On pourrait dire qu'il consiste à centraliser les ressources et à décentraliser les livres. Et c'est ce que Melvil Dewey exprimait un jour d'une façon assez pittoresque : « Autrefois, disait-il, les bibliothèques étaient des réservoirs; aujourd'hui, elles deviennent des fontaines. »

LE RÔLE ET LA SITUATION DES BIBLIOTHÉCAIRES.

L'esprit à la fois entreprenant et pratique des citoyens de l'Union, leur tendance à dépenser avec largesse l'argent dont ils

[1] Voir *Travelling Libraries,* by Frank A. Hutchins. Published for the A. L. A, Boston, 1902.

[2] Voir *Second biennial Report of the Kansas Travelling Libraries Commission,* 1901-1902, Topeka, 1902.

disposent, il y aurait là de quoi expliquer le développement qu'a pris chez eux l'œuvre des bibliothèques publiques. Mais ce progrès tient aussi à une autre cause d'un ordre plus élevé : à la conviction profonde où ils sont qu'une société démocratique, qui veut vivre et prospérer, doit travailler à assurer et à promouvoir l'éducation de tous ses membres. « Un gouvernement populaire sans éducation populaire, a dit le président Madison, n'est que le prologue d'une farce ou d'une tragédie, parfois des deux en même temps. » C'est là une vérité qui, aux États-Unis, a pénétré la conscience nationale.

Dès longtemps on y a fait de grands sacrifices en faveur de l'école; mais, dès longtemps aussi, l'on s'est aperçu que l'école n'est point la seule force éducatrice, que son influence se limite à l'époque la plus courte et la moins active de la vie humaine, que son action, en somme, reste insuffisante. D'autre part, dans ce pays de *self help*, on ne pouvait manquer de priser très haut l'éducation que l'individu se donne à lui-même; or n'est-il pas vrai que l'instrument principal de cette auto-éducation c'est la lecture? De là devait naître l'idée qu'il faut voir dans la bibliothèque publique un organe éducatif de premier ordre. « Nous savons tous par expérience, dit Melvil Dewey, que la grande porte de l'âme humaine c'est l'œil et non pas l'oreille. Les livres, les journaux, les revues ont sur le cours des événements une action bien plus effective que les sermons, les discours ou les conversations. Dans une enquête récente, faite avec beaucoup de soin par d'habiles éducateurs, on a cherché ce qui exerçait le plus d'influence sur la vie de l'enfant; et l'on a reconnu que ce n'était ni le père, ni la mère, ni l'école, mais la lecture..... Aucun homme avisé ne saurait douter qu'il est d'un suprême intérêt pour notre pays que tous les citoyens puissent avoir accès aux meilleurs livres qui inspirent et forment le caractère, à la science qui fonde la prospérité nationale. C'est l'œuvre que les bibliothèques peuvent accomplir d'une façon très efficace et très économique. » Aussi Dewey refuse-t-il de se ranger à l'opinion de ceux pour qui la bibliothèque n'est rien de plus qu'un auxiliaire de l'école. A cet égard, « il convient, dit-il, de rectifier le point de vue auquel on se place en général. Je proteste quand j'entends dire que la bibliothèque est un auxiliaire utile de l'école, quand on la met sur le même rang qu'un laboratoire ou qu'un gymnase. Si l'on se fait de l'éducation une idée suffisamment

large, on se gardera d'atteler en flèche la bibliothèque et l'école,
on les attellera de front ».

Qu'on ne voie pas là l'engouement d'un professionnel épris de
son métier et de son rôle. Ne sait-on pas que Carnegie, après
s'être demandé quel emploi il pouvait et devait faire du superflu
de sa richesse, a déclaré que le cadeau le plus utile que l'on pût
offrir à une cité, c'était celui d'une bibliothèque publique ? En
1899, le maire de Boston écrivait dans un article de revue les
lignes suivantes : « L'action de notre bibliothèque publique a un
caractère si compréhensif qu'on la peut tenir pour une université populaire ; elle constitue un exemple excellent de socialisme
municipal mis en pratique. » Cette conviction des milieux cultivés, la foule la partage. On en a la preuve dans ces bibliothèques commémoratives que l'on trouve dans beaucoup de communes. Ici elles ont été fondées par de simples citoyens en
mémoire de leurs parents défunts ou d'un enfant qu'ils ont perdu ;
ailleurs elles sont dues à des groupes de cotisants qui ont voulu
perpétuer le souvenir de leurs compatriotes tombés dans la
guerre de Sécession et qui ont stipulé qu'à l'entrée de l'édifice
serait placée une plaque portant les noms de ceux qui ont donné
leur vie pour l'abolition de l'esclavage.

L'opinion publique étant ainsi faite, ceux qui s'occupent d'éducation ont dû chercher à établir entre la bibliothèque publique
et l'école un lien de plus en plus étroit[1]. Ils ont voulu que cette
corrélation servît à la fois les deux institutions : d'une part
la bibliothèque est mise au service de l'école ; on y reçoit les
maîtres accompagnés de leurs élèves pour voir les gravures, les photographies, les cartes géographiques, etc., servant d'illustration
et d'explication au sujet que la classe est en train d'étudier ; on
délivre des cartes spéciales aux maîtres leur donnant le droit
d'emporter plusieurs livres à la fois et de les garder au delà du
délai réglementaire ; on achète des classiques ou des livres de
marque, *standard works*, pour les prêter aux écoles, pendant
un trimestre ou plus, comme livres de classe ou de lecture sup-
plémentaire ; on prépare des listes d'ouvrages et d'articles pour
les écoliers qui ont des compositions à faire ou qui doivent

[1] Voir sur ce sujet une liste d'articles et d'ouvrages cités par A. Græsel
dans son *Manuel de Bibliothéconomie*, traduction française de Laude, p. 150
(en note). Paris, 1897.

prendre part à un débat scolaire, etc.[1]; — d'autre part, on sollicite l'école de servir la bibliothèque en lui préparant une clientèle capable d'aimer les bonnes lectures et d'en profiter. La question des lectures pour la jeunesse est une de celles qui préoccupent le plus les bibliothécaires américains. A quel âge faut-il admettre les enfants? Convient-il de leur réserver une salle spéciale? Doit-on les placer sous une surveillance particulière? Combien de livres peut-on leur prêter par semaine? Quels choix y a-t-il à faire pour eux? Tous ces points sont examinés fréquemment dans les conférences et congrès de bibliothécaires et les plus réputés parmi eux s'emploient à dresser des listes de lectures pour l'enfance : tels John Sargent (*Reading for the young*) et Hardy (*Five hundred books for the young*).

Cependant l'union de la bibliothèque et de l'école, que l'on souhaite, que l'on prépare sur bien des points, ne paraît pas avoir pu s'opérer partout. Beaucoup de ceux qui la recommandent comme un principe sont forcés de reconnaître qu'elle n'a pu encore passer complètement dans la pratique. « Il n'est pas de tâche plus importante, écrit M. Metcalf, que de montrer aussi clairement que possible la corrélation qui existe entre ces deux grandes forces éducatrices... Aujourd'hui elles sont face à face dans le pays; elles se considèrent avec quelque jalousie; parfois elles se demandent une aide mutuelle, mais avec timidité, et chacune d'elles semble craindre que l'autre n'empiète sur ses droits et privilèges. Ces craintes doivent être écartées; cette jalousie doit faire place à la confiance et aux égards; ces deux grandes forces éducatrices doivent s'unir pour mener le combat commun contre l'ignorance[2]. » Comme il s'agit d'habitudes et de mœurs à créer, cette union semble devoir être surtout l'œuvre du temps. Mais on paraît croire aussi aux États Unis que son heure pourra être avancée par une institution qui date d'une époque assez récente : nous voulons parler des *Library schools*, c'est-à-dire des écoles normales de bibliothécaires.

La première école de ce genre est due à l'initiative de Melvil Dewey. En 1884, quand il était bibliothécaire de *Columbia University*, il fit ou fit faire à quelques étudiants des cours de bibliographie et de bibliothéconomie, dont la durée ne fut d'abord que de quatre mois. Après ces débuts modestes, peu à peu les cours se développèrent, eurent une durée plus longue. Mais il n'y eut d'organisation complète que du jour où Dewey ayant été nommé secrétaire de l'Université de New-York (1888), l'école, déplacée avec son fondateur, fut mise sous la direction des régents et devint une école d'État (*The New-York State library school*).

L'objet de cette école, c'est de former des bibliothécaires instruits, habiles en leur métier et pénétrés de l'idée qu'ils ont à remplir une tâche d'éducateurs. — Comme on considère qu'une culture générale assez développée est indispensable à tout bibliothécaire, on exige de ceux qui veulent être admis à l'école qu'ils aient suivi les cours complets des *high schools* et, en outre, qu'ils aient fait deux ans d'études libérales correspondant à celles des collèges. A l'école elle-même, les cours sont répartis sur deux années et, dans chacune d'elles, durent environ 38 semaines. En première année, on étudie, à un point de vue élémentaire, toutes les questions d'ordre technique et professionnel, en seconde année, ces études sont reprises, poussées dans le détail et approfondies. Il va de soi qu'en tout cela l'on fait marcher de front la pratique et la théorie. En outre, dans un certain nombre de cours communs aux deux années, l'on examine des sujets d'ordre général et surtout l'on s'efforce de susciter chez les élèves des sentiments de dévouement et de zèle professionnel. A ce dessein, l'on a soin de les mettre en rapports constants avec les membres de l'A. L. A. et on les invite à prêter leur concours à l'Association pour toutes les œuvres qu'elle peut entreprendre. Leurs deux années d'école achevées, les élèves peuvent obtenir, après examen, le grade de bachelier (*Bachelor of Library Science* [B.L.S.]); on n'arrive au grade de maître (M.L.S.) qu'après quatre années d'exercice et la soutenance d'une thèse; quant au grade de docteur (D.L.S.), il est conféré par un vote, qui doit être unanime, des régents de l'Université à ceux-là seuls qui, dans la pratique de leur profession, ont rendu des services exceptionnellement distingués.

A l'imitation de l'école de New-York, il s'est formé plusieurs établissements qui poursuivent le même objet par les mêmes moyens; telles les écoles de bibliothécaires de l'Institut Pratt, de l'Institut Drexel, de l'Université d'Illinois, de l'Université de Chicago, de l'Université de Columbia. Il y a de plus des organisations moins complètes, de simples cours, comme les cours de bibliothéconomie de l'Université de Syracuse, des cours destinés à former des bibliothécaires pour les enfants (*the school for the training of Children's librarians*) à la bibliothèque fondée par Carnegie, à Pittsburg. Dans certaines villes, des cours de ce genre sont faits par des hommes compétents durant la saison d'été. Les élèves des collèges, des écoles normales, reçoivent des notions destinées à leur permettre de remplir, sans trop d'embarras ni de peine, le rôle d'*assistants*. Il existe même des cours par correspondance (*Correspondence Courses*) [1].

Par l'influence de cet enseignement, qui a gagné de proche en proche, a été abolie aux États-Unis l'ancienne conception qu'on se faisait du métier de bibliothécaire. On considérait autrefois que le devoir du bibliothécaire était celui d'un chien de garde; il devait veiller sur les livres et en écarter le public autant qu'il le pouvait, afin de les remettre à son successeur le moins usés possible. On a changé tout cela. On pense aujourd'hui que le bibliothécaire fait un service public et que c'est des lecteurs, plus encore que des livres, qu'il a à se préoccuper. Aussi un des traits qui frappe le plus les étrangers dans les bibliothèques américaines, c'est le souci que l'on y prend des commodités de la clientèle. D'abord, on y a réduit les formalités au strict minimum; puis, par toute une série de mesures de détail, on se met en peine de lui éviter les contre-temps, les fausses démarches : des catalogues sur fiches, faciles à consulter, sont placés à la portée des lecteurs; par une carte postale, les habitués sont prévenus de l'acquisition des ouvrages qui peuvent les intéresser; un livre demandé est-il sorti? dès qu'il est rentré, la personne qui le désire en est aussitôt avisée par la poste; une liste des acquisitions récentes est affichée dans les salles; enfin, une pratique, très goûtée du public, qui a été inaugurée par John Thomson, bibliothécaire à Philadelphie, et qui tend à se généraliser, c'est le libre accès aux rayons. « L'expérience a montré que le lecteur a besoin de voir le livre et non pas seulement son titre. Un rapide coup d'œil jeté sur un volume lui permet de se rendre compte s'il lui sera utile ou non. C'est une administration routinière qui élevait des barrières entre le public et les livres comme le moyen âge élevait les murs des couvents entre la vie sociale et la religion [1]. »

Non seulement les bibliothécaires s'inquiètent des aises des lecteurs, mais ils s'efforcent aussi de prévenir leurs besoins, leurs goûts, leurs désirs. L'achat, le choix des livres n'appartient pas en droit au bibliothécaire; c'est une attribution du comité spécial du *Board of Trustees*. Mais, en fait, ce choix se fait le plus souvent sur les propositions du bibliothécaire et il est même autorisé à acheter, dans l'intervalle qui sépare les réunions du comité, les ouvrages qui lui paraissent d'une utilité immédiate. Pour ces choix, il se guide en général sur la nature de la clientèle de sa bibliothèque, et se décide suivant qu'il est dans une ville manufacturière, commerçante, dans un port de mer, etc. Pour la plupart les bibliothécaires américains savent se garder de sacrifier à la pure curiosité et se défendre contre tout ce qui ressemble à un dada (*hobby*); c'est du moins le témoignage qu'on leur rend dans les documents que nous avons lus. Ce n'est pas tout encore : reste ce qu'ils considèrent comme leur office suprême. Dewey a dit : « Une bibliothèque est une école; un bibliothécaire est un éducateur dans le sens le plus élevé du mot. » Ses élèves, ses disciples, ne sauraient oublier cette parole du maître : ils s'appliquent donc à être des conseillers, des guides, des directeurs d'études. Ce rôle ils le jouent en se tenant toujours prêts à donner oralement aux lecteurs les renseignements et les indications qui leur peuvent être utiles; ils le jouent surtout en préparant des travaux propres à faciliter aux lecteurs l'usage de la bibliothèque, en dressant des bibliographies sur des sujets spéciaux, en formant des listes d'ouvrages sur des questions à l'ordre du jour, en donnant des conférences publiques, etc. En un mot, un bibliothécaire moderne ne regarde pas sa bibliothèque comme un simple dépôt, mais comme une force qui doit agir et créer et il ne se considère pas lui-même comme un agent de surveillance et

____

[1] *Home Education Bulletin*, mai 1900, p. 79.

de distribution, mais comme l'âme de l'établissement qui lui est confié.

Pendant longtemps la profession de bibliothécaire ne fut pas une profession classée. Mais des hommes comme Jewett, Justin Winsor, Dewey, par leur savoir, leur intelligence, leur dévouement l'ont relevée de son humilité et lui ont fait prendre rang parmi les fonctions publiques. Ces fonctions peuvent aujourd'hui, comme nous l'avons montré, être comptées entre les plus actives. Aussi a-t-on pris soin d'assurer à ceux qui les remplissent une large rémunération. Dans l'Est, les bibliothécaires en chef reçoivent de 600 à 2,500 dollars, parfois 3,500, et dans quelques cas exceptionnels jusqu'à 5,000; les chefs de section dans les grandes bibliothèques ont 1,200; on donne souvent à un premier *assistant* ou à un habile employé au catalogue un traitement de 900 à 1,200 dollars. Ajoutons que le personnel a toujours des vacances qui varient de deux semaines à deux mois, qui peuvent même être de trois mois en certains cas. Avantageuse et considérée à la fois, la position de bibliothécaire devient ainsi plus recherchée de jour en jour et l'on a constaté que la *Library School* de l'État de New-York voit constamment augmenter le nombre des candidats qui cherchent à y avoir accès.

Il faut bien avouer que tout cela ne va pas sans quelque engouement. En parlant du rôle du bibliothécaire, on ne s'est pas toujours interdit l'emphase; on a dit que les bibliothécaires étai: i des missionnaires, des apôtres; par là quelques-uns ont été induits à se poser en pontifes. Parce qu'ils étaient dupes des grands mots, leur intervention près du public s'est changée en ingérence. Aussi peut-on lire dans *The Library Journal* (1899, 1900) certains articles qui raillent ce pédantisme et ces prétentions maladroites. Mais il est assez ordinaire que l'on exagère les idées justes; elles n'en restent pas moins justes en elles-mêmes, et les Américains ont raison de penser que la bibliothèque est un puissant instrument d'éducation, que le bibliothécaire ne doit pas être un rongeur de vieux livres (*book worm*), mais un homme de conviction et d'action. Les modernes bibliothécaires des États-Unis ont pu commettre quelques excès de zèle; n'importe, ces excès, à tout prendre, sont moins fâcheux que l'atonie de certains bibliothécaires d'Europe qui considèrent leurs fonctions comme un canonicat et qui supportent impatiemment que le public vienne troubler la paix claustrale de leur retraite.

LES RÉSULTATS.

Qu'ont produit tant d'efforts et tant de dépenses? — Les résultats qui peuvent s'exprimer en chiffres accusent des progrès qui ont de quoi remplir d'étonnement. D'après Thomas Greenwood, en 1820, il n'y avait encore aux États-Unis que 10 bibliothèques qui pussent être vraiment considérées comme des bibliothèques publiques; vingt-cinq ans plus tard ce chiffre était passé à 257 et voici quelques données statistiques qui montreront combien la marche en avant s'est accélérée dans le dernier quart du XIXe siècle :

BIBLIOTHÈQUES PUBLIQUES DE 1,000 VOLUMES ET AU DELÀ.

ANNÉES.	NOMBRE DE BIBLIOTHÈQUES.	NOMBRE DE VOLUMES.
1875	2,039	15,487,778
1885	2,988	19,401,199
1891	3,503	25,977,943
1896	4,026	33,051,872

BIBLIOTHÈQUES PUBLIQUES DE 300 VOLUMES ET AU-DESSUS (JUSQU'À 1,000).

ANNÉES.	NOMBRE DE BIBLIOTHÈQUES.	NOMBRE DE VOLUMES.
1875	3,648	12,329,526
1885	5,338	20,722,393
1891	"	"
1896	7,184	46,610,509

Quant aux progrès accomplis de 1896 à 1900, Mary W. Plummer (Directrice de la bibliothèque de l'Institut Pratt, Brooklyn) les a résumés de la façon suivante dans une courte note écrite d'après les derniers rapports des membres de la Commission d'Éducation des États-Unis :

« De 1896 à 1900 le nombre des bibliothèques de sociétés et d'écoles a été de 1,357, le nombre des bibliothèques publiques de 5,383 [1]. — L'augmentation du nombre des volumes est, dans cette période, de 11,539,979; le total des volumes s'élève à 44,591,851. Cette augmentation se répartit ainsi : États du Nord-Est, 39 p. 100; — États du Sud, 32 p. 100; — États du Centre (N.), 40 p. 100; — États du Centre (S.), 39 p. 100; — États de l'Ouest, 38 p. 100.

« 48,410,128 volumes ont été prêtés par 2,405 bibliothèques; 9,609,832 ont été lus sur place dans 783 bibliothèques. Si ce dernier relevé est si incomplet, c'est que la plupart des bibliothèques n'enregistrent pas les prêts sur place, dans le dessein d'épargner aux lecteurs des formalités ennuyeuses... En 1900, il y avait aux États-Unis 1 bibliothèque par 14,118 habitants et 59 volumes par 300 habitants. 2,972 bibliothèques ont, au cours de cette même année, dépensé 2,000,000 de dollars (en nombre rond) pour l'achat de nouveaux ouvrages [2] ».

On entend du reste qu'il y a de grandes inégalités dans la façon dont les bibliothèques se répartissent dans les différents États de l'Union. Au congrès, tenu par l'A. L. A., à Atlanta, en 1899, William Beer, bibliothécaire en chef à la Nouvelle-Orléans, lut un rapport où il établissait que dans la Floride, l'Alabama, le Mississipi, la Louisiane et le Texas, il n'y avait que 260 bibliothèques (non comprises les bibliothèques d'écoles et de collèges) et que le nombre total des volumes n'était que de 733,000. Dans ces États le rapport des livres à la population est de 10 p. 100, tandis qu'il est de 204 p. 100 en Massachusetts. Par là sont représentées les situations extrêmes. Voici, au reste, quelle aurait été, en 1900, la répartition territoriale des bibliothèques [3].

États du Nord-Est	2,473
États du Sud	421
États du Centre (S.)	371
États du Centre (N.)	1,728
États de l'Ouest	387

[1] Ce chiffre se rapporte aux bibliothèques qui comptent 1,000 volumes et au-dessus. Les bibliothèques de 300 volumes et au-dessus (jusqu'à 1,000) étaient, en 1900, au nombre de 9,621 avec 46,610,509 volumes. Nous donnons ces chiffres, sous réserves, d'après l'*Encyclopædia britannica* (10ᵉ édition, 1902) à l'article *Libraries.*

[2] La note de Mary W. Plummer est insérée dans le volume de E. Reyer : *Fortschritte der volkstümlichen Bibliotheken*, Leipsig, 1903.

[3] Ces chiffres sont encore empruntés à l'article de l'*Encyclopædia britannica* déjà cité.

On voit que les États du Nord et de l'Est ont une singulière avance sur ceux de l'Ouest et du Sud. Mais, dans ces dernières années, les retardataires se sont mis en mouvement à leur tour; en Californie, dans le Mississipi en particulier, la cause des bibliothèques publiques a trouvé des partisans pleins de zèle et l'écart que nous signalons ne tardera pas à diminuer.

Pris dans l'ensemble, les chiffres cités plus haut ont quelque chose d'imposant et ils attestent des progrès que l'Europe doit envier. Mais, dans ces chiffres, il y a bien aussi un peu de prestige, et peut-être aurait-on tort de croire qu'on les puisse prendre pour la mesure du progrès intellectuel et moral de la nation américaine. Les statistiques, si bien faites qu'elles soient, ont leur impuissance et il est des choses qu'elles ne sauraient exprimer. Ce n'est pas tout que d'avoir des bibliothèques, beaucoup de bibliothèques, des livres, beaucoup de livres; ce n'est pas tout que ces livres trouvent des emprunteurs, beaucoup d'emprunteurs. Il faudrait aussi savoir comment ils lisent et ce qu'ils lisent.

Comment ils lisent? c'est un point sur lequel on ne voit pas de quelle façon l'on pourra jamais s'éclairer. Les plus habiles statisticiens n'y feront que blanchir.

Mais on peut savoir du moins ce que lit le public des bibliothèques et l'on sait, à n'en pas douter, que ce qu'il lit surtout c'est la littérature romanesque, en d'autres termes qu'il lit pour passer le temps (*passtime reading*). En 1876, Justin Winsor constatait que les *trois quarts* de la clientèle ne demandaient pas autre chose que des ouvrages récréatifs.

Puisque c'est un principe que de tenir grand compte des goûts et des désirs du public, voilà donc les bibliothèques mises en demeure de faire ample provision de romans (*books of fiction, novels*). Comme passe-temps, la lecture vaut mieux sans doute que le cabaret; mais, à ce compte, l'influence de la bibliothèque n'aurait qu'une valeur indirecte; si elle n'est guère qu'un cabinet littéraire, il ne faut plus parler de sa portée éducative.

Il y a là une situation dont les bibliothécaires américains sont préoccupés et inquiets dès longtemps et sur laquelle, dès longtemps aussi, les discussions sont ouvertes. Dès 1876, au premier congrès de l'A. L. A., à Philadelphie, en 1877, au congrès international des bibliothécaires, à Londres, au congrès de Boston, en 1879, à celui de Chicago, en 1893, la question a été examinée. Dans *The Library Journal* (collection des seize premières années) elle n'a pas donné lieu à moins de cent vingt articles, sans compter qu'on l'a traitée dans une foule de brochures et d'articles de recueils divers. C'est un sujet qui a maintenant sa « littérature ». De cette « littérature » Ellen M. Coe a fait le dépouillement pour tâcher de dégager l'opinion moyenne et voici ce qu'elle a constaté.

En cette affaire, comme en toute affaire, il y a des gens qui sont pour les solutions radicales : ceux-là veulent que les romans soient absolument exclus des bibliothèques; c'est le cas de William Kite, bibliothécaire à Germantown, qui déclare que, depuis vingt ans, il n'a pas été admis dans le dépôt dont il a la garde un seul ouvrage de *fiction*, et qui n'a, affirme-t-il, qu'à se féliciter de cette exclusion. D'autres, moins hardis, se tiendraient contents, si l'on refusait l'accès aux productions des romanciers encore vivants ou si, du moins, on faisait faire aux romans nouveaux un stage d'une ou deux années. Ces adversaires, intransigeants ou non, de la littérature romanesque ne forment qu'une minorité assez faible.

En général, on ne se croit pas le droit de proscrire les livres récréatifs. On remarque qu'il faut faire sa part à l'imagination, que le roman peut faire naître le goût de la lecture, qu'il provoque, en certains cas, le besoin de l'étude, qu'enfin on ne saurait priver de ce divertissement des gens qui, accablés par le travail du jour, sont souvent incapables de l'effort nécessaire pour aborder des œuvres sérieuses. Examen fait du pour et du contre, la majorité se refuse donc à prononcer un *veto* contre la *fiction*.

Mais on reconnaît, d'autre part, qu'il y aurait un véritable danger à lui ouvrir toutes grandes les portes des bibliothèques et la question qui se pose c'est de savoir dans quelle mesure on doit l'accueillir.

Sur ce point, l'A. L. A. avait donné, en 1893, une indication, lorsqu'elle dressa le catalogue de la bibliothèque-type qu'elle exposa à Chicago. Voici selon quelles proportions y étaient distribués les ouvrages représentant les diverses matières :

Ouvrages généraux	100
Philosophie	100
Religion	300
Sociologie	300
Philologie	50
Science	400

Arts utiles..	3oo
Beaux-Arts..	2oo
Littérature..	6oo
Biographie..	5oo
Histoire...	65o
Voyages...	5oo
Fiction..	1,000
Total......................	5,000

A la « fiction » l'A. L. A. faisait donc une part assez large : elle
lui accordait 20 p. 100. — Cependant Ellen M. Coe ouvrait, de
son côté, une enquête sur le sujet; par une lettre-circulaire elle
demandait à un grand nombre de ses confrères de lui dire quelle
était, à leur avis, la mesure à observer. Les réponses qui lui par-
vinrent furent très diverses : les propositions variaient entre
45 p. 100 et 10 p. 100. Ellen M. Coe en conclut qu'il serait
peut-être sage et possible de s'accorder sur une moyenne; à son
sens, on pourrait admettre 24 p. 100 de romans, soit près d'un
quart.

Cette solution n'a pas sans doute été jugée satisfaisante. Le
problème reste posé. Il est permis de croire qu'il le sera longtemps
encore. Mais ce qui ne paraît pas douteux, c'est que, de plus en
plus, l'on incline à restreindre la place que les ouvrages purement récréatifs occupaient dans les bibliothèques; l'A. L. A., qui
leur avait accordé 20 p. 100, en 18g3, les a ramenés à
16 p. 100[1]. En 1go3, *The Library Journal* a publié une série
d'articles où l'on fait une véritable campagne en faveur des lectures sérieuses [2].

Pour le succès de cette campagne, on compte surtout sur les
générations nouvelles. « Les dernières années de ce siècle, disait
Dewey en 1898, ont pu être appelées l'*âge de l'enfant*. Jamais
auparavant on n'avait dépensé autant d'argent et de sollicitude

---

[1] Le nouveau Catalogue, publié à Washington, en 1go4, par l'A. L. A.,
et qui comprend une liste de 8,000 volumes, attribue à la *fiction* la proportion
de 16. 3 p. 100. Voir dans ce catalogue *Editorial Preface*, p. 7.

[2] G. Harper : *The encouragement of serious reading* : « *Profit you in what you
read* », p. 217. — Alice B. Kroeger : *The encouragement of serious reading ; survey
of the field*, p. 222. — Beatrice Winser : *Encouragement of serious reading by
public libraries*, p. 237 — H.-G. Wells : *Public libraries and serious reading*,
p. 768, etc

pour la santé, pour l'éducation, pour les jeux, pour les lectures de l'enfance. Grâce aux études des psychologues et des pédagogues cet intérêt a toujours été en grandissant, et, en même temps, l'on a compris que l'avenir des bibliothèques publiques repose sur les jeunes lecteurs. L'expérience montre que peu d'adultes acquièrent l'habitude de lire de bons livres. C'est en intéressant les enfants, en leur donnant, à l'âge où le goût et le caractère se forment, ce qui a été écrit de meilleur, que la bibliothèque publique peut devenir une institution véritable [1]. »

Il n'y a rien, en somme, de chimérique dans cet espoir. Si le but n'est pas atteint, il est, du moins, ne tement marqué et l'on voit quelle voie il faut suivre pour y parvenir. Aussi, malgré les réserves que nous avons dû faire, nous croyons pouvoir donner pour conclusion à cette rapide étude des paroles de Dewey qui, encore qu'elles soient d'un ton un peu déclamatoire, ne laissent pas d'être vraies : « On regardera notre époque, a-t-il dit, comme le siècle des bibliothèques, de même qu'il y eut naguère un siècle des cathédrales. »

[1] *New-York State Library*, Director's Report, 1898, p. 43-44 (cité dans *Home Education Bulletin*, mai, 1900, p. 108).

II

LES BIBLIOTHÈQUES MUNICIPALES EN ANGLETERRE.

HISTORIQUE.

C'est à une date très ancienne qu'il faut placer la création de la première bibliothèque publique en Angleterre : entre 1420 et 1425, le fameux Richard Whittington et son ami William de Bury firent une donation qui permit de mettre à la disposition du public un dépôt d'ouvrages qui a été l'origine de la *Guildhall Library*, à Londres.

Mais longtemps cet exemple resta sans imitateurs. Jusqu'au xvii° siècle on ne voit pas que d'autres bibliothèques populaires aient été fondées. Une s'ouvrit à Bristol, en 1615, grâce à un legs du Dr Toby Mathew, archevêque d'York, et d'un particulier Robert Redwood; une autre, à Manchester, en 1653, est due à la libéralité de sir Humphrey Chetam. On en cite encore quelques-unes, par exemple à Norwich (1608), à Langley (1632), à Leicester (1632); il se peut qu'il y en ait eu d'autres dont on a perdu le souvenir; mais, somme toute, les créations de ce genre furent rares et demeurèrent des faits exceptionnels.

Au siècle suivant seulement commence à se dessiner un mouvement un peu étendu. Alors les hommes d'église, pour servir la propagande évangélique, poussent à la fondation de bibliothèques; en 1699, un prêtre écossais, le révérend James Kirkwood, publie une « proposition pour la création et l'entretien de bibliothèques dans toutes les paroisses du royaume »; vers le même temps, le Dr Bray, fondateur de la Société pour la propagation de l'Évangile, consacre ses efforts à organiser des bibliothèques paroissiales et il avait réussi, avant de mourir, à en établir soixante et une.

Par la création du *British Museum*, en 1753, ce mouvement commençant ne pouvait que recevoir une impulsion plus vive.

On avait, jusqu'à ce moment, marché un peu à l'aventure; il existait dès lors une bibliothèque type, un établissement modèle.

En fait, des bibliothèques assez nombreuses s'ouvrirent dans la seconde moitié du xviii° siècle. On vit alors surtout se multiplier les bibliothèques par souscription, dont on n'avait encore eu que quelques exemples à Édimbourg (1725), à Londres (1740), à Liverpool (1758).

Il semble fort vraisemblable d'ailleurs que ces établissements, si l'on en excepte ceux qui avaient été expressément destinés à la propagande religieuse, ne profitèrent guère qu'aux classes moyennes. Les bibliothèques publiques, au sens plein du mot, ne prirent leur essor qu'au commencement du xix° siècle, lorsque l'on comprit qu'en laissant le peuple sans instruction la société courait un péril, lorsque le peuple lui-même sentit le besoin d'être instruit. Entre 1800 et 1815, les noms de Bell et Lancaster sont à l'ordre du jour; leurs tentatives excitent un intérêt général. En 1824, George Birkbeck fonde à Londres le *Mechanic's Institute* de Chancery Lane [1], ce collège d'ouvriers, dont il avait tenté, dès 1800, un premier essai à Glasgow, et la Société des connaissances utiles, créée en 1827 et qui se proposait de préparer et de publier des livres propres à répandre le goût de l'instruction et l'habitude de la lecture dans les classes laborieuses, vient apporter un utile concours à son entreprise. Sous les auspices de cette société fut publié le *Penny Magazine*, revue illustrée à deux sous, dont le succès fut tel qu'à un moment elle tira à plus de 200,000 exemplaires et qu'elle provoqua des imitations qui eurent une vogue plus grande encore : tel le *London Journal*, qui tira à 350,000 ; tel *Cassel Family Paper*, qui tira à 285,000 [2]. Ainsi secondé et soutenu, le mouvement que Birkbeck avait voulu imprimer au progrès de l'éducation populaire se développa rapidement; son *Institute* de Chancery Lane devint célèbre; de 1824 à 1850, il servit de prototype à plus de 700 établissements analogues qui s'ouvrirent sur tous les points de l'Angleterre; et l'on sait qu'en 1849 il en existait 1,400 qui avaient une bibliothèque et que le total des volumes possédés par les *Mechanic's Institutes* s'élevait à près de 400,000.

On a beau dire que ces bibliothèques furent médiocrement composées [3]; il ne saurait pourtant être douteux qu'elles ont

[1] Voir la notice sur l'Institution Birkbeck dans l'*Éducation populaire des adultes en Angleterre*, Paris, 1896.
[2] Voir *Discours sur la littérature populaire* par lord Brougham., Paris, 1839.
[3] Voir *Free Public Libraries* de Th. Greenwood, p. 262 et suiv., Londres 1888.

contribué à faire naître le besoin de lire dans des milieux où il n'avait pas encore été éprouvé et par là ces œuvres de l'initiative privée ont rendu possible le succès de l'entreprise qui a fait de la fondation et de l'organisation des bibliothèques un véritable service public.

Comment en est-on venu là ? Il vaut la peine, sans doute, de le rappeler avec quelque détail.

Entré au Parlement en 1828, William Ewart s'y occupa avec un intérêt particulier des questions d'éducation. En 1835, il fit partie du Comité chargé d'étudier la situation du *British Museum;* l'année suivante, sur un rapport de lui, on décida l'établissement d'écoles de dessin à Somerset House et, comme cette création réussit, il s'efforça de multiplier les écoles du même genre dans les provinces et de chercher par quels moyens on pourrait répandre parmi les ouvriers l'intelligence et le goût de l'art. Cette question fut posée et discutée dans un meeting tenu, en 1844, à Manchester et dans lequel Ewart figurait aux côtés de Richard Cobden et de Joseph Brotherton. Avec ce dernier, un an plus tard, il proposa au Parlement une loi aux termes de laquelle les conseils des villes de 10,000 habitants pouvaient être autorisés à créer des musées de science et d'art, et, pour cet objet, à lever une taxe de 1/2 penny par livre sur la propriété imposable afin d'acheter les terrains et les bâtiments et de 1 penny pour l'entretien. Le projet passa. A Canterbury, Douvres, Leicester, Liverpool, etc., des musées furent ouverts, et, sur certains points, Canterbury, Warrington, Salford, aux collections du musée, l'on ajouta des livres. C'était le commencement des bibliothèques gratuites municipales.

Entre temps, en 1847, avait paru dans la *British Quaterly Review,* un article d'Edward Edwards, qui eut beaucoup de retentissement. Edward Edwards, *assistant* au *British Museum,* faisait ressortir, dans cet article, combien l'Angleterre, pour ce qui touchait à l'organisation des bibliothèques publiques, se trouvait en retard sur les États-Unis et sur l'Europe continentale. Bien qu'Edward Edwards n'ait eu en vue que les bibliothèques savantes, son article fournit à William Ewart une occasion pour proposer au Parlement la nomination d'un comité chargé d'étudier la question des bibliothèques publiques en général. Et c'est là le point de départ de la loi qu'il fit adopter en 1850 et par laquelle la création et l'organisation d'une bibliothèque gratuite devint une affaire municipale comme le pavage, l'éclairage ou la distribution de l'eau.

Très prudente, cette loi de 1850 ne permettait à une ville ou à un district [1] de taxer les propriétés que dans la limite de 1 penny par livre sterling sur la valeur imposable des maisons, et cela seulement dans le but d'aménager un local en bibliothèque et d'assurer une somme pour l'entretien des bâtiments.

Très certainement la préoccupation principale de William Ewart fut de faire admettre le principe, et il sentit qu'il n'y pourrait réussir que s'il montrait des exigences modestes. Il avait, en effet, à compter avec des résistances assez vives ; certains conservateurs prétendaient que les bibliothèques ne seraient que des foyers d'esprit révolutionnaire ; d'autres disaient qu'il était inique de faire entretenir par toute la population d'une ville un établissement dont profiteraient seuls les gens de loisir. Mais une fois acquis le principe de cette législation, elle a pu s'élargir et se développer, comme nous le verrons plus loin.

La première bibliothèque municipale gratuite (*Free public library*), inaugurée sous le régime de la loi William Ewart, fut celle de Manchester. Cette inauguration se fit en grande solennité en septembre 1852. Thackeray, Bulwer Lytton, Dickens y assistèrent et y prononcèrent des discours que toute la presse reproduisit. Pourtant, malgré cet éclat, bien qu'on ait fort loué « Cottonopolis » de son initiative, de 1850 à 1870, assez rares furent les villes qui adoptèrent la loi Ewart. En 1865, Ruskin [2] pouvait faire un vif reproche à ses compatriotes de leur indifférence pour la littérature, en leur remontrant combien était choquante leur prodigalité pour leurs écuries et leurs caves, mise en regard de leur parcimonie pour les bibliothèques. En 1869, l'*Act* Ewart n'avait encore été adopté que dans six villes.

Mais, avec l'année 1870, cesse cette indifférence pour l'institution des bibliothèques municipales. Un progrès très net se dessine à partir de cette date. Sans aucun doute, il eut pour cause principale l'application de la loi Forster par laquelle l'enseignement primaire reçut dans le Royaume-Uni l'organisation qui lui avait manqué jusqu'alors. C'est ce que fit ressortir avec raison un

---

[1] Elle ne s'appliquait qu'aux villes et districts de 10,000 habitants au moins.

[2] Dans *Sesame and Lilies* (of King's Treasuries).

membre du Parlement, M. R. K. Causton, dans le discours qu'il
prononça en 1893, à la cérémonie pour la pose de la première
pierre de la bibliothèque de Saint Saviour : « Je ne suis pas surpris, dit-il, qu'on réclame de plus en plus des bibliothèques municipales gratuites... L'*Education Act* de 1870 commence à produire son effet... En 1871, dans les écoles primaires de la
Grande-Bretagne, il y avait environ 1,500,000 enfants; en 1891,
l'effectif était de 4,250,000. En 1870, le budget de l'instruction
primaire était inférieur à 2 millions de livres sterling; en 1892,
il atteint le total de 4 millions de livres et un quart. Le résultat
c'est que la population de plus en plus cultivée désire la création
de bibliothèques plus nombreuses et réclame plus vivement tout
ce qui peut servir le progrès social. [1] »

A cette cause il faut en ajouter d'autres dont l'action, moins
étendue et moins profonde, n'a pas laissé cependant d'être énergique. En 1877 se fonda l'Association des bibliothécaires du
Royaume-Uni, et cette société, qui se donnait pour objet « d'encourager et d'aider par tous les moyens en son pouvoir l'établissement de nouvelles bibliothèques municipales», est devenue
assez tôt riche et prospère et a pu donner de notables résultats [2].
La cause des bibliothèques a été aussi soutenue par les hommes
qui ont participé au mouvement connu sous le nom d'*University
Extension* [3]. En outre, en 1887, s'est organisée à Londres l'*Union
nationale pour la lecture à la maison* (*National Home Reading
Union*) [4], qui se propose «de faire lire à la maison d'une façon
continue et systématique, dans toutes les classes de la société,
en donnant aux lectures un caractère éducatif» et qui sert ainsi
le recrutement de la clientèle des bibliothèques. Enfin une influence du même genre a été exercée par les instituts sociaux,
par les clubs d'ouvriers *Working men's Clubs*, sociétés où revivent,
avec un programme amplifié et rajeuni, les *Mechanic's Institutes*
d'autrefois.

Ainsi, depuis ces vingt-cinq dernières années, cette idée s'est
répandue en Angleterre que parmi les organes essentiels d'une

---

[1] Cité dans *The Free Library* de J.-J. Ogle, p. 88, Londres, 1897.

[2] Nous parlerons plus loin avec détail de cette société et du rôle qu'elle
joue.

[3] Sur l'*University Extension*, voir l'*Éducation populaire des adultes en Angleterre*, p. 16 et suiv.

[4] Voir l'ouvrage cité plus haut, p. 235 et suiv.

cité moderne il faut compter la bibliothèque publique et que, pour en assurer l'usage gratuit et commode à la communauté tout entière, chaque citoyen doit consentir à être taxé. Cette idée, des hommes d'État célèbres : Gladstone, Chamberlain, John Lubbock, lord Roseberry, l'ont soutenue en mainte occasion. En sa faveur, les journaux ont fait volontiers de la propagande, comme le reconnaît un bibliothécaire réputé, J. Potter Briscoe : « En règle générale, dit-il, les représentants du quatrième État sont sympathiques à notre œuvre et ils se prêtent, parfois même ils s'offrent à nous aider. Ils sont nos alliés dans la lutte contre l'ignorance et l'avarice [1]. » Les résistances, l'opposition de la première heure ont donc pris fin et l'on peut dire que la « Free public Library » est aujourd'hui une institution passée dans les mœurs.

LÉGISLATION. RESSOURCES. ADMINISTRATION.

Pour se rendre compte de la place que les bibliothèques municipales ont prise dès longtemps dans les préoccupations publiques, il suffit de considérer la liste des actes législatifs auxquels elles ont donné lieu; depuis 1850 il n'y a pas eu moins de trente lois sur cette matière [2]. On comprendra que nous ne pouvons songer à les énumérer ici : nous n'essaierons pas même de donner une analyse détaillée de cette législation touffue. Mais il nous faut au moins marquer les points principaux sur lesquels, depuis la loi de 1850, elle a été remaniée et amendée [3].

Rappelons d'abord quelles étaient les dispositions générales de l'*Act* Ewart : 1° Les conseils des villes (*town councils*) étaient autorisés à demander aux citoyens s'ils consentaient à payer une taxe spéciale pour établir une bibliothèque gratuite et à les faire voter sur cette question. Cette autorisation n'était accordée qu'aux villes qui avaient une population de 10,000 habitants au moins; 2° Dans le cas d'une réponse affirmative, la taxe était limitée à 1 demi-penny par livre sur la propriété imposable; 3° Le produit de la taxe était applicable seulement aux dépenses afférentes à la

[1] Dans un article de la revue *The Library*, février 1896.
[2] Voir *The Library Association Year Book for 1903*, p. 62 et 63.
[3] Nous ne parlons pas de la loi de 1892 (*Consolidating Act*) dont l'objet a été surtout de coordonner, de digérer les lois antérieures.

construction ou à l'appropriation des bâtiments, à l'acquisition du terrain, à l'entretien des locaux.

Les modifications que la suite du temps a amenées portent d'abord sur le nombre d'habitants exigé pour qu'une ville puisse être autorisée à demander l'institution d'une bibliothèque. Dès 1855, une loi abaisse ce chiffre de 10,000 à 5,000. En 1886, toute condition de population est supprimée.

Par la loi Ewart, la décision était prise à la suite d'un vote de toute la population; depuis 1893, le pouvoir d'adoption a été transféré des contribuables à leurs représentants dans l'assemblée élue de leur circonscription respective, les conseils de paroisses (*vestries*) exceptés [1]. Entre temps, la procédure du vote a été aussi modifiée: pour qu'une adoption fût valable, on avait d'abord exigé qu'elle eût été proposée par les deux tiers des votants; à partir de 1886, on n'exigea plus que la majorité pure et simple. Il faut noter aussi que le vote par bulletin fermé s'est substitué assez tôt au vote par acclamation dans un meeting.

On s'aperçut de même de bonne heure qu'en restreignant l'affectation de la taxe aux dépenses de matériel, on condamnait les bibliothèques à végéter; à partir de 1855 elle put donc être affectée à l'achat des livres et au payement du personnel.

C'est en 1855 également que le taux de la taxe a été relevé de 1/2 penny à 1 penny par livre. Depuis cette date il n'a pas été changé.

Mais on n'a pas cessé de faire effort pour obtenir que toute disposition limitative sur ce point fût effacée de la loi. En 1890, sir William Harcourt déclarait qu'il ne pouvait concevoir quel danger il y aurait à laisser les communes s'imposer à leur gré pour leurs bibliothèques. De nouvelles tentatives ont été faites dans le même sens en 1902 et 1904 [2], et, bien qu'elles n'aient pas réussi, il semble que le moment est proche où l'on viendra à bout des résistances.

Il faut dire d'ailleurs que ces résistances, qui paraissent surprenantes au premier abord, ne tiennent pas en général à des dispositions malveillantes. Seulement, c'est une idée assez répandue qu'en limitant les ressources publiques des bibliothèques

---

[1] Ces points ont été touchés aussi par des lois de 1899 et de 1901.

[2] Voir *Twenty-Seventh Annual Meeting*, 1904. *Report of the Council*, p. 8 et suiv. — C'est une publication de l'Association des bibliothécaires (*The Library Association*).

on fournit à l'initiative privée l'occasion de s'exercer en leur faveur.

Quoi qu'il en soit, il est certain qu'au moins dans les grandes villes et dans les villes moyennes le produit de la taxe spéciale suffit à assurer aux bibliothèques des revenus convenables en général et même quelquefois très riches. De plus certaines villes, en vertu d'autorisations spéciales accordées par le parlement, ont obtenu d'être soustraites à la limitation légale. Enfin, il est bien vrai que la générosité des particuliers a contribué dans une large mesure à rendre satisfaisante dans son ensemble la situation financière des bibliothèques anglaises. On peut voir dans le livre de J.-J. Ogle une liste de dons et legs dont ces établissements ont bénéficié de 1888 à 1897[1]; en faisant le total on arrive à un chiffre qui n'est pas de beaucoup inférieur à 20 millions de notre monnaie[2]. Ajoutons que deux hommes, tous les deux extrêmement riches, MM. Passmore Edwards et Carnegie, se sont fait comme une spécialité de répartir leurs libéralités sur les bibliothèques publiques[3].

Établissements municipaux, leur administration appartient en droit, ainsi qu'il est naturel, à l'autorité municipale. Mais, comme les représentants élus des villes peuvent manquer du loisir ou de la compétence nécessaires pour s'occuper de cet objet spécial, ils sont admis à déléguer leurs pouvoirs à des comités dont les membres peuvent être des particuliers, et ces particuliers doivent être choisis et, en fait, sont choisis le plus souvent à raison de leurs aptitudes et de leurs connaissances. Aux administrateurs incombe le soin de régler et de contrôler le fonctionnement de la bibliothèque, d'établir les règlements qui assurent la conservation et l'usage des collections, de nommer le personnel des employés et des domestiques, de fixer leur traitement, de prononcer leur renvoi, de pourvoir aux dépenses de chauffage, d'éclairage, etc. Cette organisation semble avoir jusqu'à présent marché d'une façon régulière; au moins, dans tout ce que nous

[1] *The Free Library*, p. 67, et suiv.

[2] En 1884, il a été décidé que les «Free Town Libraries» pourraient, dans des conditions déterminées, recevoir des subventions du *Comité du Conseil privé de l'éducation*.

[3] Sur Passmore Edwards, voir *The Free Library* de J.-J. Ogle, p. 111, et aussi *Blätter für Volksbibliotheken und Leschallen*, janvier-février 1904. Pour Carnegie, voir J.-J. Ogle, p. 114.

avons pu lire, n'avons-nous pas vu qu'on ait élevé contre elle des plaintes graves[1].

Quelques-uns pourtant commencent à remarquer qu'elle n'échappe pas à toute critique. Au congrès international des bibliothécaires, tenu à Londres en 1897, on s'est occupé de l'organisation administrative des bibliothèques: M. Hubert Jones y lut un mémoire où il déclarait que, sur ce point, la législation anglaise avait grand besoin d'une réforme. La composition des comités, leurs attributions, la durée de leur mandat, disait-il, diffèrent singulièrement selon les localités; souvent le nombre des membres est trop élevé pour qu'il soit possible de faire un travail utile. Il faudrait, ajoutait M. Hubert Jones, mettre de l'unité dans cette organisation; il faudrait que partout fût nommée ou élue une commission composée d'un petit nombre de membres dont l'unique affaire serait de tenir la main à ce que la bibliothèque fonctionne suivant des règles rendues uniformes pour tout le pays. La communication de M. Jones fut très bien accueillie et le congrès approuva ses conclusions[2].

De plus, une question assez délicate a été soulevée récemment : on s'est demandé si les comités ne doivent pas, une fois nommés, être complètement indépendants de l'autorité municipale qui leur délègue ses pouvoirs. La thèse de l'indépendance absolue paraît être celle qu'a adoptée l'Association des bibliothécaires : d'après cette thèse, l'œuvre du comité ne saurait être considérée comme partie intégrante du service municipal, mais comme une affaire d'ordre tout spécial; et les représentants de la cité, qualifiés pour s'occuper des égouts et du pavage, ne le sont pas du tout pour diriger et contrôler à un degré quelconque une entreprise d'éducation. D'autres estiment, au contraire, que les comités doivent se tenir en communication avec le public et, pour cela, ne pas perdre contact avec les magistrats élus[3].

Ces discussions sont restées jusqu'ici d'ordre académique; elles indiquent pourtant qu'il y a dans l'organisation administrative des bibliothèques anglaises de l'indécision et du flotte-

---

[1] Voir *Library Administration* by John Macfarlane, Londres, 1898.

[2] Voir un article de Fritz Milkau dans *Centralblatt für Bibliothekswesen*, octobre-novembre 1897.

[3] Voir dans *The Library Association Record*, août 1904, un article de M. Lucas : *On the Delegation of Powers to Library Committees.*

ment, et il se pourrait qu'avant peu la réforme demandée par M. Hubert Jones devînt une question à l'ordre du jour. Au reste, dans la pratique, comme on peut bien le penser, c'est surtout du bibliothécaire que dépend la marche de la bibliothèque; c'est par lui que les comités, indépendants ou non, sont renseignés, conseillés, dirigés. Aussi est-il vrai que, du jour où les bibliothécaires du Royaume-Uni se sont unis en une association, l'administration des bibliothèques anglaises a trouvé un point d'appui solide et un excellent instrument de progrès. Nous devons donc montrer ce qu'est cette association et donner quelques détails sur le rôle qu'elle joue depuis trente ans environ.

Créée en 1877, comme nous l'avons indiqué plus haut, la Société comprend des membres honoraires et participants (*honorary fellows, fellows, members*), des associés (*associates*) et des collectivités adhérentes (*libraries and institutions*). Son effectif, en 1904, s'élevait à 588 membres ou groupes affiliés. Comme la cotisation est d'une guinée, ses recettes, en y comprenant les intérêts de l'argent placé, étaient à cette date de 634 livres sterling, soit à peu près 15,850 francs. Si l'on songe que la Société ne se recrute pas seulement parmi les professionnels, mais qu'elle compte aussi dans ses rangs des savants anglais et étrangers, des hommes d'État, des bibliophiles célèbres, on concevra que, bien composée et pourvue de ressources suffisantes, elle ait pu aisément devenir une force.

Elle a, cela va de soi, un objet d'ordre scientifique et technique : elle tend, comme il est dit dans un article de ses statuts, « à promouvoir les études et les recherches de bibliographie » et, à ce dessein, elle a, sans interruption depuis son origine, donné diverses publications ; depuis 1879, elle a un organe mensuel qui a pris différents noms et différentes formes, mais qui a toujours eu la même destination[1]; en outre a paru par ses soins une collection d'ouvrages et de mémoires techniques composés par les spécialistes les plus autorisés[2].

[1] Ce périodique s'est d'abord appelé *Monthly Notes,* puis, en 1884, *The Library Chronicle;* en 1889, *The Library;* enfin, à partir de 1899, *The Library Association Record.* — La revue *The Library* n'a pas disparu, mais elle est devenue une revue exclusivement savante et ne paraît plus que quatre fois l'an.

[2] Indiquons quelques-uns de ces ouvrages : *Library Appliances* (James

Mais, si elle n'a pas négligé d'exercer son action dans le domaine de la science, c'est surtout, semble-t-il, un rôle pratique que l'Association a voulu jouer et a joué en effet. Conformément à ses statuts, sa grande affaire a été de pousser à la création de nouvelles bibliothèques et aussi de travailler à l'amélioration des lois et des règlements sur la matière. Voilà ce dont on s'est surtout préoccupé dans les travaux lus aux conférences mensuelles et aux assemblées générales annuelles tenues par la Société : tels sont les sujets sur lesquels ont porté surtout les discussions de ces réunions. La trace en a d'ailleurs été conservée avec soin et les procès-verbaux (*transactions and proceedings*) des conférences et assemblées constituent une série importante dans l'ensemble des publications que l'Association a procurées. En outre, elle ne s'est pas bornée à fournir des documents : elle a agi aussi. C'est elle qui prit l'initiative de préparer le *Consolidating Act* de 1892, qui a été comme une codification de la législation antérieure. C'est elle encore qui provoque une agitation en vue de faire abolir la limitation à 1 penny de la taxe spéciale et c'est à son instigation que s'est formé un groupe de membres du Parlement décidés à enlever cette réforme [1].

Importante à ces divers titres, l'influence de l'Association s'est rendue plus appréciable encore par ce qu'elle a fait pour améliorer la situation des bibliothécaires et pour promouvoir leur éducation professionnelle.

En Angleterre, comme dans beaucoup d'autres pays, la situation de bibliothécaire était, jusqu'à ces derniers temps, assez discréditée. Ceux qui l'occupaient étaient le plus souvent des *policemen* en retraite, des agents électoraux, des commerçants tombés en déconfiture. « Il y eut un temps, et ce temps n'est pas très éloigné, où c'était une raison suffisante pour se faire instituteur que d'avoir manqué toutes les situations — toutes, sauf une — car on pouvait descendre plus bas encore et devenir bibliothécaire [2]. » Voilà quelle idée les classes moyennes et élevées

D. Brown), *Public Library Legislation* (H.-W. Fovargue, J.-J. Ogle), *Public Library Staffs* (P. Cowell), *Books for Village Libraries* (Frank J. Burgoyne), *Classified List of current Periodicals* (James D. Brown).

[1] Voir *Twenty-Seventh Annual Meeting, Report of the Council*, déjà cité plus haut, p. 8 et 9.

[2] Voir un article d'Alex. W. Robertson : *The Board School in relation to the Public Library*, dans *The Library*, juillet 1896.

se faisaient de cette profession ; quant aux gens du peuple, ils regardaient un bibliothécaire comme un homme épris de la lecture et qui avait la bonne fortune de pouvoir lire tout à son aise [1]. Aussi tout le monde se trouvait-il d'accord pour penser que les bibliothécaires sont toujours assez payés. Et, en fait, pour la plupart, ils ne recevaient que des appointements très médiocres. En 1878, on voit par des documents parlementaires que le salaire le plus élevé d'un bibliothécaire municipal est de 3,750 francs par an ; il en est qui ne touchent que 500 francs [2].

Dans de pareilles conditions, le recrutement ne pouvait s'opérer que d'une façon défectueuse. L'amélioration de la situation pécuniaire des bibliothécaires et, par suite, le relèvement de leur condition sociale préoccupa donc l'Association dès les premières années de son existence et, pour atteindre son but, elle n'épargna pas les démarches près des comités et des assemblées municipales. Mais elle comprit en même temps que, si le personnel des bibliothèques voulait que son sort fût amélioré, il fallait que, de sa part, il présentât plus de garanties de savoir professionnel. C'est avec cette pensée que, dès 1880, l'Association organisa un examen pour les jeunes gens qui voulaient entrer dans la carrière ; plus tard, en 1891, cet examen fut divisé en deux degrés : au premier degré, le candidat devait surtout faire preuve de culture générale ; au second degré, il lui fallait se montrer pourvu de connaissances techniques.

Cette tentative produisit sans doute un peu de bien, mais beaucoup moins qu'on ne l'avait espéré. Les candidats furent assez rares ; on vit fort peu d'*assistants* soucieux de se munir du certificat que délivrait l'Association [3]. En 1893, on fit donc un pas de plus. Sur la proposition de J. J. Ogle, des cours préparatoires, non pas à l'examen, mais à la profession, furent organisés pour les *assistants* : ils se tenaient à Londres pendant l'été et duraient environ une semaine. C'est ce que l'on nomma *Summer School* [4]. Là encore, après des débuts heureux, on éprouva une

---

[1] Gladstone disait, prétend-on, que le *British Museum* est un lieu si délicieux qu'aucun de ceux qui y sont employés ne devrait toucher 1 penny.

[2] Ces renseignements sont donnés par M. R. Harrison dans le discours d'ouverture qu'il prononça au meeting tenu, en 1891, par l'Association des bibliothécaires.

[3] Voir *The Library*, 1897. p. 102 et suiv.

[4] Voir un article de William E. Doubleday dans *The Library*, mai 1896.

déconvenue : le nombre des auditeurs alla toujours en diminuant et, à partir de 1898, il n'y eut plus de *Summer School*. Mais l'institution ne disparaissait pas tout entière ; elle n'était que transformée. A partir de mars 1898, l'Association a donné chaque hiver, à Londres, des séries de cours et de conférences destinés à la préparation professionnelle des bibliothécaires. Depuis 1903, ils ont été rattachés à l'École d'administration (*School of Economic and Political Science*) et il y a lieu d'espérer que l'Association, appuyée ainsi sur un établissement dont la stabilité est assurée, a enfin trouvé le moyen de faire définitivement réussir l'entreprise qu'elle poursuit depuis vingt-cinq ans.

Il faut ajouter que, sur divers points de l'Angleterre, les associations locales de bibliothécaires ont créé des *Summer Schools*[1]. Nous ne devons pas oublier non plus que, depuis 1895, les *assistants* se sont constitués en Société (*The Library Assistants' Association*) et qu'ils ont, eux aussi, un organe périodique (*The Library Assistant*)[2]. Rappelons enfin que dans *The Library Association Record*, sous ce titre : *Our Junior colleagues Corner*, il a été institué une véritable préparation par correspondance.

Ces essais divers, bien qu'ils n'aient pas toujours eu un plein succès, ne sauraient pourtant n'avoir produit aucun fruit. Il y a grande apparence qu'ils ont contribué à relever le niveau du personnel et que, grâce à eux, s'est formée déjà une élite capable de donner aux bibliothèques anglaises une heureuse et habile direction.

INSTALLATION MATÉRIELLE ET FONCTIONNEMENT.

En France et dans d'autres pays de l'Europe centrale, il n'est malheureusement pas rare que les bibliothèques publiques soient logées dans des bâtiments insuffisants ou incommodes ; et de ce fait la tâche du personnel se trouve gênée et compliquée. Les bibliothécaires du Royaume-Uni ont la bonne fortune d'ignorer

[1] L'Association des bibliothécaires compte cinq sections locales : 1° *North Western Branch*, fondée en 1897 ; 2° *The Birmingham and district Library Association* (1895) ; 3° *Librarians of the Mersey district* (1887) ; 4° *North Midland Library Association* (1890) ; 5° *Northern Country Libraries Association* (1901).

[2] Voir un article de G. Rees dans *The Library Association Record*, février 1903 : *The educational needs of library assistants*.

le genre de difficultés que crée une mauvaise installation matérielle. Grâce à la loi qui affecte le produit de la taxe spéciale, sinon uniquement, du moins en premier lieu, à la construction
ou à l'appropriation et à l'aménagement des locaux, les bâtiments des bibliothèques en Angleterre peuvent être plus ou
moins bien conçus et construits, mais en tout cas ils ont toujours
été conçus, construits ou appropriés en vue de leur destination
propre. Ils occupent d'ordinaire un emplacement distinct et indé-
pendant, car s'il y a quelques bibliothèques placées dans des
annexes des mairies, le nombre en est assez restreint. Les grandes
villes très riches, celles où des particuliers ont fait de belles donations, présentent des installations magnifiques et souvent excellentes de tout point ; presque partout ces installations sont au
moins suffisantes et l'on peut dire qu'il n'en est pas qui soit absolument mauvaise. Il y a là un fait dont les étrangers ne manquent
pas d'être frappés. L'Allemand Schultze le signale avec insistance :
« En Angleterre, dit-il, même dans les petites localités, les bibliothèques publiques sont bien construites et bien distribuées » [1].

Aussi voit-on que les Anglais qui ont écrit sur les bibliothèques
municipales se complaisent à décrire quelques-unes de ces installations. Greenwood, dans son chapitre : *Some prominent free
libraries*, où il nous renseigne sur ce que sont et ce que font les
bibliothèques de Manchester, Liverpool, Birmingham, Sheffield,
Newcastle-upon-Tyne, etc., donne beaucoup d'importance à la
partie descriptive [2]. J. J. Ogle fait de même ; la seconde section
de son livre, intitulée : *Brief histories of typical libraries*, contient
de nombreux détails sur les locaux, leur distribution et leur aménagement. La place et le loisir nous manquent pour reproduire
ces descriptions qui, d'ailleurs, ne vont pas sans quelque mono-
tonie. Bornons-nous à dire que les belles bibliothèques anglaises,
moins somptueuses peut-être que certaines bibliothèques des
États-Unis, égalent au moins celles qui, dans les autres pays de
l'Europe, sont réputées les plus remarquables.

[1] *Freie öffentliche Bibliotheken und Leschallen*, p. 102, — Voir aussi le
livre de Reyer, *Entwicklung und Organisation der Volksbibliotheken*, p. 40. Leipzig, 1893.
[2] Le livre de Greenwood contient des illustrations qui représentent l'intérieur
ou l'extérieur de quelques-uns de ces établissements. Il y a aussi quelques gravures dans l'ouvrage de Schultze : elles représentent quelques bibliothèques de
création relativement récente.

Les Anglais, comme les Américains, ont grand souci des commodités des lecteurs : ils se préoccupent de leur épargner les pertes de temps causées par l'encombrement, la difficulté des recherches, etc. A ce dessein répond d'abord la distribution de leurs bibliothèques en plusieurs sections, à chacune desquelles une salle spéciale est affectée. Dans les bibliothèques d'une certaine importance, il y a toujours au moins trois de ces sections : section des journaux et des périodiques (*Newspaper*[1] *and periodical Room*), section de lecture sur place (*Reference Room*), section du prêt au dehors (*Lending Room*). Le nombre de ces sections est, dans les grands établissements, porté à cinq et quelquefois plus ; il arrive que les journaux et les périodiques soient placés dans des salles distinctes ; certaines bibliothèques assurent aussi des salles réservées aux travailleurs qui poursuivent des recherches spéciales ; il existe en outre très souvent une section pour les adolescents et les enfants et quelquefois pour « les dames seules » (*ladies only*)[2].

Dans ces diverses salles, le public trouve à sa disposition des catalogues d'accès commode et faciles à consulter ; des affiches l'avisent des acquisitions nouvelles ; un registre est mis à sa portée, où il peut faire connaître ses vœux. On trouve de plus, dans beaucoup de bibliothèques anglaises, un appareil particulier nommé *Indicator*, qui rend aux lecteurs de très appréciables services : « Grâce à lui, les clients savent, à la minute même où ils se présentent, si un livre est ou non en lecture. C'est un grand cadre de bois portant en caractères dorés le numéro de chaque livre de la bibliothèque de prêt. Sous chaque numéro se trouve une fente longitudinale sous laquelle est placée une petite fiche (*book-card*) qui donne le numéro du livre et sa lettre de série. Voici le mode d'emploi de l'appareil. Un lecteur se présente et désire le volume porté au catalogue, par exemple, sous la cote B 3a5. Il n'a pas besoin d'interroger l'employé qui, lui-même, est dispensé de toute recherche. Il consulte l'indicateur placé à l'entrée de la salle, derrière une vitre. Si la carte B 3a5 est

---

[1] Dans la salle des journaux il n'y a pas de sièges. Les feuilles sont placées sur des pupitres à hauteur d'homme et on lit debout.

[2] Le service, dans ces deux dernières sections, est parfois confié à des femmes. Il faut toutefois remarquer qu'en Angleterre la tendance à employer les femmes dans les bibliothèques est moins prononcée qu'aux États-Unis. Voir dans *The Library*, 1892, p. a17, un article non signé : *Women Librarians*.

présente, le livre est dans la bibliothèque; si elle manque, le livre
est en main. Les conventions de détail peuvent changer avec les
établissements, mais le principe est universel. Lorsque le livre
désiré est dehors, on peut être averti de sa rentrée par une carte
postale qu'envoie le bibliothécaire [1] ».

Par ces dispositions intérieures, prises en vue de la commodité
du public, on ne se tient pas encore quitte vis-à-vis de lui : pour
mieux servir leur clientèle, les bibliothèques parfois se mobi-
lisent, si l'on peut ainsi dire. Dans les villes, dont la superficie
est très étendue, elles épargnent aux lecteurs les longs parcours
et vont en quelque sorte au devant d'eux. La bibliothèque-mère
crée en effet des filiales, des succursales, des branches, comme
on dit (*branch libraries*) dans les quartiers éloignés. C'est à Liverpool, en 1853, que ce système de décentralisation fut appliqué
pour la première fois; il a été adopté depuis par la plupart des
cités importantes. Ces filiales, en général, comprennent une section pour les journaux et périodiques, une section pour la lecture
sur place, une section pour le prêt au dehors. Leur collection est
naturellement moins riche que celle du dépôt central; mais il en
est beaucoup qui ne comptent pas moins de 4,000 ou 5,000 volumes. Elles ne sont pas ouvertes pendant un aussi long temps
que la bibliothèque centrale; d'ordinaire leurs séances ont lieu
dans la soirée, parce que c'est l'heure où la population ouvrière a
le loisir de les fréquenter. Pour éviter que leurs collections restreintes cessent d'exciter l'intérêt, on a soin de les renouveler
par des échanges que les succursales font entre elles dans des délais déterminés et suivant certaines règles [2].

Panizzi avait dit naguère que les bibliothèques sont faites, non
pour les livres, mais pour les lecteurs : c'est, en somme, on le
voit, cette maxime qui prévaut dans l'administration. et le fonctionnement des bibliothèques municipales en Angleterre. Cependant il faut remarquer que, si l'on est disposé à faire beaucoup
pour bien servir le public, on ne paraît pas encore prêt à consentir qu'il se serve lui-même. La liberté des lecteurs est, en Angleterre, bien plus restreinte qu'aux États-Unis : Schultze a noté que

____

[1] *Les bibliothèques populaires en Angleterre,* par C. Bloch, *Revue bleue,*
25 février 1898. Plusieurs personnes se disputent l'honneur d'avoir inventé cet
appareil : John Elliott, Charles Dyall, Alfred Cotgreave, etc.

[2] A Londres, pour ne citer qu'une ville, il n'y a au moins 80 *branch libraries.*

les bibliothécaires anglais et les comités ont une tendance à multiplier les formalités et les règlements[1]; il lui paraît qu'ils sont hantés par une crainte exagérée de voir détourner les livres. D'après lui, c'est ce qui explique que la plupart des « free public libraries » conservent de grandes quantités de livres dans leur section de référence au lieu de les mettre à la disposition des emprunteurs au dehors. Il cite à ce sujet quelques exemples caractéristiques : à la bibliothèque de Swansea, pour 100 volumes dans la division du prêt à domicile, on en trouve 254 dans la « Reference Library »; à Maidstone la proportion des deux divisions est de 100 volumes contre 677. Schultze, avec raison, juge que cette pratique est assez fâcheuse, car une bibliothèque, qui prétend avoir un caractère populaire, doit favoriser la lecture intensive; et la lecture à domicile peut bien souvent produire plus de résultats que la lecture sur place[2]. Pour la même raison, l'usage de donner aux lecteurs un libre accès aux rayons (*open access*) et de leur y laisser prendre les volumes qu'ils désirent ne semble pas devoir s'acclimater facilement en Angleterre. Après essai de cette pratique américaine, on y a renoncé à Liverpool, Blackburn, Chester et ailleurs. Depuis une dizaine d'années, elle a donné lieu à des polémiques assez vives et ses partisans, semble-t-il, sont loin encore d'avoir gain de cause[3].

Peut-être, si nous avions le loisir de pousser plus avant notre examen, trouverions-nous quelques autres côtés par lesquels les bibliothèques anglaises prêtent à la critique. Mais, si rigoureuse que pût être cette critique, il resterait toujours qu'il y a là une institution dont le développement est tout à fait remarquable. Seulement ce développement est demeuré presque exclusivement urbain; jusqu'à ces dernières années la population des campagnes n'a pas bénéficié de l'institution des bibliothèques publiques. A cet égard, l'Angleterre est en retard sur certains autres pays, notamment l'Allemagne et la France. Voici pourtant

---

[1] Voir dans *The Library Association Record*, 7 juin 1904, un article de E. R. Norris Mathews : *Public Library Bye-Laws and Regulations*.

[2] *Note comparative sur le nombre des livres affectés au prêt à domicile ou à la seule communication sur place dans les bibliothèques populaires d'Allemagne, d'Angleterre et de France.* Congrès international des bibliothécaires tenu à Paris en 1900. Paris, 1901.

[3] La question de l'*open access* a été présentée sous ses divers aspects d'une façon assez impartiale et complète par M. Doubleday dans un article de *The Library*, année 1899, p. 187 et suiv.

qu'elle commence à se préoccuper de cette situation regrettable et à faire effort pour y remédier.

Deux causes jusqu'ici se sont opposées à la création de bibliothèques parmi la population rurale anglaise : c'est d'abord l'esprit retardataire des campagnards, qui n'a point été combattu par le recteur et le hobereau; c'est aussi, c'est surtout la difficulté financière que présente l'entreprise.

Avec le progrès général de l'instruction et des mœurs, la première cause tend à s'affaiblir. Déjà, en 1885, à l'inauguration de la « Free Library » de Shrewsbury, sir John Lubbock disait : « Je suis parfois disposé à penser que les grands amateurs de la lecture ne se recruteront pas à l'avenir parmi les hommes de loi, les manufacturiers, les boutiquiers, mais parmi les ouvriers et les agriculteurs. Et cela n'est-il pas naturel? C'est de tête surtout que les premiers travaillent. Quand ils ont fait leur tâche, souvent leur cerveau est fatigué et il leur faut consacrer une partie de leur loisir aux exercices de plein air. Les autres, au contraire, outre que souvent leur travail les retient pendant un temps moins long, ont fait assez d'exercice physique et peuvent donner à la lecture et à l'étude ce qu'ils ont d'heures libres. » Dans ces paroles il y a sans doute un peu de paradoxe; mais les faits commencent à montrer qu'elles ont une part de vérité.

Le second obstacle est toujours sérieux : la difficulté financière ne se peut lever aisément; car une taxe sur la propriété ne saurait donner dans chaque village qu'une somme insuffisante pour acquérir ou louer un local, pour acheter des livres, pour indemniser un bibliothécaire. Mais ce qu'un village isolé ne peut faire deviendrait possible si plusieurs villages s'entendaient, s'unissaient en un effort commun. Une loi de 1894 (*the Local Government Act*) a autorisé, ou plutôt indiqué cette solution; et l'on commence à chercher les moyens de l'appliquer.

M. Ernest A. Baker[1] suppose que plusieurs villages se sont formés en un district d'une étendue suffisante pour qu'on y puisse trouver les ressources nécessaires à l'entretien d'une bibliothèque, dont l'importance équivaudrait à celle d'une « free library » ordinaire, et, dans cette hypothèse, il montre comment cette bibliothèque intercommunale pourrait fonctionner. On peut, dit-il à peu près, imaginer trois systèmes : 1° on sert les emprunteurs

____

[1] Dans un article de *The Library*, juillet 1898.

individuellement : dans les cas où ils habitent près du siège de la bibliothèque, ils s'y rendent et on leur remet les livres qu'ils désirent; s'ils demeurent loin, on leur envoie les volumes par les voies qu'on juge commodes; 2° on établit des sections de distribution; un employé se tient aux diverses sections, convenablement réparties sur la superficie du district; il y reçoit la liste des livres demandés et des livres restitués, et envoie le tout à la bibliothèque centrale pour échange; puis, quand une nouvelle série de livres est arrivée, il les distribue aux lecteurs qui doivent se présenter à des heures déterminées; 3° à la bibliothèque centrale, on partage le dépôt général en lots correspondant à chaque section du district; on les distribue ensuite aux sections qui, dans des délais fixés et suivant des conditions déterminées, devront les faire circuler entre elles. — M. Ernest A. Baker remarque que les salles d'école sont vides vingt-quatre heures par semaine et inoccupées pendant une bonne partie de l'année : il propose donc de les employer pour y établir des sections de distribution et de petits dépôts d'ouvrages de référence.

Ce ne sont là que des projets, mais nous serions bien surpris s'ils n'avaient point reçu un commencement d'exécution. L'Angleterre possède un réseau presque complet de bibliothèques urbaines. Elle a tout loisir de penser aux campagnes et elle doit éprouver le désir de compléter son œuvre sur le point où elle reste inachevée.

LES BIBLIOTHÈQUES ET L'ÉDUCATION.

En faisant des efforts et des sacrifices pour créer leurs bibliothèques municipales, les Anglais paraissent avoir compris de bonne heure la véritable portée de cette institution. Ils ont vu qu'elle ne devait pas seulement fournir aux gens du peuple un passe-temps honnête, propre à les détourner du cabaret et des grossiers plaisirs; et si, par surcroît, elle donnait aux travailleurs des facilités pour acquérir ce que l'on appelle les « connaissances utiles », il ne leur a pas paru qu'elle eût encore ainsi rempli tout son office propre. A leur avis, entretenue par les deniers de tous, il faut qu'elle soit utile à tous, sans distinction de classe ni de fortune; ils n'en font pas une simple entreprise de philanthropie et de vulgarisation; ils considèrent qu'elle doit être un agent de culture générale, une force capable de promouvoir en tout sens l'éducation de la nation tout entière.

Dès 1859, Edward Edwards, dans ses *Memoirs of libraries*, a exprimé cette conception avec beaucoup de netteté : « Deux principes semblent acquis. Le premier, c'est que ces bibliothèques nouvelles seront constituées dans un esprit absolument large; le second, que leur existence sera indépendante des donations et souscriptions éventuelles. Le premier implique pour la nouvelle institution une entière indépendance vis-à-vis de tous les partis, de toutes les sectes, de toutes les confessions. En vertu du second, elle devra être entretenue par une taxe supportée par toute la communauté et elle devra être administrée par des fonctionnaires élus et responsables. Ces deux principes comportent une troisième conséquence aussi nécessaire que les deux autres : les bibliothèques nouvelles ne doivent « rien savoir » (*know nothing*) des distinctions de classes. Entretenues par la contribution des capitalistes les plus riches et des plus humbles prolétaires, il faut qu'elles soient formées et accrues de façon à être utiles aux uns et aux autres. Ce ne seront pas des bibliothèques techniques, commerciales, industrielles; ce seront les bibliothèques publiques de la cité. Elles contiendront, dans des proportions convenables, des livres utiles pour le citoyen qui n'a qu'une demi-culture, pour celui qui n'en a pas du tout, pour celui qui poursuit des études spéciales, le clergyman, le marchand, l'homme politique, l'érudit. Elles seront ouvertes indistinctement à tous. A tous, elles offriront non pas seulement les connaissances pratiques, les renseignements sur les faits et les idées du temps présent, mais les résultats acquis par les générations précédentes, les conceptions et les espérances qui préparent le monde à venir [1]. »

Avec le temps, ces idées n'ont rien perdu de leur force; elles ont, au contraire, fait du chemin, surtout depuis le moment où le recrutement des bibliothécaires a commencé à s'améliorer. Pour que la bibliothèque ait un rôle éducatif, il est indispen-

---

[1] En 1877, M. Winter Jones, président de la Conférence internationale des bibliothécaires, disait dans son discours d'ouverture : « Avant peu d'années, les villes s'imposeront d'elles-mêmes des taxes pour fonder des bibliothèques, comme elles le font pour des travaux de distribution d'eau ou pour le service des incendies, et la bibliothèque sera, comme les écoles et les journaux, un des grands facteurs moraux et intellectuels de la communauté. »

sable, en effet, que le bibliothécaire ait le désir et la capacité de
le lui faire jouer. Et ce désir, cette capacité se rencontrent plus
fréquemment de jour en jour. Les bibliothécaires du Royaume-
Uni ont parlé de leur «apostolat» avec plus de réserve que leurs
collègues d'Amérique; cela ne signifie pas qu'ils soient moins
décidés à l'exercer. « Nous ne sommes pas, dit un d'entre eux, de
simples employés, de simples salariés... Plus qu'aucune autre
catégorie de citoyens nous pouvons former l'intelligence et le
caractère des jeunes générations, et cela doit nous inspirer de
la fierté. Mais cette fierté ne saurait être légitime que si nous
nous tenons à la hauteur de notre tâche : nous devons nous en
acquitter avec les mêmes sentiments qu'un missionnaire apporte
à son œuvre, c'est-à-dire, avec la foi, l'espérance et l'amour. »
De plus en plus, ils prétendent collaborer et collaborent en effet
à l'éducation nationale.

Cette collaboration s'est traduite en premier lieu, comme il est
naturel, par les efforts qui ont été faits pour créer une connexité
entre l'école et la bibliothèque. Il convient d'indiquer, au moins
de façon sommaire, ce qu'ont été ces efforts et ce qu'ils ont
produit.

C'est, paraît-il, à Birkenhead, en 1866, que, pour la première
fois, s'établirent des rapports entre la bibliothèque publique et
l'école. A cette date, le bibliothécaire, M. Richard Hinton, signa-
lait que 743 volumes avaient été prêtés aux enfants. En 1870, ce
chiffre était porté à 2,708, et, en 1881, on offrait pour les écoliers une collection de 2,000 volumes et l'on annonçait la préparation d'un catalogue spécial d'ouvrages pour la jeunesse.

En 1882, à Nottingham, grâce à un don de 500 livres sterling fait par M. Samuel Morley, la bibliothèque publique ajouta à
son organisation une section entièrement distincte, affectée aux
écoliers.

L'administration de la bibliothèque de Leeds se mit, en 1877,
en rapports directs avec le *School Board*. Les pourparlers n'abou-
tirent pas tout de suite; mais une entente intervint en 1884 et,
à partir de ce moment, on plaça dans les écoles dépendant du
School Board de petites bibliothèques détachées du fonds de la
bibliothèque municipale. En 1894, les écoles libres (*voluntary
schools*) furent admises à bénéficier de cette mesure, et, dès 1898,
il existait quarante-trois de ces bibliothèques dans les écoles du
Board et six dans les écoles libres. Les frais d'achat et d'entretien

des livres sont à la charge de la bibliothèque; les dépenses d'installation regardent le *School Board;* les maîtres qui reçoivent les volumes et les distribuent à leurs élèves ne touchent aucune rétribution.

Une œuvre du même genre fut instaurée à Plymouth, en 1888, par le comité de la bibliothèque municipale. Elle fonctionne dans les mêmes conditions qu'à Leeds, à cela près que les collections de livres sont échangées de temps en temps entre les écoles.

A Bootle, système différent : la bibliothèque publique prête directement aux enfants des écoles, âgés de 8 à 14 ans, mais dans de certaines conditions : il faut que les jeunes emprunteurs produisent une autorisation de leur père ou de leur tuteur, et ils ne peuvent, d'ailleurs, emprunter que des ouvrages inscrits sur le catalogue des livres destinés à la jeunesse. Ce catalogue, ainsi que les cartes nominatives des emprunteurs, les bulletins de demande, etc., sont envoyés aux directeurs d'école et à leurs adjoints qui, par là, deviennent les intermédiaires entre l'école et la bibliothèque.

Sur certains points, manque de ressources, on n'a pu mettre sur pied des organisations analogues à celles que nous venons d'indiquer. Mais, même en pareil cas, l'on a tâché de former un lien entre les deux institutions. Signalons une tentative intéressante, récemment faite à Cardiff par le bibliothécaire, M. Ballinger.

Après avoir obtenu l'assentiment du comité de la bibliothèque et du *School Board,* il a imaginé de donner une série de leçons à la population scolaire; des groupes de 40 enfants ont été conduits par leurs maîtres au siège de la bibliothèque, où M. Ballinger leur a fait de petites conférences, propres à leur donner le goût des livres, de la lecture, à leur montrer comment on peut se servir des collections publiques, etc. L'expérience a obtenu un plein succès et, déjà, on l'a imitée dans plusieurs localités.

Avec des variations plus ou moins notables, les divers systèmes que nous venons de mentionner ont été appliqués dans 108 villes de l'Angleterre et du pays de Galles. On peut relever aussi quelques essais du même genre en Écosse (Édimbourg, Dundee, Aberdeen, Paisley, Ayr) et en Irlande (Belfast).

En outre, dans leurs instructions, les autorités scolaires recommandent volontiers aux maîtres de faire ressortir devant leurs élèves les avantages que pourrait leur procurer la fréquentation de la bibliothèque publique [1].

Dès longtemps, l'Association des bibliothécaires s'efforce d'encourager cette coopération. Depuis une quinzaine d'années, la revue *The Library* a publié sur ce sujet de très nombreux articles [2], dont l'esprit et les tendances se résument assez bien dans le passage suivant : « On dit en général que la bibliothèque publique est le complément de l'école, qu'elle permet de poursuivre à travers la vie l'œuvre d'éducation qui n'a pu être qu'ébauchée sur les bancs. C'est cette idée qui s'exprime dans l'aphorisme : la bibliothèque publique est l'Université du peuple; et cet autre : de nos jours, la véritable Université c'est une collection de bons livres. Vraie, à certains égards, cette idée est incomplète. Si la bibliothèque publique continue l'œuvre de l'école, il ne faut pas oublier qu'elle doit aussi la seconder et qu'à son tour elle peut et doit trouver dans l'école un auxiliaire précieux. A l'école, en effet, il faut que l'on n'apprenne pas seulement à lire, mais aussi à savoir lire, c'est-à-dire à lire avec intelligence et réflexion. En d'autres termes, l'école, d'une part, doit préparer une clientèle à la bibliothèque publique, et celle-ci, de son côté, doit aider l'école à remplir cet office (prêts de livres, etc...). C'est là qu'est le point de contact entre les deux institutions [3]. »

Ainsi, dans cette direction, l'on a déjà fait du chemin. Mais l'on ne s'en tient pas là. Une grande partie de la population adulte n'a pu recevoir cette sorte d'initiation ; quantité de lecteurs n'ont jamais été préparés à connaître quels sont les bons livres, à les aimer, à savoir en tirer parti. C'est ce dont les bibliothécaires s'aperçoivent trop bien, quand ils constatent la proportion considérable que les romans (*novels, books of fiction*) occupent dans les lectures de leur clientèle. « M. D. O'Brien a fait en Angleterre une statistique qui ne manque pas d'intérêt. A Newcastle-on-Tyne, en 1880, on emprunta 2,500 fois des romans de miss Braddon, tandis qu'on ne demandait que 12 fois Bain, *Mental and moral*

---

[1] Les détails qui précèdent sont empruntés à un travail de J.-J. Ogle : *The connection between the Public Library and the Public Elementary School* (*Special Reports on educational subjects*, t. II. Londres, 1880).

[2] Voir une énumération dans le *Manuel de bibliothéconomie* de A. Græsel, traduit par Laude, p. 150, Paris, 1897.

[3] Voir *The Library*, juillet 1896 : *The Board School in relation to the Public Library*, article d'Alex. W. Robertson.

Science; 1,320 fois des romans de Grant, contre 15 fois Butler, *Analogy of Religion*; 4,600 fois des romans de Lever, contre 4 fois Kant, *Critique de la raison pure*; 4,901 fois des romans de Lytton, contre 81 fois Locke, *Essay on human Understanding*; 3,300 fois des romans de Walter Scott, contre 14 fois Stuart Mill, *Logic* [1]. » Dix ans plus tard, les choses n'ont guère changé : M. Thomas Mason a fait une statistique du même genre en 1890; elle a porté sur 25 bibliothèques situées dans des régions différentes et d'importance inégale : le résultat a été qu'on y avait lu, en moyenne, 74 p. 100 de romans [2]. Autre statistique analogue entreprise en 1904 par M. Willcock; la moyenne est, cette fois, moins élevée; mais elle atteint pourtant encore 65 p. 100 [3]. On a beau dire que la littérature romanesque a gagné en valeur et en portée [4]; il faut pourtant reconnaître qu'il y a là un excès. Aussi beaucoup de bibliothécaires se sont-ils préoccupés de chercher par quels moyens ils pourraient modifier cette situation. Pour agir sur leur public, on en a vu qui donnaient des conférences de littérature, ou, plus simplement, de brèves causeries pour recommander les bons livres. L'habitude d'accompagner de notices descriptives les listes d'acquisitions nouvelles s'est assez répandue; on s'est aussi attaché à dresser des bibliographies sur les sujets d'actualité (découvertes scientifiques, grands événements, etc.); enfin l'on s'emploie, par des entretiens particuliers, à inspirer aux lecteurs l'idée qu'il faut chercher dans la lecture quelque chose de plus et de mieux qu'un simple passe-temps [5].

Mais, si ardents qu'ils puissent être, les efforts des bibliothécaires, parce qu'ils sont isolés, dispersés, ne sauraient exercer une action très large. Ils s'en sont rendu compte et, sans renoncer à agir individuellement, ils ont compris que leur influence gagnerait en étendue si elle trouvait l'occasion de s'appuyer sur une organisation collective. Cette occasion leur a été offerte, il y a une quinzaine d'années; ils ne l'ont pas laissé échapper.

[1] Cité par A. Schinz, dans un article de la *Bibliothèque universelle et Revue suisse*, septembre 1898,

[2] Voir *The Library*, 1890, p. 178.

[3] Voir *The Library Association Record*, juillet 1904.

[4] La défense de la littérature romanesque a été présentée d'une façon intéressante par M. James K. Hosmer. Voir son article : *In praise of the Novel*, dans *The Library*, 1896, p. 132.

[5] Voir un article de J. Potter Briscoe : *Libraries and reading Circles*, dans *The Library Association Record*, mai 1903.

En 1889, sur l'initiative du Rev. Dʳ Paton, s'est fondée une société qui s'intitule Union nationale pour la lecture à la maison (*National Home Reading Union*). Elle a pour objet : « 1° de faire lire à la maison d'une façon continue et systématique, dans toutes les classes de la société, en donnant aux lectures un caractère systématique; 2° de grouper, autant que possible, ceux qui suivent des cours de lecture à la maison, en « cercles locaux », de manière que les ouvrages y soient discutés, élucidés et produisent une impression durable sur l'esprit des lecteurs; 3° de fournir aux lec‑teurs une aide efficace au moyen de notes explicatives, par des renseignements relatifs à la manière de lire la plus fructueuse, et par des indications d'autorités, de dictionnaires, cartes géo‑graphiques, modèles..., objets déposés dans les bibliothèques ou musées avoisinants et qui mettront le lecteur à même de mieux saisir et comprendre le sujet qu'il lit et étudie » [1]. Comment, en présence d'un pareil programme, les bibliothécaires n'auraient-ils pas reconnu des alliés dans les membres de la société fondée par le Dʳ Paton ?

De même, ils pouvaient trouver aide et soutien chez les hommes qui prenaient part au mouvement d'extension universitaire, dont l'action commença a se faire sentir environ le temps où se créa l'Union nationale pour la lecture à la maison. Aussi, dès long‑temps, vit-on beaucoup d'entre eux adhérer à ces associations ou, tout au moins, leur apporter en toute rencontre le concours de leurs bons offices [2].

Bientôt même on jugea que des adhésions individuelles ne suffisaient pas. Dans ces dernières années, un projet d'alliance régulière et officielle de coopération générale entre toutes les forces éducatives du pays était dans l'air. Il a pris corps, en 1903, au congrès tenu, à Leeds, par l'Association des bibliothécaires. A cette réunion assistaient, sur invitation, des délégués de la *National Union of Teachers*, de la *Head Master's Association*, de plusieurs centres d'*University Extension*, de la *National Home Reading Union*. Dans les discours qui furent prononcés, on se félicita de ce rapprochement entre les éducateurs professionnels

---

[1] Voir l'*Éducation populaire des adultes en Angleterre*, p. 235 et suivantes.

[2] Voir un article de M. Alex. Hill : *Public Libraries and the National Home Reading Union*, dans *The Library Association Record*, décembre 1903, et dans le même recueil, juin 1903, un article de M. Edward Mc Knight : *Public Li‑braries and University Extension*.

et les bibliothécaires : un pont, dit-on, a désormais été jeté entre la bibliothèque et l'école, qui, trop longtemps, avaient été séparées. Les hommes d'école, de leur côté, firent entendre qu'ils seraient heureux à l'avenir de voir les bibliothécaires assister aux réunions qu'ils pourraient tenir. L'alliance était conclue [1].

Elle eût pu rester purement platonique. Mais, avant de se séparer, le congrès nomma une commission chargée d'étudier toutes les questions intéressant la coopération à établir entre les bibliothèques publiques et les corporations et sociétés d'éducation de toute nature. Avec beaucoup de zèle, cette commission se mit immédiatement à l'œuvre et, un an plus tard, au congrès de Newcastle-on-Tyne, voici comment elle a rendu compte de la façon dont elle a rempli la tâche qui lui avait été confiée : « La commission a estimé qu'elle devait d'abord s'enquérir de ce qui se faisait actuellement dans le sens de la coopération désirée. Elle a donc dressé un questionnaire qu'elle a envoyé aux bibliothécaires, aux secrétaires des centres d'extension universitaire, aux directeurs des diverses écoles. Les réponses qui lui sont parvenues ont été si nombreuses et si étendues que le soin de les classer, de les résumer a absorbé la plus grande partie de notre temps. En conséquence, nous ne pouvons présenter qu'un rapport préliminaire où nous nous sommes bornés à fournir des indications sur ce qui peut être essayé pour établir une communauté d'action entre les bibliothèques publiques et les autres forces qui s'appliquent à l'éducation nationale. Les matériaux considérables dont la commission dispose seront publiés plus tard, soit comme une partie du rapport définitif, soit séparément, selon qu'on le jugera convenable. — Les réponses au questionnaire montrent que déjà, partout, sous une forme ou sous une autre, la coopération existe entre la bibliothèque publique et les autres organes de l'éducation nationale, et c'est la preuve que les comités des bibliothèques et les bibliothécaires ont le vif sentiment de la part importante qu'ils doivent prendre à l'éducation du pays. En ce qui regarde nos propositions, il faut faire observer qu'elles sont fondées pour la plupart sur ce qui se pratique dans telle ou telle partie du royaume. La commission reconnaît qu'il y a peu de bibliothèques, s'il y en a, qui se trouvent en situation d'appliquer

____

[1] Sur le congrès de Leeds, voir un article de M Ballinger dans *The Library*, 1903.

intégralement le plan qu'elle présente, mais elle a voulu tracer les lignes générales suivant lesquelles elle estime que notre dessein pourrait être accompli[1]. »

De ce plan, nous ne donnerons pas les détails; par ce que nous avons dit plus haut, on voit assez quels ils peuvent être. Mais ce qu'il importe de remarquer, c'est qu'après une période où l'action individuelle s'était exercée à peu près seule, voici venir un projet d'organisation générale, une sorte de fédération qui groupera toutes les bonnes volontés, toutes les aptitudes, toutes les ressources en vue de les faire servir à une œuvre commune de civilisation et de culture et qui peut ainsi singulièrement augmenter leur valeur. Ce projet, qui n'est encore qu'un avant-projet, aboutira-t-il ? Rien n'indique qu'il y ait des rivalités à concilier, des défiances à dissiper, des résistances à vaincre; l'entreprise est bien engagée; il est donc permis d'en espérer le succès qui, de tout point, est très désirable.

LES RÉSULTATS.

Pour mettre dans un jour plus net les progrès accomplis par l'institution des bibliothèques municipales depuis un demi-siècle, il convient de citer quelques chiffres.

En 1856, d'après un rapport présenté au Parlement, il y avait 19 de ces bibliothèques établies dans 11 villes; elles possédaient ensemble 120,000 volumes environ et les sommes produites par la taxe spéciale s'élevaient à un peu plus de 10,000 livres sterling.

En 1870, un nouveau rapport établit que, vers la fin de 1868, on comptait 52 bibliothèques avec 500,000 volumes; leurs ressources, produites par la taxe, atteignent alors 25,000 livres sterling. — Le rapport, soumis au Parlement en 1885, signale l'existence de 251 bibliothèques avec 1,910,630 volumes et un revenu de 120,337 livres sterling. — En 1890, le total des bibliothèques a passé à 408; elles possèdent 3,056,658 volumes et leurs ressources sont de 204,972 livres sterling[2]. — Enfin, en 1905, la liste dressée par l'Association des bibliothécaires

[1] *Preliminary Report of the Committee on Public Education and Public Libraries to the Newcastle Meeting of the Library Association*, 1904.

[2] Ces chiffres nous sont fournis par le livre de J.-J. Ogle : *The Free Library*, *passim.*

comprend 589 établissements [1]. On voit par là que le mouvement a toujours été en s'étendant et que sa marche s'est continuellement accélérée. Aujourd'hui, à de très rares exceptions près, toutes les localités urbaines de l'Angleterre, grandes ou petites, ont leur bibliothèque. Comme l'on sait d'ailleurs de façon positive qu'elle sont bien organisées, bien aménagées, bien outillées, comme leur mode d'entretien présente des garanties de stabilité, on peut donc dire que leur situation matérielle est excellente.

De leur situation morale on ne saurait parler qu'avec réserve. Personne n'ignore que l'influence exercée par toute entreprise d'éducation échappe aux évaluations précises. Pourtant, à certains indices, il semble bien que les résultats visés ont été atteints, au moins en partie.

On voit, par exemple, que les bibliothèques sont de plus en plus fréquentées : au début, en 1856, elles prêtent, pour être lus sur place ou dehors, 650,000 volumes; ce chiffre a passé à 10,000,000 en 1885, à 16,350,000 en 1890, et il dépasse aujourd'hui 40,000,000 [2].

De plus, au rapport de visiteurs étrangers, qui n'ont pas de raison pour être complaisants, la clientèle se recrute dans toutes les classes de la société. M. C. Bloch, inspecteur général des bibliothèques, qui, en 1898, a fait en Angleterre un voyage d'études, dit que le public des bibliothèques de Londres comprend des étudiants, des avocats, des médecins, des clergymen, des journalistes, mais se compose aussi et dans une proportion plus forte d'employés de commerce, de commis de magasin, d'artisans et d'ouvriers appartenant à tous les corps de métier, d'hommes de peine, de portefaix, de domestiques, de bonnes à tout faire [3]. Schultze a fait des constatations du même genre et il cite le Danois Steenberg qui témoigne dans le même sens [4]. A cet égard, l'institution a donc vraiment une portée démocratique et répond au vœu naguère exprimé par Edward Edwards.

Que, dans cette clientèle des bibliothèques municipales anglaises, il se trouve encore beaucoup de gens qui les considèrent

---

[1] Voir *The Library Association Year Book for 1905*, p. 71 et suiv.

[2] Le chiffre de 40,000,000 est donné par l'*Encyclopédie britannique* comme ayant été atteint dès 1901.

[3] Voir l'article de la *Revue bleue* déjà cité.

[4] *Freie öffentliche Bibliotheken*, p. 108.

simplement comme des cabinets de lecture, qui ne comprennent point les avantages d'ordre élevé qu'ils en pourraient tirer, c'est, il est vrai, un fait dont on ne saurait douter. Mais nous avons montré comment le personnel des bibliothécaires, prenant de son rôle une conscience de plus en plus haute, travaille énergiquement à éclairer et à guider cette partie du public. Sans doute, le succès d'une pareille entreprise n'est qu'à longue échéance; n'importe; par cela seul qu'elle se poursuit, il faut estimer que les bibliothèques municipales prennent dès à présent une place importante dans la vie intellectuelle et morale de l'Angleterre contemporaine.

III

LES BIBLIOTHÈQUES POPULAIRES EN ALLEMAGNE.

Les étrangers et les Allemands eux-mêmes connaissent mal la situation des bibliothèques populaires en Allemagne. Sur ces établissements, en effet, il n'a pas été publié de statistique générale et, d'ailleurs, pour tout ce qui les concerne, les documents officiels sont assez rares et n'ont pas été réunis en une collection. — Cependant, depuis vingt-cinq ans — et surtout durant les huit ou dix dernières années — un mouvement très vif en faveur des bibliothèques populaires s'est produit dans tout l'Empire. Ce mouvement, suscité par quelques sociétés d'éducation et aussi par des hommes dévoués à la démocratie, a fait publier nombre d'articles, de brochures et même de volumes. C'est en nous servant de cette « littérature [1] » — à défaut de renseignements officiels — que nous essaierons de montrer ce que l'on a tenté autrefois, où l'on en est et où l'on tend à l'heure présente.

LES ORIGINES.

L'institution des bibliothèques populaires remonte, en Allemagne, à une époque assez lointaine. En 1524, Luther [2] la recommandait aux magistrats des villes comme aussi utile que la création d'écoles. Son conseil fut écouté et quelques bibliothèques, accessibles à tous, s'ouvrirent sur certains points ; Hambourg, par exemple, en possédait une en 1529. Mais elles ne

[1] Nous donnons ici une fois pour toutes l'indication des sources où nous avons le plus souvent puisé : D' E. Reyer, *Entwicklung und Organisation der Volksbibliotheken*, Leipzig, 1893. Id., *Handbuch des Volksbildungswesens*, Stuttgart, 1896. Id., *Fortschritte der volkstümlichen Bibliotheken*, Leipzig, 1903. D' H. Albrecht, *Les Œuvres de salut social en Allemagne* (publié à l'occasion de l'Exposition universelle de Paris), Berlin, 1900. D' E. Schultze, *Freie öffentliche Bibliotheken*, Stettin, 1900. J. Tews, *Handbuch für volkstümliche Leseanstalten*, Berlin, 1904. Rein, *Encyklopädisches Handbuch der Pädagogik*, Langensalza, 1899 (à l'article Volksbibliotheken). D' Græsel et D' Liesegang, *Blätter für Volksbibliotheken und Lesehallen* (années 1900, 1901, 1902, 1903, 1904, 1905), Leipzig.

[2] *An die Radherrn aller Städte deutsches Lands*, Wittenberg, MDXXIV. Réimpression.

survécurent pas aux désastres de la guerre de Trente Ans, et durant le xvii⁰ siècle on ne voit pas qu'on ait tenté de les faire renaître.

Dans le second tiers du siècle suivant commence la période dite de la diffusion des lumières (*Aufklärung*); alors les journaux se multiplient, le goût de lire se répand; point de petite ville qui n'ait sa société, son cercle de lecture (*Lesegesellschaft, Lesezirkel*), son cabinet de lecture aussi (*Leihbibliothek*). Ce sont autant de préparations à la bibliothèque populaire qui, en effet, paraît bientôt. Celles qui se fondent sont, il est vrai, presque toujours des dépendances de l'école et de l'église; cependant on a soin de les dénommer expressément bibliothèques publiques (*öffentliche*) pour bien faire entendre que tous peuvent en profiter. Elles semblent avoir prospéré surtout en Saxe et le directeur du gymnase d'Eisenach, Christian Juncker, en a fait mention. Rappelons aussi qu'en 1751, à Görlitz, le recteur Baumeister créa une «Bibliothèque pour les pauvres»; c'était une fondation par souscription, chaque souscripteur donnant 1 thaler.

Les progrès de l'institution ne purent manquer d'être servis par la loi qui, en 1717, établit en Prusse l'instruction obligatoire, et, à la fin du siècle, Julius von Massow, qui dirigeait alors l'enseignement public dans ce pays, composa un écrit intitulé *Idées sur la réforme de l'École et de l'Éducation,* où il préconisait la création de bibliothèques à l'usage des classes populaires (1797). Mais l'élan qu'il essayait de donner fut arrêté net par les guerres de l'Empire.

Il fallut attendre trente ans pour que le mouvement pût reprendre. C'est en Saxe, où pendant le siècle précédent le terrain avait été déjà préparé, que les bibliothèques populaires commencèrent à reparaître. En 1828, le Dʳ Emil Reiniger et Karl Preusker en établirent une à Grossenhain. Elle s'intitula d'abord «Bibliothèque scolaire», parce que les créateurs avaient songé surtout à la faire servir aux maîtres et aux écoliers; mais, comme tous les habitants s'y intéressaient, elle prit en 1833 le nom de bibliothèque municipale (*Stadtbibliothek*). Pour la faire vivre et prospérer, Preusker déploya beaucoup de zèle et, en vue de lui assurer des ressources, organisa l'Union pour la lecture éducative (*Leseverein für bildende Lektüre*). Il faut remarquer que les livres mis à la disposition du public n'étaient que des ouvrages d'enseignement; les lectures récréatives n'étaient pas admises.

C'est le même principe qui guida la *Société économique* du royaume de Saxe, quand elle fonda, en cette même année 1828, ses « Bibliothèques pour les paysans ». Mais le besoin de lire était déjà si vif et si étendu qu'en dépit de leur composition un peu austère ces bibliothèques attirèrent un grand nombre de lecteurs.

Encouragé par ces résultats, Preusker voulut étendre à toute la région les avantages de l'institution qu'il avait fondée à Grossenhain, et il tenta d'organiser, pour les localités voisines, des bibliothèques circulantes. Son essai réussit assez bien et, peu après, fut imité, à Neukirch, par le pasteur Schwerdt.

On peut dire que, dès lors, les bibliothèques populaires ont vraiment pris racine en Saxe. En 1846, le Ministère de l'intérieur accordait à Preusker une subvention pour lui permettre de répandre dans toutes les villes du royaume des écrits de propagande où il proposait en exemple l'œuvre qu'il avait faite à Grossenhain. Vers le même temps, Walther écrivait un bon livre sur les bibliothèques scolaires de village (*Die Begründung von Dorf-Schulbibliotheken*), qu'il fit paraître en 1843. Aussi, quand, aux environs de 1848, survint la réaction politique, elle ralentit ces progrès, mais ne put complètement les arrêter. Pendant vingt-cinq années ils se poursuivirent obscurément, jusqu'au jour où, sur la motion du député Pfeiffer, une somme fut inscrite au budget de l'État pour la fondation et l'entretien des bibliothèques populaires (10 février 1874). Ces établissements recommencèrent alors à se développer dans tout le royaume, particulièrement dans les villages, si bien que, vingt ans après, on en comptait plus de 1,000.

Dans la période qui va de 1840 à 1880 environ, la Saxe ne fut pas le seul pays d'Allemagne où ils trouvèrent des encouragements. En Wurtemberg, ils eurent l'appui de l'Office central du Commerce et de l'Industrie et de l'Office central de l'Agriculture (*Centralstelle für Gewerbe und Handel, Centralstelle für Landwirtschaft*). De 1853 à 1876, ces deux institutions d'État s'employèrent à servir les travailleurs de la ville et de la campagne par la distribution d'écrits de vulgarisation (23,000 furent répandus à titre gratuit, 11,000 à très bas prix). En 1868, il y avait 73 bibliothèques populaires dans les districts de Göppingen, Geislingen, Heilbronn; une circulaire du synode (13 décembre 1869) invita les inspecteurs de district (*Bezirksschulinspektoren*) à provoquer des créations semblables dans leurs circonscriptions. L'impulsion une fois donnée, un mouvement assez-étendu se produisit : en 1870, on comptait en Wurtemberg 586 bibliothèques populaires avec 59,000 volumes ; dix ans plus tard, il y a 844 bibliothèques et le nombre des volumes, presque triplé, s'élève à 140,000.

A Weimar, vers le milieu du xixe siècle, la duchesse Anne-Amélie décida que la bibliothèque de la Cour (du Château-Vert) serait ouverte au public ; elle s'intéressa aussi à la formation de bibliothèques circulantes, sur lesquelles, à vrai dire, le clergé avait la haute main, mais dont pourtant la composition était décidée par une commission centrale.

Et tandis que s'organisaient ainsi, en Saxe et en Wurtemberg, des bibliothèques pour les campagnes, des collections de livres à l'usage du peuple se formaient aussi dans quelques grandes villes de l'Allemagne : à Francfort-sur-le-Mein en 1845, à Breslau en 1846, à Brunswick en 1851, à Brême en 1869, à Munich en 1873, à Halle en 1874, à Stettin en 1874, à Leipzig en 1875, à Barmen vers 1878 [1].

De ce mouvement, c'est Berlin qui fut alors le centre principal. En 1841, l'historien Friedrich von Raumer, au retour d'un voyage aux États-Unis où il avait été très frappé par le développement intellectuel des classes populaires de la république américaine, résolut de tenter un effort pour élever la culture des plébéiens allemands. Aidé par un groupe de professeurs de l'Université, ses collègues, il forma une société qui avait pour objet d'organiser des conférences scientifiques. Ces conférences n'étaient d'ailleurs qu'un moyen qui devait permettre de créer des bibliothèques populaires avec les recettes produites par le prix d'entrée aux séances. La *Société des conférences scientifiques* trouva tout de suite de puissants appuis : le prince de Prusse (qui fut plus tard l'empereur Guillaume) s'y inscrivit un des pre-

<hr>

[1] Sur l'historique des Bibliothèques populaires dans les diverses parties de l'Allemagne on trouve des articles intéressants dans *Blätter für Volksbibliotheken und Lesehallen* :

1° *Oeffentliche Lesehallen und Volksbibliotheken im Grossherzogtum Hessen,* von Karl Ebel und Karl Noach (juillet-août, nov.-déc., 1900 ; sept.-oct., 1901) ;

2° *Ueber Volksbibliotheken und Lesehallen im Königreich Sachsen,* von P.-E. Richter (mars-avril, 1901) ;

3° *Zur Geschichte älterer volkstümlicher Leseeinrichtungen in Mecklenburg,* von O. Kohfeldt (juillet-août, sept.-oct., 1901).

miers. Après cinq années, la société possédait un fonds de 6,000 thalers. Raumer proposa alors d'employer 4,000 thalers de cet argent à l'institution de bibliothèques. Approuvé par ses collègues de la Société, il sut bientôt obtenir de la municipalité de Berlin une subvention de 1,000 thalers, laquelle fut autorisée par le roi en 1849.

C'est ainsi que le 1er août 1850, 4 bibliothèques populaires purent être ouvertes à Berlin. Elles débutaient dans des conditions très modestes : installées dans des locaux scolaires, meublées d'armoires grossières, de tables et de bancs, qui n'étaient même pas leur propriété, mais celle de l'école, elles ne comptaient en tout que 7,400 volumes et ne s'ouvraient que très discrètement au public : trois fois par semaine de midi à 1 heure, et le dimanche de 11 heures à midi.

Cependant, si humblement commencée, l'œuvre de Raumer ne tarda pas à progresser. Le succès de la *Société des conférences scientifiques* allait croissant et, en 1856, elle pouvait, avec ses seules ressources, ouvrir une cinquième bibliothèque. En 1858, elle avait un excédent de recettes de 5,000 thalers, et l'on convint de capitaliser les revenus de cette somme avec les autres recettes jusqu'à 10,000 thalers. Puis, on entra en pourparlers avec la municipalité, on s'entendit avec elle et, en 1864, la Société se dessaisit de son avoir, à la condition que la ville de Berlin inscrirait à son budget pour l'entretien des bibliothèques populaires un crédit annuel de 1,500 thalers. Le Comité de direction, qui avait été constitué dès l'origine et où figuraient, en nombre à peu près égal, des membres de la Société et des membres du Conseil municipal, ne fut pas modifié dans sa composition. Mais, en fait, à dater de ce moment l'œuvre devint surtout une œuvre municipale et la ville de Berlin n'hésita pas à lui accorder des subventions de plus en plus importantes : dès 1870, le crédit primitif de 1,500 thalers était porté à 3,300. Les résultats avaient montré en effet que l'institution répondait vraiment à un besoin de la population berlinoise : au lendemain de l'ouverture des premières bibliothèques, on avait compté 851 lecteurs ; en 1851, il y en avait 1,281 et l'on faisait environ 20,000 prêts. De 1870 à 1880, le nombre des lecteurs passa de 10,325 à 16,527 ; celui des prêts de 198,000 à 308,000 Ces progrès connus, sinon dans le détail, au moins dans l'ensemble, ne pouvaient manquer de provoquer de l'émulation dans toute l'Allemagne.

De 1840 à 1880, il se créa en effet un assez grand nombre de bibliothèques dans toutes les parties du pays et, presque partout, comme à Berlin, elles durent leur naissance à des sociétés. Beaucoup de ces sociétés, purement locales, n'ont aucune notoriété; mais quelques-unes ont exercé une action assez étendue; et, comme leur histoire est intimement liée à celle des bibliothèques, il nous faut ici en dire un mot.

Entre les plus anciennes, rappelons l'*Union des travailleurs de Berlin* (1844) et l'*Union des travailleurs de Hambourg* (1845). Ce ne furent pas simplement des sodalités ou des espèces de syndicats, mais des associations qui avaient un objet éducatif : celle de Hambourg l'affirmait par le titre même qu'elle se donnait : *Bildungsverein für Arbeiter.* — En 1860, le naturaliste Rossmässler fonde les *Unions Humboldt,* en souvenir de l'illustre savant, mort en 1859. Elles donnaient des conférences, encourageaient l'organisation de représentations et de bibliothèques populaires. Elles ont eu beaucoup de faveur; quelques-unes sont toujours très florissantes, telle la *Humboldt-Verein,* de Breslau. — Peu après, on voyait paraître des associations formées en vue de promouvoir l'éducation des femmes : la plus connue est celle qu'Adolf Lette créa à Berlin et qui, après lui, a été dirigée par sa fille, Mme Anna Schepeler Lette. — Enfin, de 1871 date la *Société pour la propagation de l'éducation populaire (Gesellschaft für Verbreitung von Volksbildung).* C'est à un groupe d'hommes éminents qu'elle dut sa naissance : entre les noms de ses fondateurs, on relève ceux de Schultze-Delitsch et de Virchow. Dans le premier paragraphe des statuts son but est défini de la façon suivante : « Donner à la partie de la population qui n'a pu recevoir à l'école qu'une culture élémentaire les moyens de continuer à s'élever, de façon qu'elle devienne capable de comprendre et de remplir ses devoirs envers l'État et la société. » Entre ces moyens, la création de bibliothèques populaires était placée au premier rang. Cette société a prospéré assez vite : autour d'elle (son siège est à Berlin) se sont groupées des sociétés locales et elle est devenue assez tôt une sorte de fédération analogue à notre Ligue de l'enseignement. Depuis 1890 surtout, elle a pris une grande influence et nous aurons occasion de reparler du rôle qu'elle a joué. — Nous ne saurions passer sous silence la fameuse *Société de Saint Charles Borromée.* Fondée à Bonn, en 1844, elle n'admet parmi ses membres que des catholiques. Les membres sont divisés en deux catégories : ceux qui payent une cotisation de 6 marks et ont droit de voter (*Mitglieder*), ceux qui payent une cotisation minima de 1 m. 50 et qui n'ont pas le droit de vote (*Teilnehmer*). Les sommes recueillies sont employées à la création et à l'entretien de bibliothèques dont tous les membres peuvent profiter. Il va de soi que ces bibliothèques sont composées dans un sens strictement catholique. Cette société a des *Cercles* ou *Branches* un peu partout, et l'on se rendra compte du développement qu'elle a pris, quand on saura que la branche-mère, à Bonn, a, en cinquante ans, distribué plus de 1,700,000 marks entre les diverses bibliothèques qu'elle a fondées. En 1898, l'effectif de la société comprenait 24,226 *Mitglieder* et 49,298 *Teilnehmer*. Le total des cotisations, à cette date, s'élevait à 235,871 marks et le revenu de la société à 311,005 marks.

LA PÉRIODE DE 1840 À 1890.

Aux bibliothèques populaires qui, durant cinquante ans (1840 à 1890), furent créées presque exclusivement par l'initiative privée, l'État, dans les divers pays d'Allemagne, ne s'est pas mis en peine de donner une législation. Nulle trace de prescriptions réglementaires, sinon dans le décret promulgué en 1876 dans le royaume de Saxe, qui se borne d'ailleurs à édicter que les bénéficiaires de subventions de l'État ne pourront les employer qu'à l'achat de livres inscrits sur un catalogue publié par les soins du gouvernement. Mais partout ailleurs, silence complet, abstention totale. Les bibliothèques populaires, en Allemagne, sont restées et restent encore aujourd'hui dans l'état où elles se trouvaient, en France, avant l'arrêté du 6 janvier 1874 : elles n'ont pas de statut.

Pour une institution jeune, il y a avantage sans doute à n'être pas gênée par les lisières de la bureaucratie; toutefois une direction générale, un contrôle régulièrement organisé lui sont plus profitables que nuisibles. Et c'est ce qui a toujours manqué aux bibliothèques populaires de l'Allemagne.

De plus, si les sociétés qui les fondaient se sentaient très aises d'avoir les mains libres, elles trouvaient par contre très fâcheux d'avoir les mains vides. Enfermées souvent dans des limites étroites, recrutant leurs membres non sans peine, elles n'avaient que des ressources fort restreintes; il leur aurait fallu pouvoir trouver près de l'État, près des communes une aide pécuniaire. Mais cette assistance leur fit presque complètement défaut.

Nous avons indiqué comment en Saxe, à partir de 1874, le gouvernement avait ouvert un crédit pour subventionner les bibliothèques. Au début, il put ainsi être fait quelque bien : comme il n'existait pas plus de 200 bibliothèques, on put répartir l'argent de façon que chacune d'elles reçût de 50 à 100 marks. Mais le nombre des bibliothèques s'accrut bientôt, tandis que le chiffre du crédit restait presque stationnaire : en dix-huit ans, il passa de 15,000 à 18,000 marks, tandis que le nombre des bibliothèques s'élevait de 200 à 1,000; si bien qu'aujourd'hui ce que chacune peut recevoir ressemble plus à une aumône qu'à un secours et qu'il en est même un assez grand nombre qui ne reçoivent rien du tout.

Si du moins l'exemple donné par le gouvernement du royaume de Saxe avait été suivi sur d'autres points... Malheureusement, il ne le fut pas; ici ou là, on accorda bien des allocations temporaires aux bibliothèques; mais nulle part on n'inscrivit pour elles un crédit permanent au budget. En Prusse, par exemple, le Ministère des finances, jusqu'en 1899, a écarté toutes les propositions qui furent faites en ce sens. Il se fondait sur ce principe que, les bibliothèques populaires étant un prolongement de l'école, c'est aux communes qu'il appartient de les créer et de les entretenir, comme il leur appartient de créer et d'entretenir les écoles elles-mêmes. A peu près partout, en Allemagne, l'on a professé ou, du moins, l'on a appliqué cette doctrine.

Elle peut assurément se soutenir. Ce qui est fâcheux, c'est que les communes n'ont pas eu grand souci du devoir qu'on les engageait à remplir. En Saxe, en dépit de l'exemple de libéralité donné par l'État, les subventions communales dépassent très rarement 50 marks; le plus souvent, elles sont inférieures à 30 marks. En Wurtemberg, elles ne s'élèvent guère au-dessus de 5 ou 6 marks; presque partout ailleurs, elles n'existent pas.

Cette abstention des communes vient souvent de leur pauvreté; mais souvent aussi, — et c'est ce qu'il faut le plus regretter, — elle tient à ce qu'elles méconnaissent l'intérêt de l'œuvre des bibliothèques populaires et qu'elles l'envisagent avec une parfaite indifférence. Capables de trouver de l'argent pour d'autres dépenses, elles n'en cherchent pas pour cet objet. Sur cet article, Reyer fait entendre une plainte dont le ton est peu modéré, mais qui, au fond, paraît bien être justifiée : « Nos notables, dit-il, sont de grossiers philistins qui, comme buveurs de bière, se sentent supérieurs à toutes les autres nations, mais qui tournent et retournent un mark avant de le dépenser pour un bon livre. » Et Schultze conte une anecdote que l'on trouvera sans doute caractéristique : « Tout récemment, dans une ville d'Université, l'administration municipale avait résolu de fêter l'immatriculation du millième étudiant. Or, dans cette ville, une bibliothèque populaire, dès longtemps projetée, n'avait pu encore être ouverte, faute de ressources. Que firent les édiles? Ils votèrent un crédit... pour abreuver les étudiants de boissons spiritueuses. Un crédit de 300, de 500, de 1,000 marks? Bagatelle! Ils votèrent le triple : 3,000 marks! Et la bibliothèque ne fut pas ouverte. »

Les dons des particuliers n'ont eu pendant longtemps qu'un caractère tout à fait exceptionnel et, le plus souvent, ils ne s'élevaient pas au-dessus de sommes modestes : en 1856, nous trouvons ainsi, à Eisleben, une donation de 10,000 marks; à Hildesheim, en 1871, autre don anonyme de la même somme; en 1875, à Lahr, legs de 50,000 marks fait par C. W. Jamm. — Il est vrai que, si les dons en argent étaient rares, les bibliothèques recevaient assez fréquemment des dons en volumes; seulement, cette sorte de cadeau était souvent plus à craindre qu'à souhaiter. Un bibliothécaire écrit au sujet de ces donateurs que, pour la plupart, ils prennent les bibliothèques pour des pièces de débarras : « Personne n'oserait offrir à un musée une mauvaise « croûte » ou de méchants bois arrachés à un journal illustré; mais, chaque jour, on offre aux bibliothèques populaires des livres scolaires surannés, des romans-feuilletons, toute sorte de guenilles, et on croit avoir droit à des remerciements. »

En somme, les ressources se trouvaient souvent insuffisantes et presque toujours elles étaient précaires. Pour faire vivre leur œuvre, les créateurs de bibliothèques populaires devaient recourir aux expédients : souscriptions, loteries, représentations théâtrales.

Souvent aussi, ils demandaient au public une rétribution, soit une rétribution annuelle (*Lesegeld*), soit une rétribution par volume emprunté (*Leihpfennig*). Mais ils éprouvaient toujours que les mesures de ce genre étaient mal faites pour attirer les lecteurs à la bibliothèque.

Pendant cette période et dans ces conditions, on le conçoit, les installations matérielles ne peuvent être que défectueuses ou, tout au plus, médiocres. Avec l'argent dont on dispose, on ne peut songer à des constructions spéciales; on a tout juste assez de ressources pour payer un loyer peu élevé. Qu'un local puisse contenir la collection de livres qu'on a réunie, on le tient quitte du reste. — Parfois, les locaux sont prêtés : les communes hospitalisent ainsi les bibliothèques populaires dans les bâtiments de leurs écoles ou dans la maison communale; et, en ce cas, l'installation est relativement satisfaisante, d'autant que d'habitude la commune prend à sa charge l'éclairage et le chauffage. Mais il arrive aussi, surtout dans les petites localités, que la bibliothèque trouve asile seulement chez un boutiquier ou chez l'aubergiste. En 1900, à la réserve de la bibliothèque créée à Berlin par M. Heimann, il n'y avait encore, en Allemagne, que deux bibliothèques populaires logées dans des bâtiments qui fussent leur propriété : la bibliothèque populaire de Hambourg et celle de Breslau. Or Schultze remarque que ces deux maisons, dont l'une avait été une école, l'autre un mont-de-piété, avaient été jugées trop défectueuses pour l'usage auquel elles étaient précédemment affectées et que l'on avait décidé leur démolition. «Rien, ajoute-t-il, ne peut mieux faire comprendre que ce fait combien est misérable la situation des bibliothèques populaires en Allemagne.» Aussi se refuse-t-il à examiner la question de l'architecture des bibliothèques populaires. «C'est, dit-il, une question qui ne saurait être posée chez nous à l'heure présente.»

Les bibliothèques sont administrées par des comités composés de membres de la municipalité (quand elle s'intéresse à l'œuvre) et de représentants de la société ou du groupe de particuliers qui ont pris l'initiative de la création. Du reste, il n'y a aucune règle pour déterminer la composition de ces comités; ce sont les usages, les convenances locales qui en décident. On ne saurait douter qu'il ne s'y trouve des hommes de bon vouloir; mais on peut être assuré qu'ils ne sauraient rien faire et qu'ils ne font rien sans le bibliothécaire. Où se trouve un bibliothécaire qui connaît son métier et qui peut s'en acquitter, la composition du comité est assez indifférente : quel qu'il soit, la bibliothèque sera bien administrée. Mais est-il beaucoup de cas où les choses soient ainsi ? D'ordinaire, les fonctions de bibliothécaire ne sont pour celui qui en est chargé que des fonctions accessoires : il est instituteur; il est employé dans une administration publique ou dans quelque entreprise privée; il n'a point de traitement régulier, mais une simple indemnité; très souvent même, il est bibliothécaire *ad honores*. Peut-on attendre de lui toute la compétence qu'il faudrait? Ne lui manque-t-il pas le loisir nécessaire pour bien remplir son office? — Le fonctionnement de la bibliothèque peut encore marcher tant bien que mal dans les petites localités où il est confié à un instituteur. Mais dans les villes moyennes, dans les agglomérations importantes, de nécessité, le service ne peut répondre aux besoins. Le bibliothécaire, étant pris par son emploi principal, ne saurait donner à la bibliothèque qu'un petit nombre de moments et, par suite, les heures d'ouverture sont trop rares, souvent mal commodes pour le public.

Ajoutons que, faute de compétence professionnelle, les catalogues ne se font pas ou sont faits de travers. Les lecteurs n'ont pas de guide capable de les diriger dans leurs choix. Et ces bibliothécaires d'occasion qui, sans titre, sans rétribution, ou du moins, sans rétribution suffisante, ont cependant une responsabilité, s'appliquent, comme il est naturel, à multiplier les formalités qui peuvent leur éviter des désagréments et par là réussissent trop bien à tenir le public à distance.

Ainsi, pendant cinquante années environ, les bibliothèques populaires en Allemagne n'ont été que d'assez chétives collections et n'ont rendu que de médiocres services. Cela s'explique surtout sans doute par l'insuffisance de leurs ressources; mais cela tient aussi à la conception que s'en firent souvent leurs organisateurs. Beaucoup d'entre eux entendaient ces mots « bibliothèque populaire » dans le sens de bibliothèque uniquement à l'usage des classes inférieures, composée non pas en vue du niveau qu'elles pouvaient et devaient atteindre, mais du niveau assez bas où elles se trouvaient. On s'attacha surtout à placer dans ces dépôts cette catégorie d'ouvrages dont les auteurs affirment qu'ils ont été spécialement écrits pour le peuple, manuels qui, sous prétexte de vulgarisation, étalent une vulgarité attristante, et ce que l'on nomme de « bons romans », c'est-à-dire des livres à tendances moralisantes, très ennuyeux au fond, très médiocres dans la forme et que leur innocuité même ne saurait faire excuser; car, n'ayant aucune sorte de mérite ni de vertu agissante, ils ne sont bons qu'à gâcher le temps de ceux qui les lisent. La bibliothèque populaire fut quelque chose comme le restaurant populaire : local inconfortable, service peu soigné, aliments de qualité inférieure, mal présentés, mal apprêtés. En voulant la mettre surtout au service des illettrés du second degré, on la faisait ressembler à un établissement de bienfaisance : on ne songeait guère qu'elle pouvait devenir une institution de culture générale.

LA PÉRIODE CONTEMPORAINE.

C'est seulement depuis une douzaine d'années que l'on a commencé à s'en former cette idée ; assez rapidement cette conception nouvelle a réussi à se faire jour, à se répandre et, par là, dans l'ordre des faits, ont été amenées des modifications qui valent la peine d'être notées.

Mais avant de caractériser ce mouvement avec quelque détail et de marquer les résultats qu'il a produits, il convient d'en indiquer les causes principales.

On sait que, dès longtemps, l'Allemagne a fortement organisé l'école élémentaire du peuple, la *Volksschule;* mais longtemps aussi, elle se contenta d'avoir posé cette première assise. Les fils d'ouvriers et de paysans, leur temps de scolarité accompli, se trouvaient presque abandonnés à eux-mêmes; on faisait fort peu de chose pour la seconde éducation dont ils auraient eu besoin dans leurs années d'adolescence. Il y avait bien sans doute des écoles du dimanche, des écoles de perfectionnement (*Fortbildungsschulen*); mais elles restaient souvent à l'état inorganique; elles étaient inégalement réparties et, par suite de leur faiblesse intime, elles n'attiraient que peu d'élèves, en retenaient moins encore; la fréquentation y était mauvaise en général et les résultats à peine médiocres. Mais, après la guerre de 1870, on commença à se préoccuper de la seconde éducation et à mieux en comprendre l'importance. Elle fut réformée, réorganisée dans quelques petits États, Saxe, Bade, Hesse, Weimar, Cobourg-Gotha, Meiningen. La Prusse suivit cet exemple et des ordonnances de 1886 et de 1891 réglementèrent et fortifièrent l'école prolongée. Aujourd'hui, dans certaines parties de l'Allemagne, la *Fortbildungsschule* est devenue obligatoire, et l'obligation est demandée là où elle n'existe pas encore.

Le parti socialiste qui, entre 1880 et 1890, a pris un grand développement, joua un rôle très actif dans cette campagne. Il ne considère pas, en effet, que la question sociale soit une simple question d'estomac (*cine blosse Magenfrage*); il revendique pour le peuple l'accès à la haute culture, il demande que les travailleurs puissent avoir part aux jouissances supérieures de l'art et de la science, et il a compris que la *Fortbildungsschule* pouvait être la première pierre de cette Université populaire que Natorp a rêvé de construire [1].

Les hommes politiques, d'autre part, et les économistes se sont rendu compte que, plus les ouvriers seront instruits et cultivés, plus la production nationale aura chance de soutenir la concurrence avec les peuples étrangers. Pour que l'essor pris par le commerce et par l'industrie en Allemagne ne languisse pas, il faut que les travailleurs se rendent non pas seulement de plus en plus habiles, mais de plus en plus intelligents. Et ces considérations ont rallié à la cause de l'école prolongée des hommes qu'elle eût laissés d'ailleurs dans l'indifférence.

En fait, depuis 1880, il s'est ainsi formé, dans les classes populaires, des générations qui ont reçu une culture sensiblement supérieure à celle de leurs devancières. Dans les villes allemandes, les jeunes ouvriers manifestent une curiosité d'esprit toute nouvelle. Et par là s'est recrutée pour les bibliothèques populaires une clientèle plus exigeante que ne l'étaient les artisans du temps passé. A ces lecteurs modernes il faut plus de livres, il faut aussi des lectures plus choisies et plus fortes. Aussi les anciennes bibliothèques populaires avec leurs collections restreintes ne sauraient leur suffire. Par leur composition, elles ne peuvent non plus les satisfaire : les ouvrages qu'elles contiennent paraissent surannés, insignifiants, puérils. Bref, elles ne sont plus au niveau de leurs clients désignés. De là leur discrédit que l'on a pu constater depuis quelques années; de là une désertion dont on a eu un exemple bien frappant à Berlin : en 1881, les bibliothèques populaires avaient compté 17,593 lecteurs; en 1891, ce chiffre était tombé à 14,721.

Ce fait et d'autres semblables indiquaient assez que, pour pouvoir continuer à vivre, l'institution devait être réformée et rajeunie.

<hr>

[1] Paul Natorp, *Sozialpädagogik, Theorie der Willensbildung auf der Grundlage der Gemeinschaft*, Stuttgart, 1899.

Il s'est trouvé fort heureusement que cette réforme a été entreprise et dirigée par des hommes qualifiés pour faire réussir une œuvre de ce genre. Les représentants du haut enseignement n'avaient pas en général suivi l'exemple donné jadis par Raumer : dans le monde des écoles, pendant longtemps, les instituteurs avaient été seuls à s'intéresser aux bibliothèques populaires ; maîtres des écoles supérieures, maîtres des Universités s'étaient tenus tout à fait à l'écart. A partir de 1890 leur abstention a cessé et quelques-uns d'entre eux se sont mis à la tête des partisans de la réforme et, en cette affaire, ont joué le rôle d'inspirateurs et de guides.

Grâce à eux, le but de la bibliothèque populaire modernisée a été mis dans une lumière de plus en plus vive : elle doit être une institution de culture générale, — générale en ce sens qu'elle offre à chaque individu les moyens d'exercer sous toutes les formes et dans tous les sens l'activité de son âme, générale en ce sens aussi qu'elle peut convenir à toutes les classes de la société. Il faudra donc qu'une bibliothèque populaire contienne désormais les ouvrages les plus propres à servir : 1° à la culture littéraire et esthétique ; 2° à la culture artistique ; 3° à la culture professionnelle ; 4° à la culture politique et sociale ; 5° à la culture morale et religieuse ; 6° à la culture scientifique [1]. Tous les ouvrages devront, en outre, être choisis sans aucune préoccupation de faire prévaloir telle ou telle doctrine religieuse, philosophique, politique, économique. On doit considérer qu'on a affaire à un public qui a passé l'âge d'être tenu en lisières, sur lequel on ne doit pas chercher à faire peser une tutelle, qu'il ne s'agit pas d'endoctriner, mais d'élever. L'exclusion de toute tendance (*Tendenzlosigkeit*) doit être la règle. — Pour que la différence de la bibliothèque de culture avec la bibliothèque instructive et récréative du temps jadis se marque mieux à tous les yeux, les réformateurs ont jugé bon de lui chercher un nom nouveau. *Bücherhalle, Lesehalle*, ont proposé les uns ; et les autres *Freie öffentliche Bibliothek*. En tout cas, à un moment, on ne voulait plus entendre parler de l'ancienne dénomination : *Volksbibliothek*. On lui trouvait une odeur de moisi (*Kellergeruch*).

[1] Nous résumons ici les idées exposées par le D' Nörrenberg dans une communication qu'il a faite au Congrès des philologues et des éducateurs, tenu à Kiel, le 28 septembre 1899.

En même temps qu'elle aura un objet plus élevé et plus large, une composition plus riche, la bibliothèque populaire moderne fonctionnera dans de nouvelles conditions : elle ne sera plus seulement une bibliothèque de prêt; mais une bibliothèque de référence, où l'on pourra travailler et lire sur place. Que de services rendra cette salle de lecture : les gens cultivés y trouveront ces ouvrages que l'on a sans cesse besoin de consulter et qui sont trop coûteux ou trop encombrants pour figurer dans les bibliothèques particulières; les hommes du peuple, au lieu d'aller au cabaret, y viendront lire les journaux, les périodiques, les publications techniques. A l'institution de cette salle de lecture on attachait une importance extrême; si bien que tout le mouvement de réforme des bibliothèques populaires a été appelé : mouvement de la *Lesehalle* (*Lesehallebewegung*).

Il est certain, en effet, que cette innovation entraînait des conséquences importantes. Pour installer une salle de lecture, il fallait d'autres locaux que ceux qui avaient suffi pour distribuer des volumes aux emprunteurs. De plus, une salle de lecture ne pouvait remplir son office, si elle ne restait ouverte que durant quelques heures; le public y devait trouver accès à tous les moments du jour. Et par là, — troisième conséquence, conséquence capitale, — était rendue nécessaire la nomination d'un bibliothécaire en titre. Le service, trop chargé, ne pouvait plus être confié à des hommes déjà occupés par d'autres fonctions; il y avait à cela une impossibilité matérielle évidente. On s'efforçait de montrer qu'il y avait aussi une impossibilité morale : c'est, disait-on, une erreur très fâcheuse de croire que le bon vouloir suffit pour administrer une bibliothèque populaire; il n'y faut pas moins de connaissances techniques que dans les bibliothèques savantes et, d'autre part, le bibliothécaire doit avoir une instruction très étendue et très variée pour pouvoir faire office de conseiller, de guide, d'éducateur près de sa clientèle. « Dans les bibliothèques savantes, dit Nörrenberg, 99 fois sur 100 les lecteurs désignent expressément les livres qu'ils désirent. Il n'en est pas ainsi dans les bibliothèques populaires : on demande un ouvrage de littérature, un ouvrage d'histoire... Il faut que le bibliothécaire examine son homme, apprécie sa capacité intellectuelle, devine ce qu'il veut; il faut qu'il soit parfaitement au courant des ressources de son dépôt, que non seulement il connaisse ses livres, mais aussi ce qu'il y a dedans, qu'il connaisse ses clients, qu'il les puisse guider dans leurs choix et acquérir les ouvrages les mieux appropriés à leur culture, qu'il observe et comprenne la vie intellectuelle de son public, qu'il ne se contente pas de lui tâter le pouls, mais encore qu'il le règle. » Une telle fonction ne saurait donc être une fonction accessoire.

Rien que pour assurer la composition d'une bibliothèque populaire, telle que l'entendent les réformateurs, il est certain en effet qu'il est indispensable d'en confier la direction à un fonctionnaire spécial très expérimenté, très avisé, très éclairé. La sélection des ouvrages, qui ont vraiment droit à figurer dans une bibliothèque de culture générale, réclame beaucoup de tact et de compétence; ces qualités ne sont pas moins nécessaires s'il s'agit de modifier un ancien fonds, d'en évincer les livres surannés et inutiles qui l'encombrent, d'en exclure ce qui n'est que « ballast». Disons d'ailleurs que, sur cette question du choix, les réformateurs ont une tendance à se montrer exigeants et rigoureux : ils posent résolument le principe qu'on ne doit admettre que l'excellent, par exemple, pour les œuvres d'imagination, n'acquérir que celles qui sont des œuvres d'art (*Kunstwerk*). Sur ce point, ils n'hésitent pas à affirmer qu'il convient même de résister aux désirs exprimés par les lecteurs : on demande des romans-feuilletons ou bien de ces nouvelles anodines écrites « pour les familles » par des femmes auteurs ; le bibliothécaire les achètera-t-il ? non pas. Son devoir est d'exclure l'insignifiant et le médiocre aussi bien que le mauvais, de bannir la littérature « à l'eau rose » autant que la littérature pornographique.

Dans ce nouveau programme, il n'est pas d'article qui, pour devenir réalisable, ne suppose des dépenses beaucoup plus fortes que celles du passé. En certains cas, il est vrai, la situation pourrait être améliorée sans frais. Il y a des villes où l'on trouve plusieurs bibliothèques de sociétés, plusieurs bibliothèques techniques, des bibliothèques scolaires ; en général, elles n'ont guère d'activité, parce qu'elles manquent de ressources en livres, en argent, en personnel ; les services qu'elles rendent ne sont pas en proportion des efforts et de l'argent qu'elles coûtent. Si elles se fondaient avec la bibliothèque populaire, les frais de loyer, de chauffage, d'éclairage, de personnel, seraient considérablement diminués ; l'argent épargné permettrait d'acheter plus de livres, de tenir la bibliothèque ouverte pendant un temps plus long.

La fusion de la bibliothèque populaire avec la bibliothèque municipale (*Stadtbibliothek*) procurerait les mêmes avantages. A défaut d'une fusion, qui présente parfois des difficultés, les bibliothèques diverses pourraient au moins pratiquer la coopération, c'est-à-dire que leurs bibliothécaires respectifs s'entendraient pour leurs achats en vue d'éviter les doubles emplois, les dépenses inutiles. Ainsi, sans doute, il pourrait être fait quelque bien ; mais les réformateurs se rendent compte que des expédients de cette sorte ne suffisent pas. Pour obtenir les ressources indispensables au succès de leur œuvre, ils ont donc entrepris une campagne de propagande. Dans une série de conférences, d'articles, de brochures, de livres, ils se sont efforcés de s'assurer l'appui moral, le concours financier des particuliers, des sociétés, des communes, de l'État. Parmi les propagandistes les plus ardents et les plus dévoués il faut citer Buchholtz, Jeep, Aschrott, Fritz, Græsel, Nörrenberg, Schultze [1], etc. Abondamment pourvus d'arguments pour soutenir leur cause, il en est un dont ils usent plus volontiers que d'aucun autre : ils montrent l'extraordinaire prospérité des bibliothèques populaires aux États-Unis et en Angleterre; ils font voir combien cette institution est retardataire en Allemagne et ils insistent sur ce qu'y a de paradoxal dans la situation d'un peuple qui tient le premier rang pour l'éducation qu'il donne à l'enfance et fait si peu de sacrifices pour la culture de la jeunesse. Ils aiguillonnent sans relâche l'amour-propre national et paraissent compter, non sans raison, sur cette espèce de *Leitmotiv*.

Leur ardeur d'ailleurs est stimulée, loin d'être ralentie, par les critiques qu'on leur adresse, par les objections et les résistances qu'ils rencontrent.

L'institution des salles de lecture, pourvues de journaux et de périodiques de toute opinion, a paru choquante aux partis réactionnaires. Les ultramontains le firent bien voir quand, en 1893, une *Lesehalle* s'ouvrit à Fribourg en Brisgau. On apprit qu'il s'y trouvait des feuilles socialistes et que figuraient au catalogue des ouvrages inspirés par la libre pensée et le libéralisme politique. Un policier fut aussitôt dépêché et, ayant découvert un ouvrage

[1] Apel, *Die Verbreitung guten Lesestoffs*, Berlin, 1806. Aschrott, *Volksbibliothek und Volkslesehalle*, Berlin, 1896. Nörrenberg, *Die Volksbibliothek, ihre Aufgaben und ihre Reform*, Berlin, 1896.

sur l'expédition des Italiens contre Rome en 1870, il fit son rapport; les conservateurs de Fribourg obtinrent aussitôt de l'autorité militaire qu'elle défendît aux soldats la fréquentation de la bibliothèque. En dehors même des *ultras,* beaucoup reprochent aux réformateurs de s'engouer plus que de raison de cette institution de la *Lesehalle.* C'est un tort, remarque-t-on, de la considérer comme l'outil universel; on voit de reste que, dans les petites localités, elle n'est que rarement indispensable et l'on estime que, même dans les grandes villes où elle a sa raison d'être, il ne faut en aucun cas lui sacrifier la bibliothèque de prêt. Le prêt, c'est ce qui favorise la lecture à domicile, la lecture en famille; c'est par le prêt qu'on attire une clientèle autrement intéressante que les lecteurs de passage qui forment la majorité du public de la *Lesehalle.* — Critiques qui ne laissent pas d'être fondées, mais ne portent en somme que sur une question de mesure. Toute difficulté disparaît, dès que l'on déclare, comme l'a fait Buchholtz, un des promoteurs des salles de lecture, qu'elles ont pour objet, non de supprimer, mais de compléter la section de prêt (Rapport sur les bibliothèques de Berlin pour l'année 1896-1897).

Sur la question du choix des livres, les idées des réformateurs sont jugées par quelques-uns trop radicales et absolues. N'admettre que l'excellent, c'est bientôt dit. Mais quoi ! est-on sûr que les ouvrages excellents qu'on aura choisis seront lus? Or la première qualité d'un livre, c'est de se faire lire. — Pourquoi oublier aussi qu'entre les œuvres excellentes et les œuvres mauvaises et médiocres, il y a les œuvres moyennes. Celles-là ne font pas toujours perdre le désir du mieux; souvent, au contraire, elles le font naître. De quel droit les exclure? Le bibliothécaire sans doute pourrait espérer de former, avec le temps, une collection idéale, s'il avait affaire à un public uniforme. Mais il s'en faut qu'on en soit là, et, dans l'état présent des choses, il n'est que sage, tout en donnant des conseils, des indications, de tenir compte des goûts du public, de déférer à ses désirs, de ne rien lui imposer, même pour son plus grand bien.

Quant à la fusion des diverses bibliothèques, sans parler des difficultés matérielles qu'elle présente, elle soulève une objection de principe. Que les bibliothèques savantes soient des catacombes de livres (*Büchergräber*), on n'y contredit pas; que leur public soit très restreint, on le reconnaît [1]. Mais la fréquentation d'un dépôt est-elle toujours la mesure de son utilité? Si ces bibliothèques savantes étaient fondues avec les bibliothèques populaires, on les verrait bientôt, par la force des choses, perdre leur caractère propre; et ce caractère, il faut le leur conserver; on doit se garder de tout ce qui pourrait nuire à la recherche originale.

Ces critiques, ces objections, ces résistances n'ont pas permis aux réformateurs d'avoir gain de cause sur tous les points. Mais il est certain cependant que, dans l'ensemble, ils ont, depuis dix ans, remporté de très sérieux avantages. Grâce à leur propagande, on commence en Allemagne à témoigner aux bibliothèques populaires un intérêt beaucoup plus vif que par le passé. L'État, sans doute, ne songe pas encore à leur donner une législation, à leur imprimer une direction générale; mais il leur marque plus de sympathie et de sollicitude. En Prusse, le ministre Bosse, en 1899, a écrit une longue circulaire pour recommander cette institution aux communes et pour les inviter à la traiter avec libéralité; en 1901, le gouvernement du grand-duché de Hesse, tout en déclarant qu'il n'a pas l'intention de réglementer les bibliothèques populaires, fait savoir qu'il est disposé à les encourager et à leur venir en aide; en cette même année 1901, déclarations analogues du gouvernement de Mecklembourg. En outre, l'on ne s'en tient pas à ces manifestations platoniques. Dans le royaume de Saxe, en 1898, la subvention de l'État aux bibliothèques populaires, qui n'était jusque-là que de 18,000 marks, est portée

[1] Nous donnons ici un relevé qui indique le nombre des volumes contenus dans quelques bibliothèques municipales (bibliothèques savantes) et le nombre des volumes qui y ont été utilisés. La première colonne donne le nombre total des volumes, la seconde le nombre des volumes utilisés.

Hambourg	500,000	25,000
Francfort-sur-le-Mein	171,000	14,000
Mayence	170,000	17,000
Breslau	50,000	20,000
Cologne	105,000	1,000
Lübeck	89,000	4,500
Aix-la-Chapelle	80,000	3,000
Trèves	70,000	1,450
Dantzig	70,000	6,500

Nous empruntons ce relevé à l'*Encyclopédie pédagogique* de Rein (t. VII, article Volksbibliotheken). La date à laquelle il a été fait n'est pas mentionnée.

à 20,000 ; en 1898, le gouvernement de duché de Brunswick accorde une subvention de 6,800 marks ; en 1899, on inscrit au budget du Ministère de l'instruction publique, en Prusse, un crédit de 50,000 marks, qui s'élève à 70,000 dans les années 1901, 1902, 1903.

En même temps, la presse quotidienne et périodique qui, pendant longtemps, avait ignoré les bibliothèques populaires, commence à mettre son influence à leur service et fait preuve à leur égard de quelque bon vouloir. Quelques-uns lui voudraient plus d'ardeur encore : « Il y a loin, dit Schultze, de la sympathie à l'amour. » Mais de l'indifférence à la sympathie la distance est plus grande encore et cette distance est franchie maintenant. Les journalistes s'associent aux campagnes entreprises pour pousser les municipalités à créer des bibliothèques, et revues et gazettes ont inséré, commenté, approuvé l'appel que la *Société Comenius* (*Comenius-Gesellschaft*) a adressé, en 1899, à toutes les communes d'Allemagne pour leur persuader qu'une bibliothèque est une œuvre d'intérêt public au même titre qu'un abattoir, une promenade ou un marché. Aussi, de ce côté, quelques résultats appréciables ont-ils pu être obtenus : d'après une statistique du D' Tenius, en 1898, 38 villes n'avaient dépensé pour leurs bibliothèques populaires qu'une somme totale de 140,942 marks ; en 1899, 28 villes de 100,000 habitants et au-dessus ont consacré 160,708 marks à cet objet. Et le mouvement continue : on sait, par exemple, que, pour 1902-1903, les villes de Berlin, Breslau et Charlottenbourg ont, à elles seules, dépensé pour leurs bibliothèques une somme totale de 260,000 marks.

De la part des particuliers, les libéralités deviennent aussi moins rares et plus importantes. Nous n'en pouvons dresser une liste complète ; mais il faut au moins donner quelques exemples. Dans ces dernières années, il y a eu, à Berlin, le legs du professeur Léo, 1 million de marks, le don du libraire Hugo Heimann, 600,000 marks ; à Iéna, don Abbe, 150,000 ; à Charlottenbourg, don Werkmeister 23,000 ; à Stuttgart, don Engelhorn, 80,000 ; à Görlitz, don Otto Müller, 100,000 ; à Dortmund, don Weidmann, 10,000 ; à Graudentz, don de Mᵐᵉ Röthe, 15,000. Une mention spéciale est due à un don de 6,000 marks que la *Lesehalle* de Charlottenbourg reçut de Mommsen sur le montant du prix Nobel qui venait de lui être décerné. Signalons aussi un don de 12,000 marks que M. Wittner offrit à son village natal, Dettighofen, quand il revint d'Amérique après fortune faite[1].

Cet accroissement de ressources a permis, dans un certain nombre de villes, d'acquérir ou de construire des locaux. Dans les nouvelles installations, presque toujours une salle de lecture a été aménagée auprès de la bibliothèque de prêt. En dépit des critiques qui en ont été faites, cette innovation semble en effet triompher, et l'on ne conçoit guère la bibliothèque populaire moderne sans une *Lesehalle*. Son succès a été décidé du jour où la *Société pour la culture éthique* en ouvrit une à Berlin (1895), et la fit si bien réussir que la municipalité suivit cet exemple (1896) et créa six salles de lecture dans un laps de temps assez court. Depuis ce moment les bibliothèques populaires ont été pourvues de salles de lecture à Düsseldorf, 1896; Bonn, Erfurt, Cologne, 1897; Charlottenbourg, 1898; Breslau, Cassel, Glauchau, Grünberg, Potsdam, 1899; Aschersleben, Bromberg, Itzehoe, Magdebourg, Offenbourg, 1900; Darmstadt, Duisbourg, Essen, Schöneberg, Zerbst, 1901; Elberfeld, Osnabrück, Strasbourg, Wittenberg, Worms, 1902; Göttingue, Brême, Iéna, Stuttgart, 1903. Reyer, Tews, Schultze ont, dans leurs livres, inséré des photographies qui représentent l'extérieur ou l'intérieur de ces nouvelles bibliothèques. Ces représentations donnent l'impression que, si l'on est resté très loin de la somptuosité des bibliothèques américaines, l'on a pu du moins assurer au public tout ce qui est nécessaire en fait de confortable et de commodité.

Entre les réformes projetées, la réforme du personnel paraît celle qui est le moins avancée. Il ne faut pas s'en étonner. En formant le vœu de voir les bibliothèques populaires confiées à des bibliothécaires spéciaux, qui fussent aussi des spécialistes, les réformateurs ne pouvaient ignorer que leur souhait était d'une réalisation très difficile. Pour qu'il se pût accomplir, on ne manquait pas seulement de ressources pécuniaires, on manquait d'hommes aussi. Si surprenant, en effet, que cela paraisse, la profession de bibliothécaire n'est que depuis fort peu de temps une profession classée dans la docte Allemagne. Jusque vers 1880, même dans les Universités, les fonctions de bibliothécaire étaient confiées, comme tâche accessoire, à un professeur. C'est seule-

---

[1] Nous n'oublions pas la bibliothèque fondée à Essen par Krupp; mais nous ne savons pas à quel chiffre s'est élevée la dépense.

ment depuis cette époque que les postes de bibliothécaire ònt été attribués à des bibliothécaires de carrière. C'est seulement aussi depuis le même temps environ qu'on a inscrit la bibliographie et la bibliothéconomie parmi les matières d'enseignement d'une Université et que des cours sur ces matières ont été professés par Dziatzko à l'Université de Göttingue. Enfin c'est seulement depuis 1894 (arrêté du 15 décembre) que les conditions pour obtenir le titre de bibliothécaire universitaire ont été réglementées en Prusse. Lorsque les cadres avaient à peine eu le temps de se former pour les bibliothèques savantes, comment auraient-ils suffi pour les bibliothèques populaires ? — Ces difficultés, que les réformateurs connaissaient aussi bien que personne, ne les ont pas découragés. Ils ont été des premiers à collaborer à la formation de l'*Union des Bibliothécaires allemands* qui, en 1902, comptait 280 membres après trois ans d'existence; ils ont tenu des conférences régionales, par exemple à Hambourg, en 1903; ils se sont réunis en congrès général à Stuttgart en 1904, et, dans ces réunions, ils ont étudié en commun les questions qui intéressaient le plus l'institution qui leur était chère : création d'un office de renseignements, organisation de la statistique des bibliothèques populaires, composition d'un catalogue type. Déjà d'ailleurs quelques bibliothèques populaires ont à leur tête des bibliothécaires de profession : D' Fritz à Charlottenbourg, D' Nörrenberg à Kiel, D' Schultze à Hambourg, D' Ladewig à Essen, D' Liesegang à Wiesbaden, etc. Ceux-là donnent des exemples; près d'eux on fait un apprentissage; ils forment des élèves, en attendant qu'un système d'enseignement professionnel soit organisé [1]. Avant longtemps, on n'en peut douter, l'influence exercée par ce groupe d'hommes instruits et actifs permettra d'améliorer le recrutement du personnel.

On aimerait à avoir des chiffres d'après lesquels on pourrait, dès à présent, évaluer les résultats de toute cette campagne. Combien de volumes ont enrichi les bibliothèques populaires ? Quel a été le nombre des lecteurs, lecteurs sur place [2] et em-

---

[1] Une tentative a été faite, en Allemagne, pour préparer les femmes aux fonctions de bibliothécaire. Le D' Hottinger a ouvert, à Berlin, en 1900, une école spéciale pour celles qui songeraient à prendre cette profession. L'entreprise du D' Hottinger a un caractère purement privé et nous ne savons pas quel en a été le succès.

[2] Sur l'utilisation des bibliothèques populaires on peut voir un tableau

prùnteurs ? De quelle nature sont les livres lus sur place et empruntés ? Quelle est la condition des lecteurs ? Dans quelle proportion les bibliothèques sont-elles fréquentées par les ouvriers, les employés, les patrons, etc. ? — A toutes ces questions, des statistiques pourraient répondre. Malheureusement ces statistiques n'ont pas été faites, ou plutôt il n'y a pas eu encore de statistique d'ensemble. Mais beaucoup de bibliothèques publient des rapports annuels ; ces documents sont insérés pour la plupart dans les *Blätter für Volksbibliotheken und Lesehallen*. Nous avons parcouru ceux qui se rapportent aux années 1903 et 1904. Il nous est impossible de les analyser, même de les résumer ; mais nous devons dire que, presque sans exception, ces rapports présentent la situation sous le jour le plus favorable. Nous insisterons sur ce fait que, dans la clientèle de ces établissements, les ouvriers comptent pour une proportion très élevée et nous remarquerons aussi que les lecteurs de romans sont sensiblement moins nombreux que dans les bibliothèques anglaises et américaines. — Buchholtz a publié un état comparatif de la situation des Bibliothèques populaires de Berlin en 1892 et 1902 ; nous le reproduisons ici, parce qu'il peut donner une idée, un peu avantageuse sans doute, mais non pas tout à fait fausse, de la situation générale :

	1892.	1902.
Bibliothèques populaires.........	26	28
Salles de lecture...............	‟	11
Heures d'ouverture dans la semaine.	156	350
Volumes dans les bibliothèques populaires.................	100,330	127,826
Volumes dans les salles de lecture.	‟	6,000
Volumes empruntés.............	363,155	973,384
Total des dépenses (en marks)...	31,900	178,690

Bien que l'Allemagne soit moins centralisée que la France, l'action des villes sur les milieux ruraux ne laisse pas de s'y faire sentir. Aussi la réforme a eu beau viser surtout les bibliothèques urbaines, elle a provoqué des progrès même dans les campagnes.

donné par le Dʳ Albrecht, dans son ouvrage : *Les œuvres de salut social en Allemagne*, p. 133. Mais ce tableau présente la situation au 1ᵉʳ janvier 1895, c'est-à-dire à une époque où le mouvement de réforme commençait à peine.

Dans les villages et les petites localités tous les efforts qui furent faits ne purent, pendant longtemps, donner que de très faibles résultats. Isolés, dispersés, ces efforts ne créaient que de chétives ressources ; il fallait se contenter d'acheter quelques livres ; ils étaient bientôt lus et, dès lors, la bibliothèque, devenue sans attrait pour les lecteurs, ne pouvant se renouveler, languissait d'abord et souvent finissait par disparaître. Il s'agissait donc de créer une organisation qui, en centralisant les ressources, permît de préserver les bibliothèques de la stagnation. — C'est là l'objet des bibliothèques de district (*Kreisbibliotheken*). Tews signale (1904) l'existence d'établissements de ce genre à Eckernförde, Bersenbrück, Neuhaus, Kehdingen, Verden, Gummersbach, Oberwesterwaldkreis, Solingen, Westprignitz, Beeskow-Sterkow, Glogau, Freystadt, Waldenbourg, Drambourg, Stolp, etc. Chacun de ces établissements est autonome et, par conséquent, il y a des variations dans leurs façons de procéder. Mais un exemple peut faire comprendre comment les choses se passent dans l'ensemble : dans le district de Neuhaus, on a réuni, après inventaire, toutes les bibliothèques municipales et de sociétés en une seule bibliothèque qu'on a placée au siège du district. Il existe dans le district 44 succursales de la bibliothèque ; chacune d'elles reçoit chaque année une partie des livres, de sorte que finalement tous les livres ont circulé dans tout le district. Les envois sont faits dans des caisses qui peuvent servir d'armoire-bibliothèque et auxquelles sont jointes des listes indiquant les volumes envoyés, de façon que l'on puisse faire la vérification du contenu. Les livres sont prêtés pour une durée de six à neuf mois. Chaque succursale doit se conformer à un règlement établi par le comité de la bibliothèque du district.

Ce système, la *Société pour la propagation de l'Éducation populaire* l'applique dans des conditions analogues pour les petites bibliothèques pauvres en livres et en argent et aussi pour les localités où une bibliothèque n'a pu être créée. Tandis, en effet, que la *Société Comenius*, la *Société pour la culture éthique* se sont occupées surtout des villes, la *Société pour la propagation de l'éducation populaire* a dirigé son activité du côté des campagnes. Bien que le terrain soit ingrat, elle a su le faire fructifier. Quelques chiffres montreront l'importance des résultats qu'elle a obtenus dans ces dernières années : en 1899, elle a fondé 224 bibliothèques et leur a distribué

13,030 volumes ; à 128, déjà créées, elle a donné 3,597 volumes ; en 1901, bibliothèques fondées : 494 ; volumes distribués : 27,659 ; 683 bibliothèques, déjà créées, ont reçu 15,108 volumes. En cette même année 1901, la Société commence l'organisation des bibliothèques circulantes : elle en crée 44 auxquelles elle donne 2,200 volumes. En 1903, elle attribue 71,894 volumes à 2,721 bibliothèques : elle organise en outre 383 bibliothèques circulantes qu'elle pourvoit de 18,888 volumes. Le total des bibliothèques circulantes fondées par ses soins est, en 1903, de 785 comprenant 36,394 volumes. N'omettons pas de dire enfin que la Société a rendu encore de précieux services aux bibliothèques de campagne par certaines de ses publications : elle a donné, par exemple, en 1903, une sorte de catalogue type : *Bücher für Volksbibliotheken* (Berlin).

Son secrétaire général, le professeur Tews, a écrit aussi une sorte de manuel, de guide pratique pour ceux qui veulent s'employer à établir et à organiser des dépôts de livres dans les milieux ruraux [1].

D'autres sociétés prêtent aussi leur concours aux bibliothèques populaires rurales, au moins de façon indirecte. Il existe en Allemagne plusieurs entreprises qui ont pour objet de faire concurrence au colportage et de répandre en masse de *bons* livres parmi les habitants des campagnes. On doit, il est vrai, remarquer que ces bons livres ont presque toujours une tendance religieuse, parce que, pour la plupart, ces sociétés de propagande ont un caractère confessionnel. Il en est une pourtant, de création toute récente, qui reste étrangère à tout prosélytisme : c'est celle qui s'intitule *Souvenir des poètes allemands* (*Die deutsche Dichter-Gedächtnis-Stiftung*). Elle déclare que le vrai moyen d'honorer les poètes n'est pas de leur élever des statues, mais de répandre leurs œuvres : elle se propose donc d'acheter en gros certaines œuvres aux éditeurs, pour pouvoir les distribuer à bas prix ; elle a aussi le dessein d'en éditer elle-même quelques-unes et celles-là seront livrées gratuitement aux bibliothèques populaires dont les ressources sont insuffisantes. Déjà ont été mis en distribution des ouvrages d'Ebner Eschenbach, de Fontane, de Rosegger,

---

[1] *Wie gründet und leitet man ländliche Volksbibliotheken?* Berlin, 1903, 9ᵉ édit. — Sur le même sujet, Wilhelm Bube a écrit aussi un livre, qui a beaucoup de réputation : *Die ländliche Volksbibliothek*, Berlin, 1896.

de Kleist. Il y a là une tentative très intéressante et digne de tous les encouragements.

En résumé, l'on voit qu'à cette heure l'Allemagne présente le spectacle d'une renaissance des bibliothèques populaires. C'est un mouvement qui commence, mais dont il est permis de dire qu'il a bien commencé. Dans son livre : *Freie öffentliche Bibliotheken*, publié en 1900, le Dr Schultze paraît avoir voulu se garder de toute illusion et de toute complaisance; il semble même incliner à juger les choses d'un point de vue plutôt pessimiste. Et pourtant s'il est mal satisfait du présent, il ne s'interdit pas l'espoir en l'avenir. « Il faudra, dit-il, de grands efforts, des efforts continus, il faudra faire régulièrement de fortes dépenses, si nous voulons mettre nos bibliothèques populaires au même niveau que les bibliothèques anglaises. C'est une affaire pour une ville de 100,000 habitants que d'affecter 35,000 marks par an à sa bibliothèque populaire, surtout si l'on songe que les communes allemandes ont des revenus bien plus faibles que les villes anglaises. Mais, d'autre part, avec des ressources moindres, nous pouvons obtenir de meilleurs résultats : le peuple, grâce à nos écoles, a chez nous plus de culture, une culture plus solide qu'en Angleterre; en outre nous savons administrer avec plus d'économie... Quand j'ai causé avec des bibliothécaires anglais et que je leur ai exprimé l'espoir de voir bientôt mes concitoyens prendre l'avance dans une voie où ils sont aujourd'hui dépassés : Nous nous sommes toujours étonnés, me répondaient-ils, que l'Allemagne qui a tant fait pour l'éducation n'ait pas encore de bibliothèques où toutes les classes de la population puissent trouver les ressources dont elles ont besoin. Mais voici notre conviction : si un jour vous vous mettez à l'œuvre, si vous commencez à créer des établissements de ce genre, quelques efforts que nous puissions faire, vous prendrez bientôt l'avance sur nous. » Il ne semble pas que la prédiction des bibliothécaires anglais se soit encore accomplie; mais l'Allemagne s'est mise en marche; elle a fait du chemin depuis dix ans, et sans doute, à l'heure présente, l'espoir du Dr Schultze a pu se changer en confiance.

IV

LES BIBLIOTHÈQUES SCOLAIRES EN ALLEMAGNE.

I

En France, les bibliothèques scolaires ont leur charte : l'arrêté du 1er juin 1862 a fixé les conditions de leur institution, défini leur objet, réglé leur manutention, déterminé leurs ressources. Leur organisation a beau rester imparfaite et incomplète encore, elles n'en ont pas moins le caractère d'un véritable service public.

La situation est très différente en Allemagne [1].

En général, dans la législation scolaire des divers États, les bibliothèques scolaires ne sont pas même mentionnées : c'est le cas en Bavière, en Saxe-Weimar, Oldenbourg, Hesse, Mecklembourg, Cobourg-Gotha, Saxe-Meiningen, à Brême, Hambourg, Lübeck... A vrai dire, les lois scolaires du Wurtemberg (1836), du royaume de Saxe (26 avril 1873) ont prévu des bibliothèques pour les écoles. Mais les textes sont assez vagues, contiennent plutôt des suggestions que des prescriptions. Quant aux autorités locales qui, à défaut des lois, auraient pu établir des règlements, il en est fort peu qui aient pris ce souci. On peut citer un arrêté qui, dans le district de Minden, recommande aux communes la création de bibliothèques scolaires et qui prescrit aux inspecteurs (*Bezirksschulinspektoren*) de fournir à ce sujet des renseignements

---

[1] Pour rédiger ces notes nous avons consulté : Craß, *Ueber Schülerbibliotheken*, Vienne, 1882. — Schmidt, *Encyclopädie des gesamtem Erziehungs-und Unterrichtswesens* (à l'article *Schulbibliotheken*, par Kühner), t. VII, Leipzig, 1882. — Rein, *Encyclopädisches Handbuch der Pädagogik* (aux articles *Jugendlektüre und Schülerbibliotheken* par A. Rude, t. III ; — *Jugendlitteratur*, par Hélène Hönk, t. III ; — *Privatlektüre*, par Wolgast, t. V ; — *Schülerbibliotheken*, par Wolgast, t. VI ; — Giggel, *Die deutschen Volksschullehrer-Konferenzen*, «Ein pädagogisches Jahrbuch», Kassel, 1879 et années suivantes. — Ch. Hamann, *Was unsere Kinder lesen*, Bielefeld, 1891. — F. Aberle, *Klassen und Massen Lektüre*, Bielefeld, 1891. — Wolgast, *Das Elend unserer Jugendlitteratur*, Hambourg, 1896.

statistiques dans leurs rapports; on peut aussi rappeler des circulaires envoyées par les autorités des districts de Coeslin (24 décembre 1883), de Liegnitz (7 octobre 1889), de Arnsberg (26 mai 1896): mais c'est tout, à très peu près. En somme les bibliothèques scolaires n'ont pas, en Allemagne, d'existence légale.

Il faut remarquer de plus que leur objet, dans le plus grand nombre des cas, est beaucoup plus restreint qu'il n'est chez nous. En France, depuis l'arrêté du 10 janvier 1880, elles sont officiellement dénommées *Bibliothèques populaires des écoles* et, dès leur origine, elles avaient droit à ce titre, puisqu'elles devaient contenir et contenaient en effet non seulement des livres pour les élèves, mais aussi des ouvrages instructifs et récréatifs destinés à être prêtés aux adultes et aux familles. En Allemagne, elles sont le plus souvent affectées à l'usage exclusif des écoliers.

En outre, tandis que les bibliothèques scolaires sont, en France, toujours instituées près des écoles primaires, les Allemands ne considèrent pas que leur place soit seulement à la *Volksschule*. Chez eux, la bibliothèque scolaire se relie aussi souvent, sinon plus souvent, à des établissements d'enseignement secondaire (*höhere Schulen*). C'est ce que l'on voit, par exemple, en Prusse, dans le grand-duché de Bade. A bien prendre les choses, cette institution a donc parfois plus d'analogie avec les *bibliothèques de quartier* de nos lycées et collèges qu'avec nos bibliothèques scolaires proprement dites.

Dans ces conditions, elle n'a pu prendre un développement comparable à celui qu'elle a atteint dans notre pays. Et pourtant les bibliothèques scolaires ne laissent pas d'être assez nombreuses en Allemagne. Nous ne saurions en donner le relevé; car jamais il n'en a été fait une statistique officielle d'ensemble. On n'a, sur cet article, que des renseignements partiels. On sait qu'en 1894 il y avait dans le royaume de Saxe 625 localités pourvues de bibliothèques scolaires distinctes et, de plus, 80 localités où une section spéciale aux écoliers avait été créée près de la bibliothèque populaire. Nous voyons aussi qu'entre 1878 et 1882 des bibliothèques scolaires, au nombre d'environ 450, existaient dans le Schleswig-Holstein. En l'absence de documents officiels, M. Wolgast, chargé de rédiger l'article *Schülerbibliotheken* dans l'*Encyclopédie pédagogique* de Rein, a adressé un questionnaire aux autorités scolaires, aux directeurs d'écoles, aux instituteurs. Bien qu'il ait reçu un nombre de réponses assez important, il n'a pas cru néanmoins qu'il lui fût possible d'établir un état de situation, même approximatif; mais, examen fait des documents qu'il a reçus, il estime qu'il n'y a point d'État qui ne possède des bibliothèques scolaires en nombre plus ou moins grand.

Ces bibliothèques, qui les a instituées?

Très rarement l'initiative de leur création revient aux communes. Quelques grandes villes mises à part — Berlin, Posen, Cologne, — il paraît que les administrations municipales n'ont point fait de sacrifices et qu'elles ne semblent pas non plus disposées à en faire à l'avenir. Ici des ministres des églises, là des grands propriétaires, des grands manufacturiers, ailleurs des groupes d'amis de l'école, furent les promoteurs de l'entreprise. Dans la plupart des cas, c'est aux maîtres, instituteurs ou professeurs, que l'on en est redevable, soit qu'ils aient agi à titre individuel, soit qu'ils aient été les intermédiaires d'une société d'éducation.

Quand elles sont instituées dans des établissements appartenant à l'État, c'est l'État qui pourvoit, comme il est naturel, à l'entretien de ces bibliothèques. Parfois aussi il intervient pour les subventionner dans des établissements communaux auxquels manquent les ressources. Dans ces dernières années, en Prusse, par exemple, il a été dépensé annuellement 30,000 marks environ pour cet objet. En Saxe, dans le duché de Bade, le gouvernement a aussi accordé des allocations annuelles aux bibliothèques scolaires. Dans le duché de Bade, certaines communes leur attribuent le produit des amendes infligées pour infraction à la loi sur l'obligation de fréquenter l'école. La caisse des églises et des communes (*Kirchen-und Gemeindekasse*) reçoit, en Anhalt, certaines sommes qu'elle doit distribuer aux bibliothèques d'école; la première subvention allouée est, en général, de 30 marks. Tout compte fait, les ressources sont restreintes; et il faut remarquer que, dans leur partage, l'école élémentaire est très peu favorisée; elles vont surtout aux écoles secondaires. La *Volksschule* ne peut guère compter que sur les dons des particuliers, sur la contribution des sociétés (*Vereine*), sur les recettes que produisent les fêtes organisées par l'instituteur et parfois sur la légère rétribution demandée aux écoliers pour le prêt des livres.

Point d'instructions officielles pour régler la tenue des bibliothèques scolaires. Mais, sur cet article, il n'y a pas lieu à des

regrets; les collections sont, en général, si sommaires que leur
manutention ne présente guère de difficultés. Au reste, il y a eu
sur l'organisation et l'administration des bibliothèques scolaires
des publications particulières qui ont de la valeur : tel le livre de
Förstemann, publié dès 1865 [1], tel le guide d'Ellendt [2], paru
en 1878, et qui s'occupe surtout des établissements d'enseignement secondaire.

Pour le choix des livres à acquérir, il n'existe pas de règle
générale. Tantôt c'est le maître chargé de tenir la bibliothèque
qui en décide seul; tantôt c'est le comité scolaire. Ce choix appartient ailleurs à l'inspecteur des écoles, ailleurs à l'assemblée
des maîtres, ailleurs encore au recteur sur les propositions de
cette assemblée.

Sans être épris d'uniformité, on peut trouver qu'en tout cela
la variété ressemble fort à la confusion; ou plutôt, pour parler
vrai, il faudrait dire que ces bibliothèques en sont encore à
l'état inorganique. Les inconvénients de cette situation ont été
sentis par les maîtres, surtout par les maîtres de la *Volksschule*,
et, depuis une quinzaine d'années, se dessine un mouvement
qui a pour objet de préparer une réforme et d'obtenir des autorités qu'elles prêtent leur concours pour l'opérer.

II

Ce mouvement date à peu près de l'époque où a été posée la
« question des ouvrages pour la jeunesse, *Jugendschriftenfrage* »;
car c'est une « question » qui n'a pas occupé seulement le monde
des écoles, mais à laquelle le public s'est intéressé et dont il
convient, en conséquence, que nous disions ici quelques mots.

C'est en Allemagne que fut publié un des premiers ouvrages
composés spécialement pour la jeunesse : l'*Orbis pictus* de Comenius (Nuremberg, 1658); c'est en Allemagne qu'au siècle suivant
se développa cette branche nouvelle de la littérature. Basedow,
ses disciples et ses imitateurs, Campe, Weisse, Salzmann, de
Rochow entreprirent de mettre la science, la morale, l'art à la
portée des enfants : les livres qu'ils publièrent obtinrent un

[1] Förstemann, *Ueber Einrichtung und Verwaltung von Schulbibliotheken*,
Nordhausen, 1865.
[2] Ellendt, *Ueber Schülerbibliotheken*, Programm, Königsberg, 1878,

succès populaire. A leur exemple, on composa une foule d'ouvrages où l'on prétendait rendre l'accès de toutes les études facile et attrayant pour le jeune âge. En même temps commençaient à paraître des contes, récits, nouvelles, romans écrits pour ce public spécial. Dans les deux premiers tiers du XIX° siècle les classiques de ce genre furent les frères Grimm, le chanoine Schmidt, Gustave Nieritz, Franz Hoffmann; puis, dans ces trente dernières années, Mmes Élise Averdick et Johanna Spyri, les romanciers Tanera et Karl May. Ces œuvres dites *d'imagination* avaient toutes pour caractère commun d'être des œuvres à tendance : les unes, comme celles du chanoine Schmidt, voulaient être édifiantes; les autres, celles de Gustave Nieritz et de Franz Hoffmann, s'évertuaient à moraliser; les femmes auteurs s'employaient surtout à enseigner les belles manières; Tanera, dans ses récits de guerre, exaltait le patriotisme; dans ses romans d'aventures exotiques, Karl May visait à servir l'expansion coloniale. Nous n'avons cité que les chefs de file; mais ils traînaient à leur suite une véritable armée d'imitateurs.

Comment en eût-il été autrement ? Le genre paraissait facile; on avait affaire à un public aisé à contenter. Qu'on l'amusât n'importe comment, il n'en demandait pas davantage. Quant aux parents, dès qu'ils savaient un livre inoffensif, ils le tenaient quitte du reste. Pour la critique, ne prenant pas cette espèce de littérature au sérieux, ou elle n'en disait rien, ou, si elle venait à en parler aux approches de la nuit de Noël, c'était pour distribuer indistinctement des éloges aux nouveautés inscrites aux catalogues des éditeurs.

Aussi l'Allemagne a-t-elle été inondée d'ouvrages pour la jeunesse. Il y a vingt ans ce fut un débordement véritable. D'après A. Rude, de 1885 à 1887, il ne parut pas moins de 1,381 « Jugendschriften [1] ».

Il y avait là un tel excès qu'il ne pouvait plus échapper à l'attention.

Dès longtemps d'ailleurs quelques hommes avaient vu les dangers de cette surproduction et les avaient signalés. Un des pre-

---

[1] V. *Zeitschrift für pädagogische Psychologie*, 1901, p. 204. Il ne faut pas s'étonner après cela que ce genre de littérature ait déjà trouvé des historiens : en 1886, A. Merget a écrit : *Geschichte der deutschen Jugendlitteratur* et, tout récemment, Ludwig Göhring a fait paraître un livre sous ce titre : *Die Anfänge der deutschen Jugendlitteratur im* XVIII° *Jahrhundert*, Nürenberg, 1904.

miers, Friedrich Gedike, pédagogue de mérite, avait poussé le cri d'alarme : « Nul ne met en doute, écrivait-il, que Campe, Weisse, Salzmann, de Rochow n'aient rendu de grands services à la jeunesse. Mais le bon accueil fait à leurs ouvrages a suscité un innombrable essaim de bousilleurs qui se sont mis en tête qu'ils avaient la vocation d'écrire pour la jeunesse... Étudiants et candidats, professeurs de tout ordre, éducateurs novices et quantité de gens qui n'étaient éducateurs à aucun degré, tous ceux, en un mot, qui pouvaient tenir une plume et gratter du papier, se sont mis à composer des livres pour les enfants, et les parents ne se sont pas lassés d'acheter cette marchandise de rebut [1]. » Après Gedike, A. Demser [2], Karl Bernhardi [3], Dietrich Theden [4] et quelques autres protestèrent aussi contre cette littérature à la grosse et cherchèrent à procurer aux familles les moyens de choisir au milieu de cet amoncellement de « bouquins » ceux qui n'étaient pas dénués de tout mérite.

Mais un mouvement de réaction bien net ne s'est formé que du jour où, sur l'initiative de la section de l'Union des instituteurs berlinois, ont été constitués sur divers points (Berlin, Bielefeld, Cobourg, Gotha, Hambourg, Königsberg, Zerbst) des comités d'examen (*Prüfungsausschüsse*) qui ont pour objet de passer au crible les ouvrages pour la jeunesse. Le promoteur de cette mesure, Paul Ziegler, après avoir dirigé le mouvement de 1891 à 1896, a passé ensuite la main à Wolgast qui, non sans quelque âpreté et quelque outrance, bataille contre les auteurs de *Jugendschriften*. Il est le rédacteur principal de la *Jugendschriftenwarte*, organe mensuel qui paraît depuis 1893, et, en 1896, il a donné un livre : *Das Elend unserer Jugendlitteratur*, qui a toute la vivacité d'un pamphlet ; ce petit livre a fait du bruit et a été très discuté et très lu.

L'auteur y soutient cette thèse qu'à l'enfance il ne faut pas de livres récréatifs : la véritable récréation pour l'enfant, c'est le jeu. Aux écoliers, jusqu'à l'âge de douze ans et un peu au delà, on ne donnera donc que des livres capables de susciter et de former en eux le goût littéraire. Partant plus d'ouvrages à ten-

[1] Cité par Wolgast, *Das Elend unserer Jugendlitteratur*, p. 60, Hamburg, 1896.

[2] *Musterung unserer deutschen Jugendlitteratur*, Hamburg, 1844.

[3] *Wegweiser durch die deutschen Volks- und Jugendschriften*, Leipzig, 1852.

[4] *Die deutsche Jugendlitteratur*, Hamburg, 1890.

dances, religieuse, morale, patriotique ou autre. Aucun ouvrage pour la jeunesse ne peut être approuvé s'il n'est une œuvre d'art.

C'est d'après ces principes que Wolgast et ses collaborateurs jugent les ouvrages dont ils rendent compte dans la *Jugend-schriftenwarte*; ce sont ces principes qu'ils appliquent pour composer la liste d'ouvrages recommandés qui est publiée chaque année, à Noël, par le comité de Hambourg.

Les instituteurs, pour la plupart, concourent volontiers à l'œuvre des comités d'examen. Tous ont éprouvé que la littérature enfantine, négligée et bâclée, est moins inoffensive qu'on ne le pense; par son insignifiance, elle affadit le goût des enfants, énerve leur imagination, émousse leur jugement; avec ces livres, qui se lisent sans aucune attention, sans aucun effort d'esprit, les enfants ne s'habituent pas à aimer la lecture, mais ils sont gagnés par une sorte de rage de lire (*Lesewuth*). C'est donc un devoir pour les éducateurs que de surveiller, de guider leurs élèves dans leurs lectures personnelles, et rien ne serait plus utile pour les aider dans cette tâche qu'une bibliothèque scolaire bien composée [1].

Toutefois il semble que les maîtres en général ne sont pas disposés à suivre jusqu'au bout les directions de Wolgast et qu'ils trouvent sa réforme trop intransigeante et radicale. Ainsi l'on ne voit pas qu'ils soient d'avis de supprimer absolument tous les livres récréatifs; lorsque, dans leurs conférences, ils tracent le cadre d'une bibliothèque scolaire, ils n'en excluent point les contes, les récits, les romans et nouvelles [2].

Il y a apparence aussi que beaucoup d'entre eux jugent un peu chimérique la prétention de n'admettre que des œuvres d'art.

La nouveauté a de l'attrait pour l'enfant comme pour les hommes; toutes les nouveautés ne sauraient être des chefs-d'œuvre; il suffit qu'elles ne soient pas de la camelote, que l'on

[1] «La surproduction de livres pour la jeunesse est un fait connu de la presse pédagogique. Elle a pour résultat de compromettre l'action éducative que pourrait avoir cette sorte de littérature. C'est donc un devoir de l'école populaire que de préparer les écoliers à aimer seulement les beaux et bons livres.» (Réunion cantonale des instituteurs de Silésie, en 1887, — dans le recueil de Giggel.)

[2] Voir *Pädagogisches Jahrbuch*, p. 213 et suiv. — Marburg, 1893.

y trouve du discernement, de la probité, du soin et de la conscience dans l'exécution [1].

Enfin, ils ne consentent pas à proscrire *a priori* tout livre où
se marque une tendance. Ils estiment qu'on se trouverait ainsi
amené à écarter de belles œuvres : telle *Nathan le Sage* de Les-
sing. On doit se tenir content si la tendance ne s'accuse pas avec
excès jusqu'à déformer la vérité des situations et des caractères.

Mais, ces réserves faites, c'est bien dans le sens de Wolgast
que la majorité des instituteurs dirige ses efforts. De plus en
plus ils se montrent convaincus que, dans un livre pour la jeunesse, la pureté des intentions ne saurait dispenser de tout mérite littéraire [2]; et s'ils ne songent pas à écarter en bloc la littérature récréative, au moins pensent-ils que la bibliothèque
scolaire n'est pas faite seulement pour distribuer des ouvrages
amusants, mais qu'elle doit servir à apprendre aux enfants ce
qu'il faut lire, comment il faut lire, qu'elle doit être liée intimement à l'œuvre de l'éducation et de l'enseignement.

C'est avec cette idée que beaucoup de maîtres ont organisé
ce que l'on appelle les lectures par classe (*Klassenlektüre*) et les
lectures par groupe (*Massenlektüre*). Elles ont été imaginées par
F. Aberle, recteur à Waldembourg. Voici, en bref, en quoi cela
consiste : quand les écoliers lisent bien couramment, on distribue à toute une classe des exemplaires d'un même ouvrage,
par exemple le *Robinson* de Campe. Les enfants doivent le lire
en entier; le maître leur demande de faire des comptes rendus
oraux de tel ou tel passage et il s'ingénie à donner le livre pour
centre à toutes les parties de son enseignement : c'est la *Klassenlektüre*. La *Massenlektüre* s'applique à des écoliers plus avancés :
un groupe de 8, 10 ou 12 élèves reçoit tel ou tel ouvrage propre
à compléter, à éclairer, à illustrer une partie du programme
traitée en classe; puis le maître s'en fait rendre compte par des
interrogations ou par des devoirs écrits.

Dans ces conditions, la bibliothèque devient partie intégrante de l'organisme de l'école, pièce essentielle de l'appareil scolaire. Tandis que naguère les autorités avaient le droit de penser qu'il appartient aux familles de pourvoir aux lectures personnelles des enfants, il leur faut reconnaître qu'elles sont moralement obligées de participer à une œuvre d'éducation. Et par là les sociétés d'instituteurs se sentent autorisées à réclamer avec insistance près de l'État et des communes pour qu'il soit pourvu aux ressources nécessaires aux bibliothèques scolaires et pour que l'on s'occupe de leur donner une organisation. Ce peut être le point de départ d'une véritable réforme.

Cette réforme, dans l'ordre des faits, paraît n'en être encore qu'à ses débuts. Mais, du moins, l'on sait assez précisément où l'on tend et voici les principaux articles du programme que l'on voudrait réaliser :

1° Toute école doit être pourvue d'une bibliothèque scolaire;

2° L'État a le devoir de fonder et d'entretenir ces bibliothèques; là où l'école est propriété communale, l'État interviendra pour assurer leur création et leur entretien;

3° L'usage de la bibliothèque sera absolument gratuit;

4° La bibliothèque doit être organisée en bibliothèque de classe; chaque bibliothèque sera dirigée par le professeur ordinaire;

5° La bibliothèque doit être composée de façon à servir à l'enseignement;

6° Dans chaque école, il sera dressé un catalogue type des livres destinés aux lectures par groupe (*Massenlektüre*).

Si l'on songe que les bibliothèques populaires, en Allemagne, sont en bonne voie de réorganisation, on peut croire que la situation des bibliothèques scolaires ne tardera pas à s'améliorer aussi. Il y a, en effet, entre ces deux institutions un lien étroit. Dans les petites localités, où ne saurait exister une bibliothèque populaire, la bibliothèque scolaire y supplée; et partout elle peut servir à recruter et à former dans le peuple une clientèle de lecteurs.

V

COUP D'ŒIL SUR LA SITUATION
DES BIBLIOTHÈQUES POPULAIRES
DANS LES PRINCIPAUX PAYS D'EUROPE.

———

AUTRICHE-HONGRIE.

Pendant longtemps l'Autriche a été un des pays les plus pauvres en bibliothèques. On n'y comptait, en 1870, que 7 bibliothèques municipales situées à Vienne, Salzbourg, Trieste, Trente, Roveredo, Feldkirch, Eger ; et il faut noter que, par leur composition, ces bibliothèques ne pouvaient rendre de services qu'au public savant.

Il y a un peu plus de trente ans, le Gouvernement fit un effort en faveur de l'éducation populaire : un arrêté du Ministre des cultes et de l'enseignement décida que toute école communale devrait être pourvue d'une bibliothèque (20 août 1870); l'organisation de ces bibliothèques fut réglée par un nouvel arrêté du 20 décembre 1871, complété le 12 juillet 1875. Voici les dispositions principales de ces actes officiels :

Le directeur de l'école est l'administrateur responsable de la bibliothèque ; c'est lui qui achète les livres désignés par le comité de surveillance, après un rapport fait sur chacun d'eux par un de ses membres. Il s'occupe de l'installation, du classement et du prêt des livres, conformément au règlement adopté ; il tient enfin un compte exact des recettes et des dépenses. Les ressources des bibliothèques proviennent des crédits accordés par la commune ou des contributions volontaires des amis de l'école. De plus, point important à noter, les livres ne sont pas destinés au seul usage des écoliers, mais peuvent et doivent être prêtés aux habitants de la commune[1]. C'est, en somme, à très peu près,

———

[1] Pour une analyse plus complète, voir D' A. Egger-Möllwald, *Œster-*

la même organisation que celle de nos bibliothèques scolaires.
— Nous ne saurions dire si les prescriptions du Ministre des
cultes et de l'enseignement ont été appliquées partout; nous
n'avons pas pu trouver de statistique générale des bibliothèques
d'école en Autriche. Mais il semble que l'initiative du Gouvernement fut, dès l'abord, bien accueillie. Dans un rapport, écrit à
l'occasion de l'exposition de Vienne, en 1873, Franz Bobies constate qu'à cette date, en Bohême, sur 4,105 écoles, il y en avait
plus d'un tiers (exactement 1,502) où des bibliothèques avaient
été déjà établies[1]. Les instituteurs autrichiens paraissent, au
reste, avoir pris à cœur de faire prospérer l'institution et de la
rendre aussi utile que possible[2]; parmi eux comme parmi leurs
collègues allemands, la question des livres pour la jeunesse
(*Jugendschriftenfrage*) est dès longtemps, à l'ordre du jour[3];
des catalogues types ont été publiés, soit par des comités d'unions,
soit par des maîtres isolés, sous leur responsabilité personnelle[4];
enfin l'on s'efforce d'intéresser le grand public à la question, et,
récemment, le Dr S. Moldauer a fondé une société qui comprend
non seulement des professionnels, mais tous les hommes de
bonne volonté, et dont l'objet est d'abord de choisir pour les enfants et les jeunes gens des livres recommandables à la fois par
leur valeur littéraire et éducative, puis de les éditer à très bas
prix[5]. Il y a là, en somme, tout un ensemble d'efforts vraiment
intéressants. Mais on ne doit pas omettre de dire qu'ils s'exer-
cent surtout en faveur des écoliers. Il semble qu'on s'est préoccupé beaucoup moins de la population adulte à laquelle la
bibliothèque scolaire devrait aussi servir. « Ces bibliothèques, dit
Schultze, ne sont pas du tout utilisées par les adultes; elles sont
tellement composées qu'elles ne répondent en aucune façon à

reichisches Volks- und *Mittelschulwesen*, p. 80-81, Vienne, 1878, et Grassauer,
Handbuch für österreichische Universitäts- und Studien-Bibliotheken, p. 5-13,
Vienne, 1883.

[1] *Bericht über österreichisches Unterrichtswesen*..., p. 601-605, Vienne, 1873.

[2] Voir dans *Pädagogisches Jahrbuch*, 1878 (Vienne, 1879), un mémoire de
Karl Huber : *Ideen und Vorschläge zur Organisierung und Verwaltung von Schülerbibliotheken.*

[3] Voir dans *Pädagogisches Jahrbuch*, 1899 (Vienne, 1900), un article de A.
Zenz : *Œsterreichs deutsche Jugend.*

[4] Dr Robert Weiszenhofer, *Bausteine zu einem Schülerbibliotheks-Katalog*,
Vienne, 1892.

[5] Voir dans *Pädagogisches Jahrbuch*, 1899 (Vienne, 1900), la conférence du
Dr Moldauer : *Zur Frage der Jugendlektüre.*

leurs besoins. [1] » Il y a apparence qu'en Autriche, comme en France, leur fonctionnement reste encore très incomplet et que, sur plus d'un point, il appelle des réformes.

Si l'État et les communes ont fait quelque chose pour les bibliothèques d'école, on voit, en revanche, que le Gouvernement se désintéresse absolument des bibliothèques populaires proprement dites, que les communes n'en ont guère souci et consentent rarement à faire pour elles quelques sacrifices. L'institution, d'après Reyer, est suspecte à tous les conservateurs qui croient que donner au peuple plus de culture, c'est multiplier les mécontents. Si cette opinion perd aujourd'hui du terrain, elle a longtemps prévalu et l'on s'explique ainsi que le développement des bibliothèques populaires en Autriche ait commencé à peine depuis une trentaine d'années.

Dès 1848, le baron von Schwarz-Senborn, alors secrétaire de l'Union industrielle de l'Autriche du Sud, affirmait dans une conférence la nécessité de créer des bibliothèques pour le peuple. Mais ce premier essai de propagande avorta complètement ; c'est seulement trente ans plus tard, en 1878, que le parti démocratique réussit à fonder une première bibliothèque populaire dans le 7ᵉ arrondissement de Vienne ; en 1879, le baron von Schwarz-Senborn, resté fidèle aux idées de sa jeunesse, en ouvrait une seconde dans le 9ᵉ arrondissement.

Tel est le point de départ d'un mouvement qui s'étendit et s'accéléra du jour où fut créée, à Vienne, une section de la *Société pour l'éducation populaire de la Basse-Autriche*. Cette section viennoise s'est rapidement développée ; elle a un budget annuel de plus de 30,000 florins et, dès 1903, la capitale lui devait l'institution de 14 bibliothèques populaires proprement dites, de 2 bibliothèques de prison, 5 de garnison, 3 d'hôpital, 4 spéciales à la jeunesse, 2 placées dans des « maisons du peuple ».

Entre les hommes qui ont le plus contribué au progrès de cette œuvre, il faut nommer en première ligne le Dʳ E. Reyer. Après un voyage aux États-Unis, où il avait étudié et admiré l'organisation des bibliothèques municipales, il résolut de consacrer ses efforts à instituer dans son pays des établissements du même genre. Il a écrit de très bons livres qui sont à la fois des ouvrages

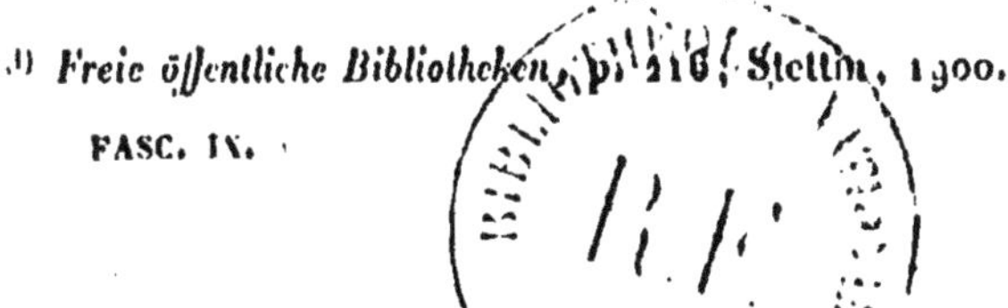

[1] *Freie öffentliche Bibliotheken*, p. 216. Stettin, 1900.

d'information et de propagande[1] et, en même temps, payant de sa personne et souvent de sa bourse, il secondait et dirigeait les entreprises de la *Société pour l'éducation populaire.* C'est à lui qu'appartient l'idée d'ouvrir à Vienne une bibliothèque populaire centrale, qui a commencé à fonctionner en 1895.

L'objet principal de cette Bibliothèque centrale était de former une collection d'ouvrages scientifiques, destinés à être prêtés aux bibliothèques populaires par l'intermédiaire de « filiales », organisées comme les *Delivery Stations* d'Amérique. Outre les ressources qu'elle pouvait trouver dans sa collection propre, la Bibliothèque centrale devait aussi conclure avec les bibliothèques savantes des arrangements pour pouvoir leur emprunter des livres. Cette organisation, Reyer a réussi à la mettre sur pied avec le concours d'une société qu'il a fondée (*Centralbibliothekverein*); il a pu aussi donner à son œuvre une sorte de consécration en obtenant que le sénat de l'Université la prît sous ses auspices. Outre les cotisations des membres de cette société, la Bibliothèque centrale reçoit de la Société pour l'éducation populaire (section viennoise) une redevance annuelle de 3,000 couronnes, en échange du droit d'emprunter des livres; elle eut aussi, un moment, une subvention municipale; l'administration du D' Lüeger la lui a supprimée; mais sa situation financière n'en reste pas moins bonne : en 1898, elle pouvait faire face à des dépenses qui ne s'élevaient pas à moins de 152,283 couronnes. Il faut dire d'ailleurs que l'usage de cette bibliothèque n'est pas gratuit : les lecteurs ont à payer un droit d'inscription et une rétribution légère par volume emprunté. Il ne faut pas non plus manquer de rappeler, pour permettre de comprendre comment la bibliothèque peut subvenir à ses frais, qu'elle a reçu quelques dons assez importants : 6,000 couronnes de Karl Wittgenstein, 2,000 d'Albert Freiherr von Rotschild, 2,000 de Rudolph Auspitz, etc. L'empereur François-Joseph a promis de lui laisser, à sa mort, un legs important sur sa fortune personnelle.

[1] En 1893 : *Entwicklung und Organisation der Volksbibliotheken*, Leipzig; en 1896 : *Handbuch des Volksbildungswesens*, Stuttgart; en 1903 : *Fortschritte der volkstümlichen Bibliotheken*, Leipzig; en 1906 : *Kritische Studien zum volkstümlichen Bibliothekswesen*, Leipzig. Reyer a donné en outre des articles dans *Blätter für Volksbibliotheken und Lesehallen* (voir en particulier les numéros de janvier-février 1900, mars-avril, mai-juin 1901). C'est là que nous avons pris la plupart des renseignements que nous donnons ici.

Citons encore, parmi ceux qui ont soutenu l'œuvre de Reyer par leur libéralité, le romancier Peter Rosegger, la baronne Ebner-Eschenbach, la famille de l'explorateur Oscar Baumann. Grâce à ces sympathies, à ces appuis effectifs, le succès de la Bibliothèque centrale est désormais assuré : en 1902, elle possédait environ 100,000 volumes, enregistrait 40,000 inscriptions et avait organisé 18 filiales.

C'est à Vienne sans doute que ce mouvement en faveur des bibliothèques populaires s'accuse avec le plus d'intensité. Mais il se fait aussi sentir dans d'autres parties du pays. Ainsi, dans l'Autriche du Sud, la Société pour l'éducation populaire, fondée à Krems, en 1886, avait, dix ans plus tard, pu créer 84 bibliothèques possédant un total de 31,883 volumes. Dans le Nord, il existe une société du même genre ; elle a son siège à Linz et ses efforts ont déjà produit des résultats appréciables.

Pourtant le compte des bibliothèques populaires qui, en Autriche, ont pris un développement vraiment important, peut être trop vite fait ; en dehors de Vienne, il n'y a guère à citer que les bibliothèques de Graz, de Brünn et de Prague (bibliothèque tchèque de près de 10,000 volumes). Il faut mettre à une place à part la bibliothèque de la petite ville de Zwittau (7,778 habitants). Elle a été fondée par M. Ottendorfer qui, après avoir fait fortune en Amérique où il était propriétaire d'un grand journal de New-York (*New-Yorker Staatszeitung*), a voulu imiter la libéralité de Carnegie. Il donna donc à son pays natal une somme de 200,000 florins pour la construction d'un bâtiment aménagé à la façon américaine; il constitua de plus une rente qui permet à la bibliothèque de subvenir à tous ses frais, sans avoir besoin du concours de la municipalité. L'établissement est dirigé par une femme que M. Ottendorfer a fait venir des États-Unis où elle avait reçu une préparation professionnelle dans une Library School. Le prêt des livres est entièrement gratuit: les heures d'ouverture se placent de 9 à 12 et de 1 à 8. En 1899, la collection de la bibliothèque comprenait 14,300 volumes et, cette même année, il se fit 54,545 prêts à 2,598 lecteurs, tandis que la salle de lecture recevait 22,819 personnes.

Cette bibliothèque de Zwittau est un modèle, mais c'est aussi une exception. Dans l'ensemble, il y a bien de l'apparence que la situation des bibliothèques populaires de l'Autriche est plutôt fâcheuse; c'est ainsi que Reyer, malgré son ardeur de propagandiste, la présente d'une façon constante. Comment pourrait-il en être autrement, puisque l'on sait que, jusqu'à ce jour, l'État et les communes n'ont, pour ainsi dire, pas participé à cette œuvre? Il n'en faut que plus vivement louer les hommes qui, ne pouvant compter que sur eux-mêmes, s'y sont employés de toutes leurs forces, et l'on est heureux de voir qu'au premier rang des promoteurs les plus énergiques se placent des professeurs de l'Université : Dr L. M. Hartmann, Jodl, Reyer, Seidler, von Westein, etc. On ne peut aussi que féliciter le peuple autrichien qui prend le chemin de ces bibliothèques, bien que, presque nulle part, l'accès ne lui en soit gratuitement ouvert, qu'il lui faille s'imposer un sacrifice (*Lesegebühr, Leihheller*) pour satisfaire son besoin de culture. C'est ce qui fait dire à Reyer que le peuple d'aujourd'hui créera les bibliothèques, comme le peuple du moyen âge a bâti les cathédrales[1]. On a le droit d'espérer, en effet, que ce besoin de s'instruire, si clairement manifesté, ne permettra pas plus longtemps à l'État et aux communes de demeurer dans leur indifférence et de persister dans leur abstention.

La situation de l'enseignement en Hongrie a été présentée par le Ministère royal hongrois des cultes et de l'instruction publique dans un volume publié en français, à l'occasion de l'Exposition universelle de 1900[2]. Dans ce livre de plus de 500 pages, où il est traité non seulement des établissements d'enseignement primaire, secondaire, supérieur, mais des musées, des institutions de pédagogie médicale, des instituts d'assistance publique, il n'est pas dit un mot des bibliothèques populaires. Cette prétérition permet de croire qu'on ne les considère pas en Hongrie comme un des organes de l'éducation publique; et il est vrai, en effet, que, dans ce pays, au moins autant qu'en Autriche, les communes et l'État se désintéressent de cette institution.

Pourtant il s'y trouve quelques bibliothèques pour le peuple.

[1] Le Dr J. Himmelbaur croit que, si l'on avait une statistique des B. P., leur situation apparaîtrait moins mauvaise qu'on ne l'imagine. L'office de statistique a, nous dit-il, commencé ce travail en 1900. Nous ne croyons pas qu'il ait été encore publié. (Voir *Blätter für Volksbibliotheken und Leschallen*, juillet-août 1901.)

[2] *L'Enseignement en Hongrie*, Budapest, 1900.

A Budapest, il en a été ouvert une en 1892. Elle se divise en bibliothèque professionnelle et bibliothèque populaire proprement dite; la première section compte 6,760, la deuxième section, 2,718 volumes. Les volumes de la bibliothèque populaire sont tous écrits en hongrois, tandis que la bibliothèque professionnelle comprend des ouvrages en diverses langues. L'activité de cet établissement reste encore bien faible : en 1899, il n'a fait que 6,130 prêts à 355 emprunteurs. Il faut, de plus, signaler l'existence à Budapest (depuis 1895) de deux casinos de travailleurs (*Arbeitercasinos*), qui sont pourvus de petites bibliothèques; on y trouve aussi (depuis 1896) un Foyer du peuple (*Arbeiterheim*) avec une salle de lecture où des journaux et quelques livres sont mis à la disposition des visiteurs.

On peut encore mentionner les bibliothèques populaires de Maria-Theresiopel, de Tiszafüred, de Pressbourg, comme ayant quelque importance; mais, ces mentions faites, il faut clore la liste.

Ces établissements ont tous été fondés par l'initiative privée, par des associations qui les entretiennent avec leurs seules ressources. Il y a lieu pourtant de remarquer que, dans ces dernières années, les ministères du commerce et de l'agriculture ont décidé d'accorder aux bibliothèques déjà créées des concessions d'ouvrages techniques.

On peut donc dire qu'en Hongrie tout reste à faire, ou peu s'en faut. Et cependant il est certain que la population, en général, a le goût de la lecture; c'est un fait qui est attesté par le succès qu'obtiennent les publications procurées par les nombreuses sociétés qui s'emploient à propager les *bons écrits*. Ces sociétés, il est vrai, ont presque toutes un caractère confessionnel et les *bons écrits* qu'elles distribuent sont faits dans un but d'édification. Mais il est bien vraisemblable que le peuple, qui les lit, lirait volontiers autre chose, s'il le pouvait.

Cette remarque, des hommes de bonne volonté n'ont pas manqué de la faire : sur divers points du pays, il s'est formé des sociétés d'éducation (*Kulturvereine*) qui s'efforcent de pousser à la fondation de bibliothèques dans les villages et qui travaillent à organiser des bibliothèques circulantes. Quelques-unes de ces sociétés ont obtenu des encouragements de l'État et reçu des subventions de 500 à 1,000 florins. Ce n'est là sans doute qu'un commencement, mais qui donne bon espoir.

Si la Hongrie est ainsi en retard sur la plupart des autres

contrées de l'Europe, il est cependant une partie de ce pays où fleurit l'institution des bibliothèques pour le peuple. Dans les pays saxons de Transylvanie, chaque commune doit être pourvue d'une bibliothèque pour les maîtres et pour les élèves, et la population adulte y a aussi accès. Dès 1890, on comptait 157 de ces bibliothèques, qui comprenaient 33,991 volumes, soit une moyenne de 216 volumes par bibliothèque. Le plus souvent, ces collections sont composées avec beaucoup de soin : on voit, par exemple, figurer dans le catalogue de la bibliothèque de Heltau, petite localité de 3,000 habitants, des ouvrages d'Auerbach, Björnson, Bulwer, Freytag, Hauff, Heyse, Rosegger, Spielhagen, Wildenbruch, Wollzogen, etc. Un mouvement en faveur de la création de bibliothèques populaires proprement dites dans les localités de quelque importance commence à se dessiner : à Hermannstadt, en 1899, il s'est ouvert une bibliothèque populaire avec salle de lecture [1].

BELGIQUE.

En Belgique, le développement des bibliothèques populaires a commencé assez tard et leur progrès ne se fait encore qu'avec lenteur.

Entre 1825 et 1830, se créèrent à Namur, Liège, Mons et Bruxelles des «Sociétés d'encouragement pour l'instruction élémentaire»; elles n'avaient point proprement pour objet de fonder des bibliothèques populaires, mais elles s'employaient à fournir de bons livres élémentaires aux écoles et aux familles, et c'est là comme un point de départ qu'on ne peut omettre de rappeler [2]

Au philanthrope Ducpetiaux revient, semble-t-il, l'honneur d'avoir mis en avant l'idée de fonder des bibliothèques pour le peuple. En 1848, il proposa au Conseil municipal de Bruxelles d'établir un dépôt de ce genre avec adjonction de cours publics et de lectures. Sa proposition fut écartée. Nous voyons pourtant que, vers cette époque, quelques bibliothèques populaires s'ou-

[1] La plupart des renseignements que nous donnons ici sont empruntés au livre de Schultze : *Freie öffentliche Bibliotheken*, p 229-232.

[2] Voir Léon Lebon, *Histoire de l'enseignement populaire*, p. 400 et suiv., Bruxelles, 1867.

vrirent sur divers points du pays : à Andenne, 1848, à Vracenne, 1849, à Furnes, 1849.

Mais ces exemples furent peu imités; de 1848 à 1862, on ne peut relever qu'un très petit nombre de créations. A cette dernière date, le Gouvernement parut disposé à témoigner quelque intérêt à l'institution. Dans une circulaire du ministre de l'intérieur (13 septembre 1862), on peut lire le passage suivant : « Il serait heureux que bientôt chaque commune vît se former, à côté de l'école, la bibliothèque populaire qui en est le véritable complément. » L'année suivante, comme pour répondre à cet encouragement, l'échevin Preud'homme disait, en inaugurant la bibliothèque populaire de Huy : « Selon nous, la création d'une bibliothèque populaire est une dette de chaque administration communale à l'égard des classes nécessiteuses. La bibliothèque n'est-elle pas, en effet, un puissant auxiliaire à l'enseignement de l'école? n'est-elle pas le complément, le couronnement de l'école communale? A ce titre, une telle institution ne doit-elle pas être, non pas une faculté, mais une obligation pour ceux sur lesquels la loi fait peser la grave responsabilité de l'éducation du peuple?» Ces paroles permettent de croire qu'un certain mouvement s'était fait dans l'opinion. Ce mouvement, la *Ligue de l'Enseignement*, constituée en 1864, allait s'efforcer de le soutenir et de le diriger. Aux termes des statuts de cette société, un de ses soins principaux devait être en effet de promouvoir l'œuvre des bibliothèques populaires : «*Article 1er*. La Ligue de l'Enseignement a pour but la propagation et le perfectionnement de l'éducation et de l'instruction en Belgique. — *Art. 2*. La Ligue poursuit ce but par tous les moyens légaux, notamment..... en favorisant l'établissement de bibliothèques populaires, de cours publics,...... en faisant et en répandant des publications relatives à l'éducation et à l'instruction.»

Il est certain que l'activité de la Société naissante se tourna presque tout entière de ce côté.

Avant de rien entreprendre, on jugea utile de savoir précisément où l'on en était : la *Ligue* commença donc par ouvrir une enquête sur la situation des bibliothèques populaires dans le pays. Voici, en bref, les résultats de cette information : en 1865, il y avait, en Belgique, 53 bibliothèques populaires communales et 32 bibliothèques populaires de sociétés, soit en tout 85, alors que le nombre des communes était supérieur à 2,500. Parmi ces établissements, 18 seulement possédaient plus de 1,000 volumes; les mieux fournies de ces bibliothèques étaient celles de Liége, 5,000 volumes; de Namur. 2,182; d'Ath, 6,000; de Lierre, 2,500; d'Anvers, 2,693; de Termonde, 2,065; d'Ostende, 2,300. Quant aux ressources, à peine en pouvait-on faire état; les subsides annuels votés par les communes se montaient, en tout, à 6,000 francs, ceux accordés par les provinces à 600 francs. L'État ne donnait pas un centime; il se bornait, pour encourager l'institution, à envoyer, à titre de don gratuit, aux communes et aux associations, qui en faisaient la demande, les ouvrages dont il pouvait disposer.

Cette situation connue, l'on comprit à la *Ligue de l'Enseignement* que, sans renoncer à agir sur les assemblées communales et provinciales, il convenait de s'adresser surtout à l'initiative privée. Il s'agissait de provoquer les libéralités et de susciter le zèle des hommes de progrès. De là le plan de campagne adopté : «Ce qui importe surtout, dans cette question des bibliothèques populaires, c'est de venir en aide aux communes pauvres qui auraient le désir d'être dotées de ces utiles institutions..... Le pays compte environ 700 communes dont la population est inférieure à 600 habitants; on peut admettre ce chiffre comme représentant, en moyenne, le nombre des communes dont les habitants ne sont pas assez riches pour pourvoir eux-mêmes aux dépenses d'une bibliothèque populaire; il suffirait donc d'aller au secours de ces 700 communes, de sorte qu'en évaluant à 200 francs les frais de premier établissement et l'achat d'un premier fonds de livres, on trouve qu'il faudrait, en tout et pour tout, un capital de 140,000 francs pour établir des bibliothèques populaires dans toutes nos communes rurales les plus pauvres. Cette somme, répartie également entre les neuf provinces, donne pour chacune une dépense moyenne de 16,000 francs environ. Eh bien! que dans chaque chef-lieu de province une association se forme afin de recueillir les souscriptions; que, sous le stimulant de cette association, des comités soient établis dans les chefs-lieux d'arrondissement et de canton, et, ne sera-t-il pas facile de trouver en peu de temps cette somme de 140,000 francs? Mais ce n'est pas tout : une subvention de 50 francs, dont on gratifierait tous les ans chacune des 700 communes en question, assurerait l'avenir de leurs bibliothèques populaires. Ce serait de ce chef une dépense de 35,000 francs par an, soit environ 4,000 francs par province. Or ne faudrait-il pas désespérer du pays si..... on ne trouvait pas dans chaque province un nombre suffisant de souscriptions permanentes pour produire annuellement cette faible somme?»

Tel fut le programme suivant lequel la *Ligue de l'Enseignement* entama son œuvre de propagande. Ajoutons que, dans le cinquième numéro de son *Bulletin* (1865-1866), fut inséré un mémoire assez étendu et très étudié, dont l'auteur, M. Annoot, passait en revue les questions relatives aux bibliothèques populaires et fournissait à ceux qui voudraient en établir tous les renseignements utiles. De plus, ce mémoire était accompagné d'un «Catalogue de livres propres à former une bibliothèque populaire[1]».

La *Ligue*, au reste, trouva des auxiliaires pour la seconder dans son entreprise; telle la Société dénommée *Willems-Fonds*, qui s'occupait surtout de répandre la connaissance de la langue et de la littérature flamandes, mais qui ne négligeait pas de créer aussi des bibliothèques; telle la *Société Franklin*, de Liége; telle l'*Œuvre des soirées populaires*, de Verviers, etc.

Il arriva que cette propagande prit des formes singulières qui, croyons-nous, sont restées propres à la Belgique. En 1873, par exemple, la *Société Franklin* de Liége imagina, pour enrichir le fonds des bibliothèques, de pratiquer une «collecte de livres». Des quêteurs parcoururent la ville, accompagnés de camions pour recueillir les livres à domicile. Un comité d'examen fut chargé d'écarter les livres immoraux, de faire vendre au profit de l'œuvre les livres qui, sans être mauvais, ne paraissaient pas propres à figurer dans les collections et de distribuer les livres admis aux diverses bibliothèques. Ce procédé, imité par la *Ligue de l'Enseignement*, par l'*Œuvre des soirées populaires* de Verviers[2], donna, paraît-il, parfois d'assez heureux résultats; mais il semble que le succès en fut assez vite épuisé.

Ces efforts, à n'en pas douter, ont produit quelque bien. L'*Annuaire statistique de la Belgique* (Bruxelles, 1901) présente

[1] Les renseignements qui précèdent sont, pour la plupart, empruntés au Mémoire de M. Annoot.

[2] *Soirées populaires de Verviers.* Rapport sur la situation générale de l'Œuvre depuis 1866 jusqu'à 1878, par M. Eugène Novent, p. 31, Verviers, s. d.

pour 1899 un tableau (p. 168-169) des « bibliothèques publiques
communales et bibliothèques populaires établies sous le patronage des administrations communales », d'après lequel le total
de ces établissements s'élèverait à 606. On lit, d'autre part, dans
le *Rapport triennal sur la situation de l'instruction primaire* (1897,
1898, 1899) que « des communes, en vue de développer le
goût de la lecture et de vulgariser, notamment, les sciences,
ont établi des bibliothèques pour les élèves des écoles primaires
et d'adultes ». Au 31 décembre 1899, on en comptait 1,994 possédant 244,726 volumes. En outre, d'après ce même document
(p. CCCLII), il existe 197 bibliothèques cantonales, affectées à
l'usage spécial des instituteurs et qui comprennent 165,791 volumes.

Pourtant, si ces chiffres accusent un progrès général, la situation des bibliothèques populaires proprement dites ne semble
pas s'être beaucoup améliorée.

En 1897, à l'Exposition de Bruxelles, la Section d'économie
sociale proposa un prix pour l'auteur du meilleur mémoire sur
les moyens de promouvoir l'institution des bibliothèques populaires; et, d'après les termes du programme de ce concours, on
voit que les choses paraissent devoir être reprises à pied d'œuvre [1].

Peu après, la *Ligue de l'Enseignement*, faisant un retour sur le
passé, reconnaît que l'issue de son entreprise a trompé les espérances conçues à la première heure. « Dans la plupart des grandes
communes, lit-on dans le *Bulletin* de mars-avril 1899, les administrations publiques ont donné satisfaction aux besoins intellectuels; mais, à la campagne, il n'en est pas de même; les livres
sont inconnus et le moindre journal illustré y obtient un succès
de curiosité des semaines durant. La *Ligue de l'Enseignement* a
toujours encouragé et soutenu toutes les bibliothèques naissantes.
Au début elle les subventionnait; plus tard, elle préféra envoyer
des ouvrages pour le montant du subside alloué. De tous ces efforts, il ne reste que peu ou point de traces; nombre de ces créations n'ont eu qu'une existence éphémère. » Cet insuccès, ce
demi-insuccès tout au moins, a amené la *Ligue* à cesser de créer
des bibliothèques permanentes; elle travaille à cette heure à l'or-

---

[1] Voir Dr Ernest Schultze, *Freie öffentliche Bibliotheken*, p. 181; Stettin,
1900.

ganisation de bibliothèques itinérantes dont elle espère qu'elles pourront avoir une meilleure fortune[1].

Dans son chapitre sur les bibliothèques populaires de Belgique, Schultze, qui a puisé ses renseignements près du Dr Eugène Lameere, de Bruxelles, présente la situation sous un jour très peu favorable; d'après lui, les bibliothèques existantes languissent parce qu'elles manquent de ressources en livres et en argent, parce qu'elles ne sont ouvertes qu'un très petit nombre d'heures, parce qu'on multiplie les formalités qui écartent le public. On ne peut guère, non plus, se flatter que les choses prendront une autre face dans un avenir prochain; les pouvoirs publics, les administrations provinciales et communales, la population elle-même n'ont guère que de l'indifférence pour les progrès de l'éducation nationale[2]. Il y a apparence que cette appréciation est un peu pessimiste; mais, tout compte fait, nous croyons qu'en l'atténuant, l'on pourra s'y tenir sans crainte de manquer la vérité[3].

HOLLANDE.

En 1862, un grand libraire d'Amsterdam, Frédéric Müller, déplorait que la Hollande ne connût pas d'établissements analogues aux «Free Libraries» d'Angleterre et d'Amérique et souhaitait que son pays ne fût pas privé longtemps encore de ce moyen de culture. Il ne paraît pas que le moment soit tout proche où son vœu sera exaucé.

Ce n'est point que la Hollande ne possède pas de bibliothèques populaires; il semble, au contraire, que, sur ce point, elle a devancé la plupart des pays d'Europe.

Dès 1734, un pasteur, Jan van Nieuvenhuyse, convaincu de l'influence morale de l'instruction primaire, fonda à Amsterdam la fameuse *Société du Bien public* (Maatschappij tot nut van het Algemen). «Cette société, qui compta parmi ses membres les

---

[1] Dans le *Bulletin de la Ligue de l'Enseignement* (janv.-févr. 1904), on peut lire un *Rapport sur les bibliothèques circulantes* (1901, 1902, 1903), qui indique ce qui a été fait en ce sens.

[2] Voir *Freie öffentliche Bibliotheken*, p. 181.

[3] On peut croire que le développement des sociétés coopératives amènera la création de bibliothèques pour le peuple. Par exemple, à Gand, la Maison du peuple (*Ons Huis*), inaugurée en 1903, contient deux salles réservées à la bibliothèque qui compte plus de 8,000 volumes. (Voir *Revue socialiste*, t. XXXVII, p. 214 et suiv.)

hommes les plus distingués du pays, parvint à faire publier, au moyen de concours et d'encouragements, des livres scolaires méthodiques à bon marché, qui furent répandus jusque dans les plus petits villages pour aider les instituteurs à remplir efficacement leur mission..... Pour que le fruit des écoles primaires ne se perdît pas et pour développer chez l'adulte le goût de la lecture, elle créa des bibliothèques publiques [1] ». La plus ancienne de ces créations (bibliothèque populaire de Haarlem) remonte à 1793. Le développement de la *Société du Bien public* se fit d'une manière assez rapide et suivant un progrès continu; dès 1876, elle comptait 17,289 membres, comprenait 830 sections et avait un budget de 27,623 florins (soit près de 60,000 francs). Elle a recueilli parfois des dons et legs importants, tel celui de Mme veuve Vandekerchove, qui constitue une rente de 20,000 florins [2]. Aussi le chiffre des bibliothèques populaires créées par la *Société du Bien public* s'élevait-il, en 1901, à 312.

Mais ces bibliothèques sont fort loin de pouvoir rendre les mêmes services que les bibliothèques anglaises et américaines; elles sont « populaires » au sens fâcheux du mot. Il faut savoir, en effet, qu'elles ne pratiquent guère que le prêt au dehors, faute de locaux pour installer des salles de lecture; que leurs heures d'ouverture sont rares, manque de personnel; enfin que, le plus souvent, elles ne disposent que de collections assez maigres. Par exemple, à Rotterdam, ville de 318,000 habitants, la bibliothèque de la Société n'a que 4,100 volumes; à La Haye (206,000 habitants), 3,700 volumes; à Utrecht (102,000 habitants), 2,800; à Leyde (54,000 habitants), 1,800. Les deux meilleures bibliothèques de la Société sont celle de Haarlem qui, pour 64,000 habitants, a 5,625 volumes et celle de Groningue, 67,000 habitants, 5,645 volumes. En 1901, les 312 bibliothèques de la *Société du Bien public* ne comprenaient pas un total de volumes supérieur à 235,978.

Sans méconnaître les services qu'a rendus cette grande association, on ne peut s'empêcher de voir que les résultats obtenus par elle ne répondent pas au besoin de culture d'une démocratie moderne. Des efforts parallèles aux siens ont été faits par d'autres sociétés; en 1884, il s'est créé, à Amsterdam, une Fédération

[1] *Bulletin de la Ligue de l'Enseignement* (en Belgique), juillet-août, 1899.
[2] *Ibid.*, n° 3 de l'année 1876-1877.

des bibliothèques populaires (*Vereeniging voor Volksbibliotheken*) qui a ouvert dans la capitale quatre bibliothèques (4,000 volumes, en 1901); des groupes ouvriers, analogues aux *Mechanic's Institutes* d'Angleterre, se sont aussi constitués dans ces dernières années avec le dessein d'élever le niveau intellectuel et moral des classes laborieuses; le plus important de ces groupes, qui date de 1891, a organisé à Amsterdam une « Maison du peuple » (*Ons huis*) où, à côté de salles de conférences, de jeux, etc., se trouve une bibliothèque comprenant 1,406 volumes [1]. Mais ces efforts, si méritoires qu'ils soient, restent fort en deçà du but qu'il faudrait atteindre. L'exemple de la Hollande où, jusqu'à ce jour, les bibliothèques populaires n'ont été créées et soutenues que par l'initiative privée [2], semble prouver qu'elle ne peut, à elle seule, donner des résultats importants ou, du moins, qu'elle ne les saurait produire qu'avec une extrême lenteur [3].

Cependant, en ces dernières années, on a vu se dessiner en Hollande un mouvement assez semblable à celui qui s'est fait en Allemagne pour réformer les anciennes bibliothèques du peuple. La question a occupé la presse; les municipalités ont été invitées à sortir de leur indifférence et quelques faits permettent d'espérer que cette agitation ne sera pas inutile; à Amsterdam, on a sollicité le concours de la commune pour l'organisation d'une salle de lecture et, si des difficultés d'ordre financier ont empêché l'entreprise d'aboutir, du moins la commune n'a-t-elle pas fait d'objections de principe.

---

[1] M. A. Tours, directeur de *Ons huis*, a bien voulu nous communiquer le catalogue et le règlement de cette bibliothèque; qu'il reçoive ici nos remerciements.

[2] Il y a, en Hollande, des bibliothèques scientifiques, entretenues par l'État, les provinces ou les communes: bibliothèques universitaires d'État à Leyde, Utrecht, Groningue, bibliothèque universitaire municipale à Amsterdam, bibliothèque royale à La Haye, bibliothèques de province à Leeuwarden, Middelbourg, bibliothèques municipales à Arnheim, Deventer, Haarlem, Maestricht, Rotterdam. Tout en ayant un caractère surtout scientifique, ces établissements contiennent cependant des livres qui pourraient convenir au grand public. Mais les heures d'ouverture sont insuffisantes et les œuvres modernes font presque complètement défaut dans les collections. Aussi ces bibliothèques sont, en somme, peu fréquentées.

[3] M. D. Smit, bibliothécaire du Leesmuseum d'Amsterdam, dans un article publié par *Public Libraries* (IX, 1904, octobre, p. 389-391), déplore la situation peu brillante des bibliothèques populaires en Hollande. Il dit qu'il y a vingt ans environ, la bibliothèque de Haarlem dut être fermée, faute de visiteurs (*Revue des bibliothèques et archives de Belgique*, janv.-févr. 1905, p. 75).

A Groningue, un comité s'est constitué pour la fondation d'une bibliothèque avec *Leschalle*. Le Comité a résolu de donner à cet établissement un caractère vraiment moderne, comme il ressort de l'article 1er de ses statuts, ainsi conçu : « La Société fondée pour instituer une bibliothèque publique avec salle de lecture se propose de travailler au progrès intellectuel des habitants de Groningue et des localités environnantes, sans considération de sexe, de condition sociale, d'opinions politiques, de croyances religieuses. » La municipalité a voté une somme de 5,000 florins en faveur de cette bibliothèque qui a pu s'ouvrir à la fin de 1903 et qui, au 1er juillet 1904, avait déjà reçu 43,700 visiteurs. Signalons enfin la ville de Dordrecht; depuis 1899, une bibliothèque avec salle de lecture y fonctionne; elle est absolument gratuite et ouverte de 10 heures du matin à 8 heures du soir. Le public y trouve 76 journaux quotidiens ou hebdomadaires et 37 périodiques et publications illustrées. Des particuliers prêtent des gravures, dessins, tableaux, destinés à la décoration murale et qui sont changés à des époques déterminées.

En 1901, avec ses 1,000 volumes, la bibliothèque a fait 8,170 prêts au dehors, sans parler des lectures sur place. La subvention de la commune n'est pas très élevée (1,400 florins); mais il faut remarquer que la population de Dordrecht est seulement de 38,000 habitants. Ce qui importe le plus d'ailleurs, c'est que le principe est acquis [1].

Ce ne sont là sans doute que des débuts, mais ils donnent l'espoir qu'un progrès pourra bientôt s'accomplir.

SUISSE.

Dès 1629, une société de jeunes gens fonda, à Zurich, une bibliothèque qui, malgré ce que son titre paraît avoir d'exclusif — elle s'appelait *bibliothèque des bourgeois* — avait le caractère d'une institution populaire. A partir de 1633, les membres de cette société publièrent, chaque année, pour la jeunesse, une feuille dite « album du nouvel an », usage qui a été imité dans

---

[1] La plupart des renseignements que nous donnons ont été puisés dans des articles de M. A.-J. van Huffel, publiés par *Blätter für Volksbibliotheken und Lesehallen* (mai-juin 1902, juillet-août 1903, nov.-déc. 1904).

la suite par d'autres sociétés et s'est conservé jusqu'à nos jours.

Au xviii° siècle se formèrent de nombreuses sociétés qui s'intitulaient *Sociétés économiques* (entre autres, celles de Bâle, Berne, Lausanne). Leur objet principal était de favoriser les progrès de l'agriculture et de l'industrie ; mais elles s'occupaient aussi, d'une façon générale, de répandre l'instruction à l'aide de publications populaires. C'est ainsi que la *Société économique* de Bâle donna, en 1795, un journal populaire d'agriculture.

Le goût et le besoin de l'association furent alors singulièrement développés par la création de la *Société helvétique*, « société générale suisse », dont le Lucernois Urs Balthazar, dans son écrit : *Rêves patriotiques d'un confédéré*, avait tracé la première esquisse. Le Dr Iselin, de Bâle, Salomon Gessner, le poète des *Idylles*, Hirzel, Schinz, Tschiffeli et d'autres hommes éminents en furent les promoteurs et réussirent à la constituer en 1765.

Au mouvement qu'elle provoqua est due la création d'un grand nombre de sociétés pour la culture intellectuelle et morale (*Vereine für Bildungszwecke*). Entre autres, il faut citer la *Société d'utilité publique* de Saint-Gall qui, en 1778, publiait une feuille bi-mensuelle *Matériaux pour l'utilité commune*, où l'on traitait des sujets d'éducation, de morale, etc. Il faut surtout rappeler la *Société pour l'encouragement du bien et de l'utilité publique*, création du Dr Iselin, qui, depuis près de cent cinquante ans, n'a pas cessé de prospérer et qui a institué, à Bâle, une *bibliothèque pour la jeunesse* (1808), une *bibliothèque des bourgeois* (1823), une *bibliothèque des travailleurs* (1842). Signalons de plus les *sociétés de lecture* que l'on voit apparaître vers la fin du xviii° siècle (à Lucerne en 1790, à Berne, à Zurich en 1791, à Weinfelden en 1793, à Saint-Gall en 1798 [1]).

Pendant le xix° siècle, ces *sociétés de lecture* sont tout naturellement devenues les agents principaux de la diffusion des bibliothèques populaires : en 1871, il en existait 307 qui, presque toutes, avaient organisé une bibliothèque. La *Société du Grütli*, constituée à Genève, en 1838, et qui, en 1900, comptait

<hr>

[1] Les renseignements que nous donnons ici sont empruntés à l'ouvrage de MM. E. Keller et G. Niedermann, *Die schweizerischen Vereine für Bildungszwecke*, Bâle-Genève-Lyon, 1877. — Pour l'histoire de la Société créée à Bâle par Iselin, voir A. von Miaskowski, *Die Gesellschaft zur Förderung des Guten und Gemeinnützigen*, Bâle, 1877.

350 sections, s'est employée à la même œuvre, mais en s'efforçant de lui donner un caractère démocratique plus accentué ; elle place de préférence dans ses bibliothèques des traités techniques et des ouvrages de sociologie. Nous devons enfin une mention particulière à l'*Œuvre des bibliothèques populaires spécialement rurales* qui naquit à Genève, en 1866, et qui, sous les auspices de la *Société genevoise d'utilité publique,* devint, en 1871, la *Société genevoise pour l'encouragement de l'œuvre des bibliothèques populaires.* Cette société, dont le promoteur fut M. de Budé, publie, depuis 1878, la revue *la Lecture* qui contient des analyses et comptes rendus des livres nouveaux et elle a donné, en 1884, un *Catalogue raisonné ou guide pour servir à l'achat de bons livres et à la diffusion de la saine littérature* [1].

Dans la seconde moitié du xix⁰ siècle, a été mise à l'ordre du jour la question des bibliothèques pour la jeunesse, institution qui présente beaucoup d'analogie avec nos bibliothèques scolaires, puisqu'elle a pour objet d'être utile non seulement aux écoliers, mais aussi à leurs familles Sur cette question, l'Association des instituteurs vota, en 1858, la résolution suivante : 1° une collection de livres pour la jeunesse doit être placée dans chaque école. La lecture doit servir à préparer et à compléter l'enseignement. Elle doit établir en outre une communication entre l'école et la famille ; 2° la plus grande partie des livres d'une bibliothèque pour la jeunesse doivent être des ouvrages instructifs. Les livres récréatifs ne doivent s'y trouver qu'en petit nombre et il faut qu'ils soient absolument bons ; 3° les livres à choisir pour la jeunesse doivent être propres à former le caractère, à mûrir l'intelligence, à élever et ennoblir l'âme [2].

Dans la réunion où cette résolution fut votée, on décida aussi la publication d'un catalogue où les ouvrages choisis seraient distribués suivant l'âge des lecteurs auxquels ils convenaient. De plus, un comité spécial reçut mission de donner, de temps à

[1] *Les Sociétés pour la propagation des bons écrits* se sont, croyons-nous, développées à une époque plus récente. Les trois sections les plus importantes sont celles de Bâle, Lucerne et Zurich. Il est évident qu'entre ces sociétés et les bibliothèques populaires il y a une relation étroite. Mais, n'ayant malheureusement pas de renseignements sur leur histoire, nous devons nous borner à signaler leur existence.

[2] Voir J. Kraft, *Über Schülerbibliotheken... in Œsterreich, Deutschland und der Schweiz,* Vienne, 1882.

autre, des rapports sur les nouveautés et, en 1870, il vint au professeur Otto Suttermeister l'idée de former un recueil de ces rapports : *Mitteilungen über Jugendschriften*. Depuis l'Exposition de Zürich (1883), cette publication paraît de façon régulière et comprend aujourd'hui environ 25 fascicules. Entre ses collaborateurs ont figuré MM. Zehender de Zurich, Herzog d'Aarau, Calmberg de Küssnacht, Schönenberger d'Unterstrass. Ce dernier, en cette entreprise, joua un rôle de premier plan : il se déclara l'adversaire de la littérature pour jeunes filles (*Mädchenlitteratur*), c'est-à-dire de la littérature insignifiante ; à lui revient l'honneur d'avoir ouvert la voie où Wolgast et ses collaborateurs se sont résolument engagés, en Allemagne, depuis une quinzaine d'années [1].

Dans la plupart des cantons, les bibliothèques pour la jeunesse figurent dans la loi scolaire qui contient des dispositions pour régler leur fonctionnement et assurer leur contrôle : quelquefois on prévoit pour elles des subsides en argent ou des encouragements sous forme de concessions d'ouvrages [2].

On voit par tout ce qui précède que, dès longtemps, la cause des bibliothèques populaires a trouvé, en Suisse, des zélateurs. En fait, le nombre de ces établissements sous leurs deux formes (*Volksbibliotheken, Jugendbibliotheken*) est devenu de bonne heure relativement considérable : en 1868, on en comptait environ 1,500; en 1883, ce chiffre s'était élevé à 1,734 [3]. Mais il convient de remarquer que leur importance ne répond pas à leur développement numérique. Les 1,734 bibliothèques existant en 1883 ne renfermaient que 981,324 volumes. «839 bibliothèques sont gratuites; les autres réclament une cotisation annuelle ou par volume lu; leurs ressources proviennent jusqu'à concurrence de 15.8 p. 100 des subventions des communes et jusqu'à concurrence de 84.2 p. 100, de divers autres revenus, tels que les contributions des abonnés, les dons ou le produit

[1] Voir *Schweizerische Lehrerzeitung*, 1900, p. 378; 1902, p. 405; 1904, p. 240.

[2] Voir A. Huber, *Schweizerische Schulstatistik*, I, Band, p. 328, 379, s. l. 1894-1895.

[3] Nous donnons le premier chiffre d'après l'ouvrage de Kraft, déjà cité; le second est produit, sans indication de sources, dans le *Rapport* présenté par M. Dardenne à la Commission des Bibliothèques de Paris, en 1883. M. Zollinger, secrétaire de la Direction de l'Instruction publique, à Zurich, a bien voulu nous écrire qu'il n'avait été fait récemment aucun relevé d'ensemble.

des fondations; 277 sont soutenues par des particuliers. La dépense totale est évaluée pour la Suisse entière à 131,364 francs seulement, soit o fr. 49 par habitant [1] ».

En somme, il y a vingt ans environ, l'institution des bibliothèques populaires en Suisse s'était développée plutôt en étendue qu'en profondeur. Il ne paraît pas que, depuis lors, la situation se soit sensiblement modifiée. Le D' Schultze, dans son livre sur les bibliothèques populaires, publié en 1900, la juge peu satisfaisante; il remarque que les collections sont pauvres, les heures d'ouverture trop rares, que l'on pratique peu le prêt au dehors, que la gratuité absolue n'existe pas dans toutes les bibliothèques et, pour résumer son impression, il cite un passage d'un article de M. Dionys Zinner où il est dit que ce que le peuple peut lire en Suisse est insuffisant pour la quantité et pour la qualité [2].

Cet état de choses, comme on l'a pu voir, ne saurait s'expliquer par l'apathie ou l'indifférence : l'œuvre des bibliothèques populaires ne manque pas de partisans zélés; mais jusqu'ici ils ont agi isolément, au lieu de coordonner leurs efforts; au lieu de concentrer les ressources, ils les ont éparpillées. Voici pourtant que, depuis ces dernières années, un mouvement vers l'union semble se dessiner; en 1896, s'est fondée, à Zurich, à l'occasion du 150° anniversaire de Pestalozzi, une société (*Pestalozzigesellschaft*) pour l'instruction et l'éducation du peuple (*Verein für Volksbildung und Volkserziehung*); elle a cherché et réussi à devenir le centre de nombreuses associations qui travaillaient dans le même sens; elle a opéré la concentration des diverses bibliothèques populaires établies à Zurich [3]. De même, à Bâle, plusieurs sociétés ont remis à la *Société pour l'encouragement du bien et de l'utilité publique* l'administration générale des bibliothèques qu'elles avaient créées. Dans ces deux villes on a déjà constaté que ces mesures ont produit de bons effets [4]. Si l'exemple donné par Bâle et par Zurich était suivi, il y a apparence qu'un progrès ne tarderait pas à se marquer.

[1] *Rapport* de M. Dardenne, cité plus haut, p. 53.
[2] *Freie öffentliche Bibliotheken*, p. 227-229.
[3] Voir *Pestalozzigesellschaft in Zürich, I. Jahresbericht*, 1897, p. 31.
[4] Voir *Blätter für Volksbibliotheken und Lesehallen*, janv.-fév. 1903, p. 22, mars-avril 1903, p. 55.

DANEMARK.

L'Angleterre exceptée, il n'y a pas de pays en Europe où l'institution des bibliothèques populaires soit plus florissante qu'en Danemark.

Cette situation favorable[1] s'explique par ce fait que, dès longtemps, on y a rendu obligatoire l'enseignement des adultes (ordonnances du 29 juillet 1814), et qu'on y a fortement organisé cet enseignement dans les écoles dites « de persévérance » et dans les écoles techniques des villes. Il faut remarquer aussi que, dès le commencement du xix° siècle, le Danemark a vu se former des associations qui ont travaillé à élever le niveau intellectuel de la population et à répandre le goût de la lecture. Nous ne dirons rien de la *Nouvelle société littéraire*, fondée il y a plus de cent ans. Mais il nous faut rappeler la *Société pour l'usage rationnel de la liberté de la presse* qui, à dater de 1835, publia une foule de brochures à l'usage du peuple et qui, en 1852, vit son action continuée et développée par la *Société des publications populaires*. Surtout, nous devons mentionner l'*Association populaire danoise* : cette société a exercé une influence considérable ; en 1865, elle organisa une *Commission pour le progrès de l'instruction du peuple*, qui, assez tôt, sut obtenir de l'État des encouragements et des subsides. La subvention que l'État lui accordait ne dépassait pas 4,200 francs de 1871 à 1875 ; mais elle s'est constamment élevée et, en 1900, elle était de 28,000 francs. Aussi, de 1874 à 1898, la « Commission » a pu distribuer ses secours à 31 bibliothèques de province, à diverses bibliothèques urbaines, à 81 bibliothèques, tant paroissiales qu'enfantines, situées dans les villes, et à 450 bibliothèques des campagnes. En vingt-cinq ans, elle a donné pour 296,564 francs de livres[2].

Le terrain étant ainsi bien préparé, l'œuvre des bibliothèques

[1] Pour compléter les indications rapides présentées ici, on pourra lire l'étude de M. Steenberg et celle de M. Rosendal dans *Le Danemark*, ouvrage publié à l'occasion de l'Exposition universelle de 1900, p. 230-245, Copenhague, 1900 ; — autre étude de M. Steenberg, dans le volume publié par E. Reyer : *Fortschritte der volkstümlichen Bibliotheken*, p. 66-68, Leipsig, 1903 ; — enfin, l'ouvrage (en danois) de M. Steenberg : *Folkebogsamlinger*, Copenhague, 1900.

[2] Les associations d'étudiants « Studentersamfundet » et l'*Union copenhagaise de l'Université populaire* contribuent aussi assurément à la propagation des bibliothèques pour le peuple.

populaires a pu s'établir solidement et faire des progrès rapides. C'est à dater de 1860 que l'on commença à obtenir des résultats marquants; avant cette époque, il n'y avait guère que 250 à 300 établissements de ce genre; en 1900, on en comptait plus de 1,000. Notons que la première bibliothèque populaire de ville a été instituée en 1862 (à Randers).

Voici où l'on en est aujourd'hui :

1° *Bibliothèques populaires urbaines.* — Copenhague possède 7 bibliothèques populaires, dont 3 sont pourvues de salles de lecture. Fondées en 1885, elles avaient en 1900 un total de 36,000 volumes; en 1895, elles avaient servi à 4,500 lecteurs et fait 289,373 prêts; — en 1901, on a compté 5,600 lecteurs et 335,373 prêts. La commune consacre annuellement 28,000 fr. à ces bibliothèques. Bien qu'elles soient surtout destinées à l'usage des classes pauvres, pour y emprunter des livres, il faut payer 0 fr. 21 par mois. — Il y a de plus, à Copenhague, une «Société de lecture des travailleurs» qui, en 1901, a ouvert une salle de lecture avec 7,500 volumes.

«La commune de Frédériksberg a fondé deux bibliothèques populaires fonctionnant comme celles de Copenhague et pour les deux ensemble elle dépense annuellement 3,220 francs. Leurs locaux sont des écoles communales. En 1898-1899, elles avaient en tout 7,500 volumes...

«Dans le reste des villes de Danemark, il y en a une vingtaine qui ont des collections de livres à l'usage du peuple; quatre appartiennent à la commune ; les autres sont presque toutes subventionnées par la commune, l'allocation variant de 70 à 420 francs et, à nombre d'entre elles, la commune fournit le local. Il n'y en a qu'une ou deux qui aient une salle de lecture et la bibliothèque de Kœge est la seule qui possède un bâtiment particulier. Lesdites bibliothèques ont de 300 à 3,000 volumes, sont ouvertes quelques heures par semaine et visitées surtout par les gens sans ressources pécuniaires; une dizaine d'entre elles prêtent gratuitement; les autres reçoivent des emprunteurs une compensation de 0 fr. 14 à 0 fr. 17 par mois... Quelques-unes desservent aussi la région attenante à la ville, car elles expédient des caisses de livres contenant au moins 10 volumes aux bibliothèques et sociétés littéraires de la campagne. La plus grande de ces dernières est la bibliothèque populaire de Varde et de ses environs qui possède 2,500 volumes... »

2° *Bibliothèques des campagnes* [1]. — Ces bibliothèques prennent en général le nom de «bibliothèque de la paroisse». Dès 1889, il y en avait un millier dans les 1,697 paroisses. En général, elles appartiennent à des associations; pourtant près de 300 communes sont propriétaires de leurs bibliothèques, et il en est 150 environ qui accordent des subventions à ces établissements. Comme souvent les collections sont assez pauvres, plusieurs paroisses ou sections scolaires d'une même paroisse établissent entre elles un échange régulier de leurs livres respectifs. L'État, d'autre part, leur vient en aide; le budget attribue aux bibliothèques populaires un crédit de 20,000 francs environ et, de plus, pour favoriser les débuts des petites bibliothèques, l'État fait l'essai de collections ambulantes, comprenant de 36 à 50 volumes, qui sont prêtés gratuitement pour un délai de trois mois au moins. On voit, en somme, que l'œuvre est soutenue par le bon vouloir et les libéralités des associations, des communes, du gouvernement. Aussi les hommes qui s'emploient à hâter les progrès des bibliothèques populaires, tout en reconnaissant que leur organisation est encore imparfaite, ne laissent pas d'avoir confiance en leur avenir [2].

---

[1] Voir dans les *Procès-verbaux et Mémoires* du Congrès international des bibliothécaires tenu à Paris en 1900, Paris, 1901, un mémoire de M. Steenberg sur les «efforts faits en Danemark pour établir des bibliothèques populaires dans les petites communes».

[2] Le journal *National Tidende* a publié, en janvier 1906, un article sur la situation des bibliothèques en Danemark; il en ressort que l'institution se développe suivant un progrès continu. Les subventions de l'État et des communes ont été augmentées; le chiffre des volumes s'est élevé de 60,000, faisant un total de 286,000 volumes. Les prêts à domicile ont été de 611,000 (augmentation : 100,000). Des salles de lecture ont été ouvertes sur divers points où il n'en existait pas encore. L'événement le plus important à signaler est l'organisation d'une «Association des bibliothèques populaires danoises», dont la tâche est de faciliter aux bibliothécaires le choix des livres à acheter, et de seconder la création de salles de lecture et de bibliothèques circulantes. L'Association se propose de publier une revue où seront discutées les questions qui intéressent les bibliothèques populaires. Ajoutons qu'une exposition de bibliothéconomie a eu lieu à Copenhague, lors du 9° Congrès scandinave de l'école. Enfin, une somme de 5,000 kronen (environ 6,500 francs) figure au budget de l'État pour encourager la fondation et le développement de bibliothèques pour les enfants dans les écoles primaires.

FINLANDE.

En Finlande, comme en Danemark, les bibliothèques populaires sont en pleine prospérité et, dans les deux pays, c'est aux mêmes causes qu'est dû leur développement.

En Finlande, si l'enseignement des adultes n'est pas obligatoire pour les élèves, comme en Danemark, au moins l'est-il pour les maîtres : outre leur enseignement régulier, les instituteurs et institutrices primaires sont tenus d'aider les personnes qui cherchent à acquérir des connaissances et de l'instruction en leur indiquant et leur expliquant des lectures utiles, en lisant et corrigeant des travaux écrits, etc. Il existe, de plus, des établissements, absolument libres et privés, mais très en faveur parmi la population, où se distribue un haut enseignement populaire : les jeunes gens des deux sexes, de 18 à 20 ans, qui appartiennent à la classe agricole, fréquentent en grand nombre les *Folkhögskolor*, dont le but est d'étendre et de consolider leur instruction première, d'éveiller en eux l'intérêt pour les idées et par là d'élever la classe des paysans.

D'autre part, de nombreuses associations se sont, dès longtemps, donné pour tâche de faire progresser la culture nationale. La «Société d'éducation du peuple», fondée en 1874 et qui compte aujourd'hui 18 succursales, a répandu à un nombre considérable d'exemplaires de publications à bon marché traitant des sujets historiques, économiques, sociaux, etc., et, dans la plupart des communes rurales, elle a établi des bibliothèques de prêts pour le peuple. La société des «Amis de l'école populaire suédoise», celle des «Amis de l'école populaire finnoise» poursuivent le même but par des moyens analogues. La jeunesse universitaire aime, comme on dit, à «aller au peuple»; sur l'initiative des étudiants ont été fondées de nombreuses bibliothèques populaires avec salles de lecture. Les artisans, de leur part, ont institué dans les villes des «associations ouvrières» qui ont pour objet, non seulement de veiller à leurs intérêts professionnels et économiques, mais aussi d'élever la culture de leurs membres : la plupart de ces sociétés ont un local de réunion avec salle de lecture et bibliothèque de prêts. Enfin, sans parler de l'association des «Amis de la tempérance», qui compte 200 sections locales et qui, en 1899, a distribué près de 80,000 brochures populaires, il s'est formé en Finlande 150 «sociétés de jeunesse» composées de jeunes gens du peuple et qui, dispersées sur tout le pays, ont des ouvroirs, des clubs de discussion et leurs bibliothèques de prêts.

Aussi voit-on que, dès 1889, il y avait, dans les localités rurales, près de 600 bibliothèques populaires qui comprenaient de 200 à 500 volumes; beaucoup d'entre elles sont pourvues de salles de lecture.

Dans les villes, par exemple à Wiborg, à Aabo, certains de ces établissements sont installés dans des conditions très satisfaisantes et possèdent des collections suffisamment pourvues. La bibliothèque populaire de la capitale peut être considérée comme une bibliothèque modèle : ouverte en 1882, elle est située dans un bâtiment spécial très bien aménagé; au rez-de-chaussée est une salle de lecture où se trouvent les ouvrages suédois; au premier étage, autre salle pour les œuvres en langue finnoise. En 1899, elle comprenait environ 18,000 volumes. Cette bibliothèque d'Helsingfors fait office de bibliothèque centrale vis-à-vis des trois filiales qu'elle a créées : Sörnás, Táló, Törö. Ce qui est surtout digne de remarque, c'est sa fréquentation : un relevé de 1899 constate que 103,704 volumes ont été empruntés ou lus sur place; en 1900, ce chiffre avait passé à 119,071. Dans la note des *Blätter für Volksbibliotheken und Lesehallen* (mai-juin 1901) qui donne ce renseignement, on remarque que la population d'Helsingfors n'est que de 92,377 habitants et qu'il n'y a point de ville en Allemagne où la bibliothèque populaire soit fréquentée dans une proportion aussi forte. On en conclut — et la conclusion est légitime — que la Finlande est un des pays d'Europe où la culture du peuple paraît le plus avancée [1].

NORVÈGE.

Comme dans les autres pays scandinaves, il est largement pourvu, en Norvège, à l'éducation des adolescents et des adultes : il y a des écoles de continuation, des écoles du soir, des écoles

[1] Voir *Notices sur la Finlande,* publiées à l'occasion de l'Exposition universelle de 1900, Helsingfors, 1900; et l'ouvrage déjà cité de A. Steenberg, *Folkebogsamlinger.* Voir aussi *Exposé de ce qui a été fait par l'initiative privée pour l'instruction primaire dans le grand-duché de Finlande...,* par P. Nordmann p. 20-27, Helsingfors, 1889.

populaires supérieures qui, toutes, reçoivent des subventions de l'État et des communes et qui sont fréquentées par les jeunes gens et les jeunes filles de 15 à 20 ans. En 1898, on comptait 172 écoles de continuation, 389 écoles du soir.

Ce n'est pas tout : l'œuvre de l'éducation est continuée pour les hommes faits. « Dans ces dernières années, des institutions qui ont reçu le nom d'*académies ouvrières* ont donné à des adultes, hommes et femmes, appartenant principalement à la classe ouvrière, un enseignement qui les met à même de comprendre les questions relatives à la nature, à l'humanité et à la vie sociale et qui les met aussi au courant des progrès de la civilisation et des résultats principaux atteints dans le domaine intellectuel et matériel. La première de ces académies fut fondée à Kristiania en 1885; en 1899, il y avait 35 académies ouvrières en activité dont 10 dans les campagnes. L'enseignement a lieu par leçons (professées le soir), auxquelles se rattachent parfois des discussions sur les matières enseignées. Les conférenciers sont des savants, des professeurs, des officiers, des médecins [1]. »

Enfin la Norvège connaît aussi le mouvement d'extension universitaire grâce aux cours de vacances de l'Université et du Musée de Bergen.

Dans ces conditions, les bibliothèques populaires ne pouvaient manquer de se développer; et, en effet, tandis qu'en 1873 on n'en comptait que 254, il en existe aujourd'hui 650. Elles sont d'ailleurs soumises à un régime financier qui leur est très favorable. L'État leur accorde par année une subvention qui dépasse 20,000 francs; sur ce montant, une allocation de 200 francs environ est faite à chaque commune; pour obtenir cette subvention de l'État, les communes, de leur côté, doivent s'être assuré une somme égale.

Cependant, il n'a pas paru qu'il n'y eût plus rien à faire pour les progrès de l'institution. Il y a quelques années, fut nommée une commission chargée de procéder à une enquête sur la situation des bibliothèques populaires et de présenter des propositions en vue de hâter leur développement. Cette commission a déposé son rapport en 1901. Après avoir indiqué les résultats statistiques que nous avons donnés plus haut, elle a tracé tout un plan de

[1] Voir *La Norvège*, ouvrage officiel publié à l'occasion de l'Exposition universelle de Paris, Kristiania, 1900.

réformes. Voici quels en sont les points principaux : l'administration de ces bibliothèques devrait être centralisée; il faudrait que l'administration de l'enseignement public en prît la direction technique; les bibliothèques des écoles normales seraient organisées de façon à pouvoir servir de types; en attendant qu'on ait pu organiser une préparation professionnelle des bibliothécaires, on mettrait à leur disposition comme manuel l'ouvrage de M. Steenberg (*Folkebogsamlinger*). D'autre part, la subvention de l'État ne serait plus attribuée en espèces, mais sous forme de concessions d'ouvrages choisis sur un catalogue modèle qui devrait être préparé et publié sans délai [1]. Enfin des bibliothèques nomades, destinées à devenir les amorces de bibliothèques permanentes, seraient envoyées dans les pêcheries, dans les gares de chemin de fer [2].

De toutes ces bibliothèques, la plus riche est celle de Kristiania, fondée en 1780 par Deichman. Elle eut d'abord le caractère d'une bibliothèque savante, mais elle est administrée aujourd'hui à la façon des « Free Libraries » américaines par un bibliothécaire qui a fait son apprentissage aux États-Unis. Elle comprend une section pour la jeunesse et, en 1901, a créé 7 sections de distribution. En cette même année 1901 on y a fait un curieux essai : des dépôts de livres récréatifs sont placés dans les jardins publics et prêtés aux promeneurs, tenus de donner leur nom et leur adresse, contre une légère rétribution. Les premiers résultats de cet essai permettent de prévoir un plein succès [3].

SUÈDE.

C'est la « Société pour la propagation des connaissances utiles », fondée en 1833, qui institua en Suède les premières bibliothèques pour le peuple. Elle en créa quelques-unes dans les villes, mais s'appliqua surtout à les propager dans les campagnes, où elles prirent le nom de bibliothèques paroissiales (*Sockenbibliotheker*). Ces établissements se multiplièrent assez vite, grâce surtout à l'impulsion qui leur fut donnée par Siljerström et Tors-

[1] D'après l'article déjà cité de M. Steenberg, dans l'ouvrage de Reyer : *Fortschritte...*
[2] L'expérience a été déjà faite dans plusieurs gares. Voir *Blätter für Volksbibliotheken...*, juillet-août 1905.
[3] Voir *Blätter für Volksbibliotheken...*, septembre-octobre 1901.

ten Rudenschöld. En 1871, on en comptait 1,534; en 1878, leur nombre était évalué à 1,800[1]. Nous ne croyons pas que, depuis cette époque, on en ait fait la statistique.

Quelque vingt ans après l'initiative prise par la « Société pour la propagation des connaissances utiles », les lois scolaires de 1856 et 1859 prescrivirent que près de toute école supérieure fût placée une bibliothèque ; les inspecteurs de l'enseignement avaient charge de veiller à l'observation de cette disposition légale. Il faut remarquer que ces bibliothèques devaient servir non seulement aux maîtres et aux écoliers, mais à toute la population. Mais, sur cet article des bibliothèques, ces lois, assure M. Steenberg, restèrent lettre morte. Il est certain pourtant qu'il y a aujourd'hui des bibliothèques dans des écoles assez nombreuses, et non pas seulement dans les écoles supérieures, mais aussi dans les écoles élémentaires. Un *Guide*, publié (en anglais) à l'occasion de l'Exposition de Saint-Louis[2], donne sur ce qu'il appelle *Pupils' Libraries* des détails qui montrent que l'institution n'existe pas seulement sur le papier. On voit que des sociétés importantes (Société Frederika Bremer, Amis de l'école, Association générale des maîtres des écoles élémentaires) se préoccupent de la soutenir et de la faire progresser. Des catalogues modèles ont été publiés et l'« Association générale » a formé une bibliothèque type, composée de 500 volumes dont la liste a été distribuée à tous ses membres. A la fin de 1902, les écoles élémentaires de la ville de Stockholm possédaient dans leurs bibliothèques un total de 7,014 volumes et la commune accordait une subvention d'environ 12,000 francs pour l'entretien de ces dépôts, pour l'acquisition de nouveaux ouvrages et la rétribution des bibliothécaires. Il y a là, en somme, une organisation qui, à certains égards, rappelle celle de nos bibliothèques scolaires et qui paraît avoir de l'avenir.

Quant aux bibliothèques populaires proprement dites, c'est par l'initiative privée qu'elles sont créées et soutenues.

Depuis 1898, il s'est développé en Suède un mouvement d'extension universitaire assez important. Des associations de conférenciers populaires à Lund, à Stockholm, à Gothembourg, à

----

[1] *Royaume de Suède. Exposé statistique*, par le Dr Elis Sidenblach, s. l. n. d. (publié à l'occasion de l'Exposition universelle de 1878, à Paris).

[2] *Guide to the educational exhibit of Sweden*, Stockholm, 1904.

Upsala s'emploient à répandre la haute culture et les maîtres des Universités font des «cours d'été» destinés spécialement aux classes laborieuses. Ce mouvement a favorisé les efforts de deux sociétés d'étudiants, «Verdandi» à Upsala, «Heimdal» à Gothembourg, en vue de progager les bibliothèques populaires. La Société «Verdandi» en a fondé une à Upsala ,qui comprend environ 2,000 volumes; elle en a créé aussi dans 28 petites localités. Ces sociétés d'étudiants publient des catalogues, des brochures populaires et, grâce à une entente avec les éditeurs, offrent certains ouvrages dans des conditions de bon marché exceptionnel [1]. Une troisième société d'étudiants, qui s'est constituée à Stockholm en 1900 et qui a réussi à obtenir l'appui financier de la commune, a pu ouvrir trois salles de lecture et envoyer quelques collections circulantes dans la campagne [2].

Les sociétés coopératives, les groupements ouvriers, qui se sont multipliés dans ces dernières années, ont aussi collaboré dans une large mesure à l'œuvre des bibliothèques populaires. Il y a, en Suède, des organisations [3] qui offrent beaucoup d'analogie avec les *Workmen's Institutes* d'Angleterre et qui, comme eux, considèrent qu'une bibliothèque est une pièce essentielle de leur institution. Pour pouvoir étendre leur action, beaucoup de ces groupes se sont fédérés; par exemple, on trouve à Stockholm une fédération des bibliothèques ouvrières, qui comprend 100 groupes avec 14,000 membres. La bibliothèque qu'elle a créée dans la capitale, à la Maison du peuple (*Folket hus*), n'a pas moins de 7,600 volumes qui, en 1901, ont servi à 43,311 lecteurs.

Enfin il faut, en rappelant ces entreprises de l'initiative privée, mentionner le rôle joué par les sociétés de tempérance (ordre des bons Templiers). Elles envoient à leurs membres de petites collections de livres et cherchent surtout, comme il est naturel dans un pays où la population est fort disséminée, à répandre la pratique des bibliothèques circulantes.

La plus remarquable des bibliothèques populaires de la Suède

[1] Voir *Education in Sweden*, p. 32-33, Stockholm, 1904 (publié à l'occasion de l'Exposition de Saint-Louis).

[2] Voir dans *Fortschritte der volkstümlichen Bibliotheken*, de Reyer, p. 70, 73, l'article déjà cité de M. Steenberg.

[3] Le premier de ces instituts a été établi à Stockholm, en 1880, par Nyström.

est celle de Gothembourg. Installée dans un bâtiment particulier, spécialement construit pour sa destination, elle s'ouvrit en 1862. Depuis cette époque, grâce à la libéralité de Robert Dickson, qui lui a légué plus de 100,000 francs, elle a pu acquérir un fonds très riche composé surtout d'ouvrages modernes : après avoir débuté avec 1,138 volumes, elle en possède aujourd'hui 60,000 environ.

Bien qu'il n'ait pas été fait de relevé officiel, on estime que le nombre des bibliothèques populaires n'est pas loin de 3,000 et que l'on peut évaluer à 1 million le total des volumes qu'elles contiennent.

Lorsqu'on songe que la population de la Suède ne dépasse guère 5 millions d'habitants, il semble que de pareils résultats ont de quoi satisfaire. Il faut cependant remarquer que le nombre des volumes lus par rapport au nombre des volumes dont on dispose reste proportionnellement inférieur à ce qu'il est dans les autres pays scandinaves. Il y a lieu de croire que cette infériorité tient à ce qu'on ne pratique guère le prêt au dehors, mais presque exclusivement la lecture sur place. C'est un point sur lequel une réforme paraît désirable [1]. D'autre part, M. Steenberg [2] regrette que l'action de l'initiative privée soit mal soutenue par les communes et par l'État ; de ce côté, en effet, les bibliothèques populaires ne reçoivent que des subsides insignifiants et toujours précaires. Mais il est permis d'espérer que les choses se modifieront avant peu ; la situation des bibliothèques populaires a été examinée par la Diète en 1901-1902 et il a été décidé que l'on proposerait pour elles l'inscription d'un crédit au budget.

ESPAGNE.

D'après une récente statistique officielle, la proportion des illettrés, en Espagne, était, en 1860, de 75,52 p. 100 ; en 1877, de 72,01 ; en 1887, de 68,01 ; en 1900, de 63,78 p. 100 [3].

On voit combien est lent ce mouvement de décroissance de l'analphabétisme. Il n'est pas étonnant que dans ces conditions les bibliothèques populaires n'aient pris que peu de dévelop-

[1] Voir Schultze, *Freie öffentliche Bibliotheken*, p. 226.
[2] Dans l'article du livre de Reyer, *Fortschritte...*, déjà cité.
[3] *La Escuela moderna* (mai 1904) donne ces chiffres d'après l'Institut géographique et statistique.

pement chez nos voisins d'au delà des Pyrénées ; avant de songer à répandre et à étendre la culture parmi le peuple, ne faut-il pas s'efforcer de l'arracher à l'ignorance absolue ?

On ne doit pourtant pas croire qu'il n'ait pas été fait d'efforts pour mettre des livres à la disposition des humbles qui ont voulu, qui ont pu apprendre à lire.

Un décret royal du 23 septembre 1847, qui établit des « Académies » (associations de maîtres) dans la capitale de chaque province, recommandait à ces « Académies » d'instituer des bibliothèques populaires ; ces bibliothèques devaient être administrées par les maîtres désignés par la commission d'instruction publique de la province ; leurs heures d'ouverture étaient placées dans la soirée durant la semaine, la matinée ou l'après-midi des dimanches et jours fériés. Plus tard, une ordonnance royale du 12 octobre 1849 invita les inspecteurs de l'instruction publique à s'employer pour faciliter l'organisation de ces établissements.

L'article 163 de la loi sur l'instruction publique (9 septembre 1857) est ainsi conçu : « Le Gouvernement multipliera les bibliothèques populaires et améliorera celles qui sont déjà instituées ; il veillera à ce qu'il y ait au moins une bibliothèque par province et il donnera des instructions pour que dans chacune de ces bibliothèques se trouvent les ouvrages dont la lecture peut être le plus utile, en raison des convenances locales. »

En 1869, parurent deux ordonnances relatives aux bibliothèques populaires ; elles en organisaient 20 (2 dans chaque district universitaire) ; elles faisaient ressortir leur importance, l'intérêt qu'il y avait à les propager et elles donnaient en même temps un règlement relatif à leur organisation, leur conservation, leur fonctionnement. C'est encore la charte des bibliothèques populaires en Espagne.

Le fonds de ces bibliothèques se compose des livres que les auteurs et les éditeurs envoient en don au Ministère de l'instruction publique et des ouvrages que le Ministère acquiert et qu'il distribue sous forme de concession.

Quel a été le résultat de ces encouragements officiels ? Nous l'ignorons. « Il n'existe, nous écrit M. Ricardo Rubio, sous-directeur du Musée pédagogique de Madrid, aucune statistique des bibliothèques populaires [1]. » Voici cependant ce que nous lisons

---

[1] Nous devons à l'obligeance de M. Ricardo Rubio la plupart des indications

dans un ouvrage écrit par un Français, chargé naguère d'une mission en Espagne : « Rappelons que l'Espagne possède des bibliothèques populaires, que 678 de ces établissements, contenant 104,909 ouvrages, formant 114,075 volumes, ont été ouverts de 1869 à 1880; que le Gouvernement a même essayé d'instruire les condamnés par l'introduction de bibliothèques dans les pénitenciers : 9.130 volumes sont actuellement (1880) livrés aux détenus [1]. » Nous ne savons à quelle source ont été puisés ces renseignements, mais nous ne pouvons omettre de les mentionner.

Quant aux bibliothèques scolaires, elles ont été prévues par l'article 2 du décret du 18 janvier 1869, relatif aux constructions scolaires, et qui disposait que dans toutes devrait se trouver une salle pour la bibliothèque. Nous voyons aussi qu'en 1878 le comte de Toreno, sur la proposition du Directeur de l'instruction publique, décida l'achat de 100,000 volumes pour les bibliothèques scolaires [2]. Ainsi, il y a vingt-cinq ans, cette institution semblait être amorcée. Mais il ne paraît pas qu'elle ait fait depuis lors aucun progrès.

Dans un article du journal *El Magisterio Español* du 11 mai 1904, il est parlé des bibliothèques scolaires, non pas comme d'une entreprise à poursuivre, mais comme d'une œuvre à créer de toutes pièces.

Dans ce que nous avons pu lire, nous n'avons rien trouvé qui indiquât que l'initiative privée se fût employée à propager et à soutenir les bibliothèques populaires et scolaires. Ce n'est pas qu'il manque en Espagne de sociétés particulières dont l'objet est de travailler au progrès de l'éducation nationale. Quelques-unes ont une histoire fort honorable et, en maintes circonstances, firent preuve de vitalité. On peut citer, entre autres, *El Ateneo* de Madrid, fondé en 1820; la *Sociedad para propagar y mejorar la educacion popular* (1838), la *Velada de artistos y artesanos* (1849) qui, plus tard, s'est transformée pour devenir *El Fomento de los artes;* la *Associacion para la Enseñanza de la mujer* (1870), la

que nous présentons dans ces notes. Nous lui exprimons ici toute notre reconnaissance.

[1] M. Harbulot, *L'enseignement public en Espagne,* p. 12, Paris, 1889.

[2] Voir dans la *Revue pédagogique* (1878, 2ᵉ semestre) un article de M. Magnabal sur l'exposition scolaire de l'Espagne à l'Exposition universelle de Paris.

Institucion libre de Enseñanza (1878). Mais ces sociétés [1], comme chez nous naguère la *Société pour l'instruction élémentaire*, ont dû consacrer leur effort à la tâche la plus urgente; leur grande affaire a été de lutter contre l'analphabétisme.

Depuis huit ou dix ans, l'Espagne a vu se produire un mouvement d'extension universitaire assez remarquable. A cet égard, Oviedo et Reus ont été des centres où s'est manifestée une véritable activité. Si cette activité se maintient et se développe, on peut espérer que le progrès des bibliothèques populaires, jusqu'à présent si lent en Espagne, prendra enfin une allure décidée [2].

PORTUGAL.

A l'occasion de l'Exposition universelle de Paris en 1878, une brochure fut publiée (en français), à Lisbonne, sur l'instruction primaire en Portugal. Un paragraphe y est réservé aux bibliothèques populaires et nous extrayons les renseignements principaux qu'il contient :

« Le décret royal du 2 août 1870 a établi des bibliothèques populaires dans le but de développer les connaissances utiles au moyen de lectures morales et instructives, soit en famille et à domicile, soit à l'école communale où se trouvent ces modestes bibliothèques, dont l'accès est libre à tout le monde. Les ouvrages sont fournis aux municipalités par le Gouvernement pour l'installation des bibliothèques populaires.

« Les comités généraux des districts, les municipalités et les conseils de paroisse ont l'autorisation de fonder des bibliothèques de ce genre dans les localités de leurs circonscriptions qui leur sembleront les plus convenables.....

« Chaque municipalité est tenue d'allouer la somme de 50,000 reis (278 francs environ) par an pour le maintien de sa

[1] Sur ces sociétés voir le livre de Rafael M. de Labra : *El Congreso pedagogico de 1892*, p. 321 et suiv., Madrid, 1894, et aussi le *Discours* prononcé au Congrès, tenu à Paris en 1889, par M. Vicente Mestre y Amabile, Paris, 1889.

[2] Sur le mouvement d'extension universitaire en Espagne voir le livre de Ricardo Beceno de Bengoa : *La Enseñanza en el Siglo xx*, p. 195-201, Madrid, 1899-1900; voir aussi des articles de *La Escuela moderna* (novembre 1901, octobre 1902, février 1904) et du *Boletin de la Institucion libre de Enseñanza* (novembre 1902). M. Rafael Altamira, professeur à l'Université d'Oviedo, a publié en 1904, à Madrid, une brochure intitulée : *Lecturas para obreros (Indicaciones bibliograficas y consejos)*.

bibliothèque populaire. Le conseil de paroisse doit payer une gratification de 18,000 reis (55 francs environ) à l'instituteur ou à la personne qu'il aura désignée pour le remplacer dans les fonctions de bibliothécaire.....

« Dans ces bibliothèques il y a deux classes d'ouvrages, dont la première, ou classe générale, comprend les livres de religion, morale, histoire, droits et devoirs politiques, voyages, littérature, hygiène, œuvres de récréation et tous ceux qui peuvent devenir utiles aux usages de la vie. La seconde, ou classe spéciale, comprend des revues, des modèles, des manuels industriels, agricoles, commerciaux, dessins et inventions relatifs aux arts et métiers, le tout en harmonie avec les conditions particulières de chaque localité sous le point de vue économique et industriel.....

« Le Gouvernement fait publier annuellement la liste des livres qui ont été autorisés à l'usage des bibliothèques populaires.....

« Le règlement de ces bibliothèques a été approuvé par l'ordonnance royale du 2 janvier 1871. Plusieurs bibliothèques ont déjà été installées dans les communes.....

« Une commission nommée par l'ordonnance du 26 août 1870 s'est occupée de l'établissement de ces bibliothèques, étant aidée par le concours actif et très efficace de la Bibliothèque nationale de Lisbonne, la plus importante du Portugal, autant par l'abondance de ses dépôts que par l'illustration de ses employés supérieurs[1]. »

Ainsi, il y aura bientôt quarante ans que les bibliothèques populaires, en Portugal, sont dotées d'une organisation officielle. Nous aurions été désireux de savoir quels résultats a produits le décret du 2 août 1870. Mais, dans les fascicules publiés à l'occasion de l'Exposition universelle de 1900[2], les bibliothèques populaires ne sont pas mentionnées et une demande de renseignements que nous avons adressée à la Direction générale de l'instruction publique est restée sans réponse.

[1] *Mémoire sur l'instruction primaire en Portugal*, Lisbonne, Imprimerie Nationale, 1878.

[2] *L'École primaire*, par Caetano Pinto, Paris-Lisbonne, 1900. — *Ensino primario*, Lisboa, 1900.

ITALIE.

La Bibliothèque ambrosienne, à Milan, fut la première qui, en Europe, ouvrit ses portes au public (1608); c'est donc à l'Italie que revient l'honneur d'avoir donné l'exemple de la publicité des bibliothèques.

Dès longtemps aussi, ce pays est un de ceux où l'on trouve le plus de livres. Quand le Gouvernement italien publia, en 1865, la *Statistica del regno d'Italia*, on constata que, seule, la France possédait un plus grand nombre de volumes (4,389,000) que l'Italie (4,149,281). En outre, les bibliothèques italiennes offrent au public des facilités d'accès plus grandes que nulle part ailleurs.

Pourtant, depuis un demi-siècle environ, les Italiens ont senti que leurs anciennes bibliothèques ont beau être nombreuses, riches, aisément accessibles, elles ne répondent pas néanmoins aux besoins de la société moderne; elles ont, avant tout, le caractère d'établissements savants; elles ne sont pas démocratiques. Aussi, depuis quarante ans, les hommes de progrès se sont-ils efforcés de constituer des dépôts de livres plus propres à développer la culture des classes populaires. Bien que ces efforts n'aient eu jusqu'à présent qu'un succès médiocre, il convient de les rappeler rapidement.

La première tentative que nous ayons à mentionner est à peu près contemporaine de la formation du royaume d'Italie : en 1861, A. Bruni, avec le concours de quelques amis, entreprit de fonder une bibliothèque populaire à Prato, près de Florence. Cette initiative trouva des approbateurs assez nombreux : les éditeurs firent des dons de livres; les particuliers souscrivirent pour des sommes plus ou moins fortes, si bien qu'en 1866 la nouvelle bibliothèque comptait plus de 2,000 volumes. De plus, Bruni eut très tôt des émules; en quelques années, de 1861 à 1866, on vit s'ouvrir 32 bibliothèques populaires, organisées sur le modèle de la bibliothèque de Prato (à Crémone, Caltanisetta, Verceil, Lodi, Viadura, Parme, Livourne, Lecca, Catanzaro, etc.). En même temps, le comice agricole de Voghera offrait de donner 100 volumes à toutes les communes, à toutes les sociétés ouvrières qui voudraient créer des bibliothèques, et, en peu de temps, il provoquait l'institution de 73 de ces dépôts et leur distribuait 6,772 ouvrages.

Une fois cette impulsion donnée, le mouvement se propagea. En 1867, s'organisa, à Milan, une *Société promotrice des bibliothèques populaires;* elle se proposait de stimuler l'initiative des conseils municipaux, des directions d'écoles du soir, des comices agricoles en faveur de l'œuvre des bibliothèques pour le peuple, de faire des dons de livres, d'accorder des subsides, de donner des conseils, de publier des catalogues types, de faire consentir aux éditeurs des réductions sur le prix des ouvrages, de distribuer des prix aux bibliothèques et aux bibliothécaires qui auraient le mieux travaillé à réaliser le programme de l'association. Les sociétaires devaient s'engager à verser pendant trois ans une cotisation annuelle de 1 franc au moins[1]. En même temps, la société nouvelle faisait des démarches pour s'assurer l'appui de la *Ligue de l'enseignement,* récemment fondée en Italie à la suite d'un appel adressé à la nation par Gino Capponi, Bettino Ricasoli, Carlo Matteuci, Terenzio Mamiani et Ottavio Gigli.

Bien que la *Ligue de l'enseignement* se fût surtout donné pour tâche de pousser à la création des jardins d'enfants et des écoles d'adultes, elle se prêta pourtant à encourager l'œuvre des bibliothèques populaires; quelques-unes furent créées par des cercles locaux de la *Ligue :* par exemple, en 1870, le cercle de Vérone installa une bibliothèque dans la prison dite les *Scalzi*[2].

A cette période, il faut encore rapporter la fondation de la bibliothèque populaire de Murano (1867)[3], de la bibliothèque populaire d'Ascoli (1869)[4], de la bibliothèque populaire de Rome (1871).

Mais, vers ce temps, l'élan commence à faiblir et sera bientôt épuisé.

Il n'est pas malaisé de trouver les raisons de cet arrêt. On doit songer, en premier lieu, qu'en Italie comme en France, on ne

---

[1] La bibliothèque créée à Milan par cette société a pris un développement assez important; en 1900, elle comprenait 20,000 volumes environ.

[2] La plupart des renseignements donnés ci-dessus sont empruntés au *Bulletin de la Ligue de l'enseignement* (belge), 1866-1867, p. 185, 187, 233; 1867-1868, p. 58; 1870-1871, p. 58.

[3] Voir *La Biblioteca popolare circolante di Murano,* par Angelo Santi, Venise, 1873.

[4] Voir *L'Istruzione nella provincia di Ascoli Piceno,* par Giuseppe Castelli, Ascoli Piceno, 1899.

peut pas beaucoup attendre de l'initiative privée, lorsqu'elle est abandonnée à ses seules forces. Or, dans cette entreprise des bibliothèques populaires, le Gouvernement italien intervint aussi peu que possible. Il protesta, sans doute, de sa sympathie, accorda même quelques subsides[1]; mais, à aucun moment, il ne s'avisa de donner à ces établissements une direction, d'exercer sur eux un contrôle. *The Library Journal* (IV. p. 183-187) a publié un article du comte Ugo Balzani : *Regulations of Italian public Libraries*. Il n'y est question que des bibliothèques de l'État et des communes; les bibliothèques populaires n'y figurent pas. Un contrôle d'en haut eût été pourtant bien utile : il y a apparence qu'il eût rendu plus rares des faits tels que ceux qui se passèrent à la bibliothèque populaire d'Ascoli Piceno. Le professeur Giuseppe Castelli, qui l'avait fondée, rapporte qu'en peu de temps il fut perdu ou soustrait tant de volumes, que la bibliothèque dut disparaître. Il est permis de croire que le cas d'Ascoli Piceno ne fut pas unique et quelques mécomptes de ce genre purent décourager bien des gens. Peut-être, enfin, l'instruction obligatoire ayant été votée le 13 juillet 1877, se fit-on l'illusion qu'elle pourrait suffire à tout et qu'il n'était plus nécessaire de s'occuper des œuvres de la seconde éducation.

Le fait est que, de 1875 à ces dernières années, les bibliothèques populaires en Italie ont traversé une période pendant laquelle elles ont plutôt végété que vécu.

En juillet 1901, une commission, chargée de juger un concours institué par la *Société bibliographique*[2] d'Italie pour l'obtention d'un prix offert par la baronne Alberto Lombroso, déposait un rapport où elle s'avouait contrainte de déclarer que «de vraies bibliothèques populaires n'existaient pas encore en Italie». On faisait entendre par là que la composition des bibliothèques existantes ne répondait pas à leur objet. Deux ans avant,

[1] Le règlement du 29 janvier 1891 qui, croyons-nous, est toujours en vigueur, détermine dans quelles conditions ces subsides peuvent être obtenus : «Les subventions aux bibliothèques populaires, dit l'article 8, consistent en livres et en argent. La demande doit être accompagnée du catalogue des livres déjà possédés, d'une liste de ceux qui paraissent pouvoir être les plus utiles, du règlement de la bibliothèque et d'une déclaration par laquelle le bibliothécaire et l'administrateur s'engagent à prendre les précautions nécessaires pour assurer la conservation des volumes donnés par l'État.» Toute la réglementation des bibliothèques populaires, en Italie, tient dans cet unique article.

[2] Cette société s'est constituée en 1897.

dans un article publié par la *Rivista delle Biblioteche et degli Archivi*[1], Guido Biagi ne cachait pas non plus qu'elles avaient cessé de se multiplier : « Ainsi que la garde nationale, écrivait-il, elles ont connu des jours de gloire. Mais combien furent-ils éphémères ! »

Dans les communes rurales, c'est sous la forme de bibliothèque d'école que l'on avait cherché à implanter la bibliothèque populaire. Sur ce terrain, l'on n'obtint pas de meilleurs résultats que dans les villes. Le *Rapport sur l'instruction élémentaire* pour l'année 1897-1898 (Rome, 1900) constate qu'il n'y a, en Italie, que 6,680 bibliothèques scolaires, tandis que le chiffre des communes est de 8,263 et celui des écoles de 50,558. De plus, beaucoup de ces bibliothèques n'ont, en réalité, aucune valeur. « Au témoignage des inspecteurs, dit le *Rapport*, bon nombre de bibliothèques scolaires sont encore à l'état rudimentaire, parce que le plus souvent l'instituteur est la seule personne qui s'intéresse à leur progrès. »

Voici cependant que, depuis sept ou huit ans, on cherche de divers côtés à ranimer cette institution languissante, à la tirer de de son état de dépression[2]. Dans le *Rapport* adressé au Ministre de l'instruction publique par M. Torraca, directeur de l'instruction primaire (Rome, 1897), on lit le passage suivant : « Beaucoup d'inspecteurs n'ont pas parlé des bibliothèques scolaires et populaires, bien que la question soit de la plus haute importance. Il y a longtemps déjà que l'on a dit : il ne suffit pas que le peuple sache lire, il convient aussi qu'il ait de quoi lire. L'amour de la lecture ne peut s'inspirer au peuple, si l'on n'a commencé par l'inspirer aux enfants. Aussi devrait-on s'occuper spécialement de l'institution des bibliothèques scolaires. C'est sur elles que, pour ainsi dire, il faudrait greffer des bibliothèques populaires, des bibliothèques de régiment, etc. » Il semble que ces paroles ont été entendues.

Le mouvement que l'on voit se dessiner dès lors est tourné surtout, en effet, du côté des bibliothèques rurales, et, comme en Italie la population rurale est assez disséminée, comme pour pourvoir chaque commune d'un nombre de livres suffisant il faudrait des ressources dont on ne dispose point, c'est l'orga-

[1] Année 1900, p. 62-64.
[2] Il faut dire qu'à aucun moment la question des bibliothèques scolaires n'a

nisation des bibliothèques ambulantes[1] qui est mise à l'ordre du jour[2].

Sur cette question, au congrès tenu à Gênes, en 1899, par la *Société bibliographique*, M. Guido Biagi fit une communication importante qui, peut-être, attira l'attention du Gouvernement : le 15 avril 1900, parut, en effet, une circulaire de M. Guido Baccelli, alors Ministre de l'instruction publique, où il déclarait qu'il avait à cœur « de poursuivre les études déjà entreprises pour organiser un système de petits musées et de petites bibliothèques mobiles ».

Au mois d'octobre 1901, un essai de mise en pratique de cette idée fut fait, à Pistoia, par M. Eduardo Turgi, bibliothécaire de la bibliothèque populaire de cette ville : avec un fonds de livres, choisis dans la bibliothèque du chef-lieu, il réussit à desservir plusieurs écoles de villages dans la région, et ses dispositions étaient si bien prises que tout se passa sans encombre. M. Desiderio Chilovi, bibliothécaire en chef de la Bibliothèque nationale de Florence, qui avait suivi cette tentative avec intérêt, en rendit compte dans un livre publié au commencement de 1902, où il exposa, en outre, tout un plan de mobilisation des bibliothèques[3]. Enfin, au mois d'août suivant, le Gouvernement qui, jusqu'alors, s'était toujours tenu sur la réserve, se décida à intervenir : par décret royal fut décidée la création de petites

---

été complètement perdue de vue. Elle a été examinée dans quelques ouvrages parus à différentes dates : F. Puccini, *Sull'istituzione delle biblioteche scolastiche*, Livourne, 1885; — F. Verde, *L'Istruzione popolare e le biblioteche communali*, Rome, 1889. Elle a été traitée aussi dans les journaux et revues : on pourra lire en particulier dans la *Guida : Biblioteche scolastiche*, anno III, p. 181; *Biblioteche per gli scolari*, anno XVI, p. 513. A. Parato, dans son livre : *La scuola pedagogica nazionale* (Turin, 1885), estime que, si ces bibliothèques n'ont pu prospérer, c'est qu'elles ont manqué de direction et il regrette que le Gouvernement, après avoir annoncé la publication d'un catalogue modèle, n'ait pas tenu sa promesse. Il pense aussi que la politique, avec ses tendances contradictoires, a pu nuire à leur développement.

[1] L'expression de *biblioteca circolante* a été dès longtemps employée en Italie. Mais le mot *circolante* désignait simplement une bibliothèque où l'on faisait le prêt au dehors, et non pas quelque chose de semblable aux *Travelling Libraries* d'Amérique.

[2] Dès 1869, au congrès pédagogique de Turin, le professeur Vincenzo Garelli avait présenté un rapport *Sulle biblioteche circolanti nei communi rurali*. Mais il n'en était à peu près rien résulté.

[3] *La Scuola rurale, la sua biblioteca e le biblioteche provinciali*, Florence, 1902.

bibliothèques agricoles, industrielles, commerciales, dont la composition devait différer, suivant qu'elles étaient destinées au Nord, au Centre ou au Sud de l'Italie, et dont le mode de circulation était tracé en ses grandes lignes dans un rapport de M. Guido Baccelli, devenu alors Ministre de l'agriculture[1].

On peut considérer que cette entrée en scène du Gouvernement a été le signal d'un réveil. Pour courir moins de chances d'insuccès, il a cru devoir se borner à créer des bibliothèques d'un caractère spécial et pratique, il a laissé à l'initiative privée le soin d'instituer des bibliothèques de culture. Et il semble que, piquée d'émulation, elle se dispose à agir et soit décidée à mieux faire valoir un domaine trop longtemps négligé. — Si l'on feuillette les journaux et revues d'enseignement[2], on y pourra voir que de nouvelles bibliothèques populaires s'ouvrent sur tous les points du pays. Signalons, à Milan, l'activité de la *Société humanitaire* qui, tout récemment, a créé quatre bibliothèques dans différents quartiers de la ville. Donnons aussi une mention à l'*Istituto pro cultura*[3], qui a pour objet de faire parvenir dans les petites localités et dans les villages des journaux, des revues, des livres nouveaux de toute nature. — Les résultats d'ensemble ne nous sont pas connus[4]; mais de nombreux faits de détail, relevés dans des publications diverses, nous permettent de penser que l'Italie, après avoir été longtemps en retard, fait maintenant un vif effort pour rattraper le temps perdu.

RUSSIE.

Dès le commencement du xviiie siècle, le Gouvernement fit quelques efforts pour donner à la nation russe des rudiments

[1] Toute cette organisation nouvelle a été étudiée dans une brochure de M. Giuseppe Castelli : *Sulle biblioteche popolari ambulanti istituite con R. Decreto, 2 agosto 1903*, Rome, 1903. A la fin de la brochure se trouve le texte du décret et du rapport de M. Baccelli.

[2] Consulter en particulier la *Rassegna scolastica* (années 1902, 1903, 1905).

[3] Voir sur cette société une brochure de M. N. Mastropaolo : *Per l'istituzione di biblioteche del popolo*, Milan, 1905. Voir aussi l'opuscule du professeur Ettore Fabietti : *Le biblioteche del popolo*, Milan, 1905.

[4] M. le professeur député Luigi Credaro, consulté par nous à ce sujet, a bien voulu nous répondre qu'il n'avait point été fait de statistique récente des bibliothèques populaires en Italie.

d'instruction. En 1714, Pierre le Grand établit, dans un certain nombre de villes, des écoles, dites d'*arithmétique,* où l'on apprenait à lire, à écrire et à compter; en 1775, Catherine II augmentait le nombre de ces écoles et, par le statut du 22 septembre 1782, les organisait sur un nouveau plan; en 1804, en 1828, nouveaux statuts qui avaient pour objet d'améliorer la situation des écoles élémentaires. On peut lire un historique de ces tentatives dans un article du *Journal de l'Instruction publique* (en Russie), publié en septembre 1864[1]. Mais, remarque le rédacteur de cet historique, « les résultats n'ont pas été brillants. Un siècle et demi s'est écoulé depuis la création des premières écoles populaires, et leur nombre est encore très restreint, leur installation matérielle, leur valeur pédagogique restent très médiocres ». Aux environs de 1865, on ne comptait, en effet, dans 36 gouvernements de la Russie d'Europe, dont la population s'élevait à peu près à 45 millions d'habitants, que 30,179 écoles avec 632,471 élèves des deux sexes. Les illettrés formaient encore la majorité. « Le dénombrement instantané de la population de Saint-Pétersbourg, fait le 15/27 décembre de 1862, a donné le chiffre immense de 274,521 illettrés sur une population de 500,000 habitants[2]. »

En fait, l'instruction n'a vraiment commencé à se répandre en Russie que du jour où fut décrétée l'émancipation des serfs (19 février 1861). A ce moment, on vit s'accentuer un mouvement d'idées qui s'était manifesté après la guerre de Crimée : cette guerre désastreuse avait fait comprendre à tous combien la nation russe était en retard et combien ce retard pouvait être périlleux pour son avenir. Des tendances démocratiques firent alors leur apparition dans la société russe. « L'abolition des priviléges et l'égalité de tous devant la loi comme devant les exigences de la vie sociale, — tel fut désormais son mot d'ordre et son cri de ralliement... On vit paraître une nouvelle école littéraire, qui reçut tout d'abord le nom « d'école démophile », car elle se consacra exclusivement à une étude approfondie de la vie des

---

[1] Cet article a été traduit dans le livre de C. Woldemar : *Beiträge zur Geschichte und Statistik der Gelehrten- und Schulanstalten des Kaiserlich Russischen Ministeriums der Volksaufklärung,* III. Theil, p. 402-427, Saint-Pétersbourg, 1866.

[2] N. de Khanikoff, *Études sur l'instruction publique en Russie,* p. 86, Paris, 1865.

masses populaires et à la défense de leurs intérêts. Le « démophilisme » envahit notre société et donna son empreinte à l'activité publique des hommes les plus remarquables de notre époque, au caractère de l'éducation donnée aux enfants, voire même aux habitudes de notre vie de famille... Tandis que les uns fournissaient les moyens pécuniaires indispensables à la fondation d'écoles pour le peuple, d'autres se faisaient instructeurs dans les écoles...; d'autres encore se mettaient à écrire des livres spécialement destinés au peuple et s'occupaient de la propagation de ces ouvrages[1]. »

De jour en jour, ces tendances se sont accusées plus fortement. Dès lors s'éveille l'initiative privée qui, si longtemps, avait sommeillé et, par elle, sont créées les « écoles du dimanche » dont il nous faut rapidement rappeler l'histoire, car elles ont été le point de départ du développement pris par les bibliothèques populaires depuis 1885 environ[2].

Lorsque le dévouement des particuliers commença à s'employer pour répandre l'instruction et à installer des écoles pour les enfants, les adolescents et les jeunes gens, on s'aperçut que « bon nombre d'entre eux ne pouvaient féquenter, pendant la semaine, les établissements aménagés à leur intention. De plus, une foule d'adultes entraînés par le courant et qui, de leur temps, n'avaient reçu aucune instruction, faute d'écoles, éprouvaient le désir ardent d'acquérir, eux aussi, tout au moins quelques connaissances élémentaires. Ce fut pour satisfaire aux exigences légitimes de ces deux catégories d'individus qu'on créa les écoles du dimanche[3]. Il est difficile de dire qui eut le premier cette idée ingénieuse; toujours est-il qu'elle correspondait aux besoins réels de l'époque, car en trois ans, de 1859 à 1862, plus de

[1] Y. Abramoff, *L'école du dimanche...* et le livre : *Que faut-il donner à lire au peuple?* Paris, 1889.

[2] En 1834, l'empereur Nicolas chargea le Ministère de l'instruction publique de la direction générale de toutes les bibliothèques de villes de province. Les bibliothèques de province, en 1864, étaient au nombre de 50. Mais elles n'avaient point un caractère populaire. « Nous voyons, dit Khanikoff, qu'un nombre restreint de ces établissements est véritablement utile à la société et s'est mérité ses sympathies. »

[3] Les écoles du dimanche en Russie n'ont pas de caractère confessionnel; il ne faut pas les confondre avec les écoles qui portent le même nom dans les pays protestants.

3oo écoles du dimanche surgirent de terre en différents points de la Russie » [1].

Cet essor fut brusquement arrêté lorsque, vers le milieu de 1862, le Gouvernement, ayant pris ombrage de quelques imprudences ou excès de zèle commis par les propagandistes, ordonna par un édit la fermeture de ces écoles. Même après qu'elles eurent été de nouveau reconnues et autorisées par la loi, en vertu d'arrêts édictés en 1864 et 1874, elles se réorganisèrent lentement; car « on se heurta, d'un côté, à la mauvaise volonté de ceux qui les tenaient encore en suspicion et, d'autre part, à l'indifférence désenchantée de ceux qu'avait découragés le triste sort des premières ». Mais on a enfin triomphé de ces obstacles : au 1er janvier 1900, on comptait en Russie 1,785 écoles du dimanche avec 89,045 élèves des deux sexes [2].

Cette renaissance est due, en grande partie, à l'énergique persévérance d'une femme qui, aux heures difficiles, ne désespéra jamais de l'institution. En 1870, Mme Christine Altchevsky ouvrait à Kharkov une école du dimanche pour les filles : après des débuts modestes, cette école atteignit le chiffre de 100 élèves et ce chiffre qui s'éleva continûment dépasse 700 depuis quelque temps déjà; elle est ainsi devenue le type par excellence sur lequel se sont modelées toutes celles qui se sont organisées depuis [3].

Ce qui attira surtout l'attention sur l'école de Mme Altchevsky, ce fut une entreprise qui se rattache directement au sujet qui nous occupe. Mme Altchevsky et ses collaboratrices eurent un jour l'idée de consigner dans de courtes notices l'impression produite sur les auditoires populaires par la lecture à haute voix d'œuvres qu'on supposait pouvoir les intéresser. Après chaque lecture on cherchait à connaître l'opinion de l'auditoire et on la notait soigneusement. En classant avec méthode ces petits comptes rendus, on arriva à constituer un vaste indicateur des livres le mieux appropriés à l'entendement des classes populaires. Cette compilation

---

[1] Y. Abramoff, *Les écoles du dimanche en Russie*, p. 7, Paris, 1900.

[2] Voir dans la *Revue pédagogique*, 15 septembre 1900, un article de M. Jeannot sur l'exposition scolaire de la Russie.

[3] Sur les écoles du dimanche on pourra lire le *Rapport lu au Congrès international des œuvres d'éducation populaire*, par Mme C. Altchevsky, Paris, 1889; — *Chronique des écoles du dimanche*, par N. Soltikoff, Paris, 1900; — *Le livre des adultes*, par V. Abramoff, Paris, 1900.

fut publiée sous ce titre : *Que faut-il donner à lire au peuple ?* Un premier volume parut en 1882, un second en 1889. Dans ce recueil étaient commentés 2,509 ouvrages divers, savoir : 460 ouvrages religieux, 902 ouvrages littéraires, 209 ouvrages de sciences naturelles et de médecine, 459 ouvrages d'histoire, 234 ouvrages de géographie et voyages, 99 ouvrages sur l'administration, 146 biographies.

« De cette étude approfondie naquit une opinion contraire à celle qui jusqu'alors avait régné en souveraine dans les milieux intelligents. L'ouvrage dont nous parlons se montra l'adversaire irréconciliable d'une idée préconçue qui, longtemps, avait eu chez nous droit de cité. N'avait-on pas jusqu'alors considéré les humbles comme une réunion de grands enfants auxquels on ne saurait donner à lire que des choses très simples, voire même puériles ? Aussi leur distribuait-on force livres édités pour l'enfance, et quand par hasard on songeait pour eux à une production sérieuse, on imaginait des adaptations grossières, déformation monstrueuse et inepte des chefs-d'œuvre nationaux ou étrangers. — Les deux volumes intitulés : *Que faut-il donner à lire au peuple ?* prouvèrent, avec arguments à l'appui, que le peuple est sensible aux plus belles manifestations de l'esprit humain. Par conséquent, la tâche des intellectuels, désireux de rendre accessibles à des illettrés les chefs-d'œuvre du monde entier, ne consistait pas à dénaturer ces chefs-d'œuvre par des adaptations plus ou moins heureuses..... Il fallait faire paraître des éditions à bon marché et organiser des bibliothèques populaires, où chacun viendrait puiser quand bon lui semblerait. L'ouvrage en question fit donc époque en Russie [1] ».

Il est vrai, en effet, qu'au temps où Mme Altchevsky faisait ses expériences sur les lectures populaires on vit se produire un mouvement intéressant dans la librairie russe. « A. S. Souvorine qui, non content d'avoir imprimé une grande quantité d'ouvrages de fonds, a entrepris l'édition de la *Bibliothèque à bon marché* et s'est servi de cette création pour faire entrer, en immense quantité, dans la circulation les œuvres des auteurs russes et étrangers les plus remarquables, mérite une mention spéciale comme initiateur des éditions à bon marché. Pour la masse du peuple, les éditions de Sytine ont une importance de premier ordre ; cet éditeur ne

[1] V. Abramoff, *Les écoles du dimanche*, p. 17

cessa, en effet, de publier des livres vendus au plus bas prix.
A.-F. Marx a mis à la portée de tout le monde les éditions illustrées et les éditions artistiques et F. Th. Pawlenkoff a édité toute
une série d'ouvrages de popularisation scientifique et de biographies d'hommes célèbres russes et étrangers [1] ».

Le succès des écoles du dimanche [2] a sans doute aussi contribué
a encourager les hommes qui, dans ces dix dernières années, ont
tenté d'acclimater en Russie l'extension universitaire. Une Université populaire a été fondée à Saint-Pétersbourg par M. Grigo-
riev : son programme comprend des cours d'histoire de la littérature russe, d'histoire universelle, d'histoire de la Russie, de
géographie universelle, de géographie de la Russie, d'histoire
naturelle, de physique, de chimie, de biologie et de physiologie.
Les leçons, dont la durée est d'une heure et quart, sont données dans
des locaux disséminés sur divers points de la ville. — A Moscou,
ville où il est plus difficile de grouper des auditoires, l'extension
universitaire se fait sous une forme analogue à celle qui a été
adoptée en Angleterre par la *National Home Reading Union*. « La
section scolaire de la société pour la propagation des connaissances techniques, société qui comprend environ cent cinquante
membres des divers degrés de l'enseignement, a été transformée
en une sorte de ligue coopérative d'instruction. On y admet,
moyennant une cotisation minime, des adhérents-élèves qui, répartis en groupes d'études, trouvent auprès des adhérents-péda-
gogues non plus des conférenciers, mais des conseillers. On leur
indique les lectures et recherches appropriées à leurs aptitudes
et à leur acquis, et on leur fait subir sur ces recherches des examens périodiques..... Avec les personnes résidant hors de Moscou, tout cela se pratique par correspondance et, au besoin, on
leur envoie les livres nécessaires, selon le système des bibliothèques
roulantes » [3]. On comprend sans peine que des entreprises de ce
genre doivent nécessairement servir le progrès des bibliothèques

[1] W. de Kovalevsky, *La Russie à la fin du XIXᵉ siècle*, p. 931, Paris, 1900.
[2] Il faut rappeler que le Musée pédagogique de Saint-Pétersbourg a, de 1871
à 1881, donné des «lectures» populaires. Voir la brochure publiée par l'administration de cet établissement sous ce titre : *Première période décennale des lectures pour le peuple et pour les soldats,* Saint-Pétersbourg, 1882.
[3] Voir dans la *Revue universitaire,* 1898, tome I, p. 372-380, l'article de
M. Candiani sur l'extension universitaire en Russie, auquel nous empruntons
ce passage.

populaires qui sont pour elles, non pas seulement un secours
utile, mais un instrument indispensable [1].

C'est à l'initiative privée que revient l'honneur des tentatives
dont nous venons de parler. Mais il convient de dire que le Gouvernement ne s'est pas complètement désintéressé du mouvement
qui s'est produit en faveur de l'éducation du peuple russe. « Des
instructions souverainement approuvées à l'usage des inspecteurs
des écoles primaires font une obligation à ces fonctionnaires de
tenir la main à ce que, dans chaque école primaire, il soit organisé, outre une bibliothèque pour les maîtres et pour les élèves,
un dépôt de livres [2]. » Les *Zemstvos* secondent très volontiers ces
intentions du Gouvernement. Citons un ou deux exemples. Dans
le gouvernement de Wiatka, il a été fondé, aux frais des zemstvos
de districts, 44 bibliothèques dans les écoles primaires. Ces bibliothèques sont assez largement pourvues de livres de lecture
pour le peuple. « L'usage des livres est gratuit ordinairement pour
tous les paysans; il n'est fait aucune difficulté quant à la manière
de les livrer ou au temps accordé pour les lire [3]. » Depuis vingt-
cinq ans, dans le district de Nijni-Novgorod, le zemstvo s'est
efforcé de pourvoir les écoles d'un nombre suffisant de bibliothèques et a pris diverses mesures ayant pour but de propager l'instruction en dehors des écoles. En 1880, M. Andréief, président
de l'assemblée « proposa, en commémoration du vingt-cinquième
anniversaire de l'avènement au trône de l'empereur Alexandre II,
de fonder un capital dont les intérêts serviraient à la formation
de bibliothèques..... En adoptant cette proposition, l'assemblée
décida de consacrer à cette œuvre un capital de 6,000 roubles.
A partir de cette décision jusqu'en 1887, 20 bibliothèques
furent ouvertes dans les écoles. En 1888, il fut décidé d'améliorer
celles qui existaient. En 1892, il y en avait 26, et, d'après le
rapport pour 1897, en tout 33. En 1898, l'assemblée du zemstvo,
attendu que beaucoup d'écoles n'avaient pas encore de bibliothèques, voulut faire avancer l'œuvre; c'est pourquoi elle décida de
prendre sur le budget 750 roubles, ce qui, avec les 250 d'in-

---

[1] Il a été publié à Moscou, en 1900, une très intéressante brochure (en
français) sous ce titre : *Extraits des programmes et Règlement de la Commission
de lectures systématiques.*

[2] Kovalevsky, *La Russie à la fin du xixᵉ siècle.....*, p. 932.

[3] A. Krasseff, *Les écoles élémentaires du gouvernement de Wiatka*, p. 42,
Wiatka, 1900.

térêts du capital d'Alexandre, faisait 1,000 roubles. Grâce à cette décision on put encore créer 26 bibliothèques[1] ». Nous voyons aussi que, dans l'arrondissement scolaire du Caucase, le nombre des volumes contenus dans les bibliothèques d'écoles primaires a, dans un espace de vingt ans (1878-1898), passé de 2,900 à 71,500[2]. Nous constatons enfin que, d'après la statistique donnée en 1900 à l'occasion de l'Exposition universelle de Paris, le nombre total des bibliothèques scolaires était de 3,437[3].

Quant aux bibliothèques populaires proprement dites, il ne paraît pas que le Gouvernement ait rien fait pour encourager leur développement; à cette œuvre, l'initiative privée s'est employée presque seule. Elle a pu cependant obtenir déjà quelques résultats qui ne sont pas négligeables.

Schultze, sur des renseignements dont nous ne connaissons pas la source, rapporte que la première bibliothèque populaire russe a été créée à Tomsk, en 1885, et qu'une autre fut fondée, cette même année, à Moscou, sur l'initiative de Tourgueneff. Saint-Pétersbourg ne tarda pas à suivre cet exemple; en 1887, on vit s'y ouvrir deux salles de lecture[4]. Dans certaines provinces, les zemstvos ont cru devoir s'attacher à faire progresser les institutions de ce genre : dans le gouvernement de Wiatka, par exemple, « il a été fondé aux frais des zemstvos de districts, à six endroits du district d'Ourjoume et quelques autres encore, avec l'aide du Comité pour la propagation de l'instruction de Saint-Pétersbourg, des bibliothèques, salles de lecture gratuites... On y reçoit des livres qu'on peut emporter à domicile ou lire sur place dans un local spécial... Pour former le fonds de ces bibliothèques il a été envoyé par le Comité de Saint-Pétersbourg, en 1895, jusqu'à 474 ouvrages différents pour chacune d'elles. Pour compléter le nombre de ces ouvrages le zemstvo de ce district dépense pour chacune 60 roubles par année. De plus, dans le but aussi de répandre des connaissances utiles parmi le peuple et pour y conserver les éléments reçus à l'école primaire, il a été organisé de petites bibliothèques dont le nombre doit atteindre

<hr>

[1] A. Savelief, *Aperçu historique sur le développement de l'instruction primaire dans le district de Nijni-Novgorod*, p. 20-21, Paris, 1900.

[2] R. Schönherr, *Recueil de données statistiques sur les établissements d'instruction publique de l'arrondissement scolaire du Caucase*, Tiflis, 1899.

[3] Voir l'article déjà cité de M. Jeannot dans la *Revue pédagogique*.

[4] E. Schultze, *Freie öffentliche Bibliotheken*, p. 221-222, Stettin, 1900.

3,000 correspondant au nombre des communes du gouvernement. Ces petites bibliothèques, organisées aux frais du zemstvo, ont été commencées en 1895 et la valeur des livres de chacune d'elles ne dépassait pas 5 roubles. Elles continuent à se garnir de plus en plus par les soins du zemstvo qui ne cesse de travailler à leur amélioration sous tous les rapports [1] ». A Nijni-Novgorod, c'est la Société des écoles du dimanche qui a déterminé le mouvement en faveur des bibliothèques populaires : dès 1886, on avait imaginé de fonder de petites bibliothèques « de rue », fonctionnant en plein air : « une image accompagnée d'un texte explicatif ou, simplement, une brochure découpée par feuilles, était ordinairement fixée pour cela dans une vitrine et suspendue sur un pilier ou sur le mur d'une maison, de façon qu'il fût aisé de lire. En 1886, des bibliothèques pareilles furent installées sur trois points de la ville, ensuite répandues dans 13 points les plus animés [2] ». Le succès de cette originale tentative encouragea le zemstvo à ouvrir, en 1894, deux véritables bibliothèques. En outre, par une décision de l'assemblée du zemstvo, en 1897, furent créées dans 16 chefs-lieux de canton (sur 28) des bibliothèques cantonales qui, se trouvant dans le bureau de l'administration du canton, fournissent des livres aux paysans qui viennent en grand nombre dans ces bureaux pour leurs affaires [3].

Ce progrès des bibliothèques se marque, de façon plus ou moins sensible, sur tous les points du pays. « C'est le gouvernement de Wiatka, dans lequel le nombre de bibliothèques s'élève à 2,561, qui, à cet égard, occupe le premier rang ; le zemstvo du gouvernement de Perm a couvert le territoire d'un réseau de bibliothèques populaires et aujourd'hui le nombre de ces bibliothèques s'élève à 2,500. Après le gouvernement de Wiatka, viennent les gouvernements de Livonie (114) ; le gouvernement de Tobolsk (73), le gouvernement de Toula (72) ; le gouvernement de Tver (69) ; le gouvernement de Moscou (67) ; le gouvernement de Saratoff (50) ; le gouvernement de Saint-Pétersbourg (57) ; le gouvernement de Varsovie (49) ; le gouvernement de Courlande (55) ; le gouvernement de Poltava (48) ; le gouvernement de Smolensk (45) ; le gouvernement de

[1] A. Krasseff, dans l'ouvrage déjà cité, p. 43-44.
[2] N. Jordansky, *Esquisse du développement de l'instruction primaire à Nijni Novgorod*, p. 85, Paris, 1900.
[3] A. Savelief, dans l'ouvrage déjà cité, p. 21.

Yaroslavl (41); le gouvernement de Kherson (40); le gouvernement de Kharkov (38) et ainsi de suite [1]. »

Si l'on était tenté de trouver ces chiffres bien faibles par rapport au nombre des habitants qui est tout voisin de 130 millions, il faudrait se souvenir qu'en Russie la civilisation date
d'hier, que les débuts des bibliothèques populaires ne remontent
guère au delà de vingt-cinq ans. Il faudrait songer aussi que, si
le Gouvernement n'a pas interdit cette œuvre, il ne l'a pas en-
couragée non plus et qu'il la gêne et l'entrave plutôt par la cen-
sure [2]. Surtout, on ne devrait pas oublier que, sur bien des
points, à la fin du siècle écoulé, le peuple russe a manifesté une
curiosité d'esprit toute nouvelle. Et, ces réflexions faites, on aurait le droit d'espérer que l'avenir des bibliothèques populaires
en Russie, même dans le cas d'une réaction forcenée, pourrait
tout au plus être retardé pour un temps, mais ne saurait désormais être arrêté.

[1] W. de Kovalevsky, dans l'ouvrage déjà cité, p. 941.
[2] Sur ce point, voir en particulier un article de M. Janusz, *Volksbibliotheken in Russisch-Polen*, inséré dans le livre de E. Reyer, *Fortschritte der volkstümlichen Bibliotheken*, p. 73-77, Leipzig, 1903.

VI

LES BIBLIOTHÈQUES POPULAIRES EN FRANCE.

—

HISTORIQUE ET LÉGISLATION.

Il n'y eut pas, en France, de bibliothèques publiques avant le xvii° siècle [1]. En 1644, le cardinal de Mazarin ouvrit ses collections au public, un jour de la semaine : il avait pris cette initiative sur le conseil de Gabriel Naudé, qui professait que l'office propre d'un bibliothécaire est moins de conserver les livres dont il a le dépôt que d'en faciliter l'usage [2]. Peu après (1652), cet exemple fut suivi par les moines de l'abbaye de Saint-Victor. La bibliothèque du Roi où, dès le xvii° siècle, quelques admissions avaient été autorisées, devint publique, elle aussi, en 1737. Il ne faut pas, au reste, perdre de vue que, si ces établissements étaient, en droit, complètement publics, en fait, ils ne furent fréquentés que par des catégories assez restreintes de personnes. Et il n'en pouvait pas être autrement : ils étaient, en effet, composés de telle sorte que, seuls, les savants, les érudits, les spécialistes en pouvaient tirer profit ; l'on sait d'ailleurs que la majorité de la nation était alors illettrée, ou peu s'en faut. Selon toute apparence, il en alla de même de toutes les bibliothèques dites « pu-

---

[1] Au moyen âge, il y avait eu des bibliothèques servant à des groupes, à des collectivités : telles les bibliothèques monastiques, telle la bibliothèque de la Sorbonne, après la fondation de l'Université, etc. C'était un premier pas vers la publicité ; ce n'était pas la publicité véritable.

[2] «... De s'imaginer qu'il faille après tant de peine et de dépense cacher toutes ces lumières sous le boisseau et condamner tant de braves esprits à un perpétuel silence et solitude, c'est mal reconnaître le but d'une bibliothèque, laquelle, ni plus ni moins que la Nature, *perditura est fructum sui, si tam magna, tam præclara, tam subtiliter dicta, tam nitida et non uno genere formosa solitudini ostenderet ; scias illam spectari voluisse, non tantum aspici.* C'est pourquoi je vous dirai, Monsieur..., qu'en vain celui-là s'efforce-t-il... de faire quelque dépense après les livres, qui n'a dessein d'en vouer et consacrer l'usage au public et de n'en dénier jamais la communication au moindre des hommes qui pourra en avoir besoin.» *Avis pour dresser une bibliothèque,* présenté à Mgr le président de Mesme, Paris, 1627.

bliques» dont nous trouvons la trace à Paris et en province pendant le xviiⁱ siècle [1].

Cependant, à cette époque, commença à se dessiner un mouvement assez marqué en faveur de l'éducation des classes populaires. En même temps que les écoles des «Frères» se multiplient, des philosophes, surtout des économistes, se mettent à prêcher les bienfaits de l'instruction gratuite [2]. Il faut bien supposer que des progrès se sont accomplis puisque l'on prend la peine d'écrire pour le peuple des ouvrages de vulgarisation : en 1763, Tissot donne son *Avis au peuple sur sa santé;* en 1769, le marquis de Mirabeau, dans ses *Économiques,* met la science agronomique en catéchisme à l'usage des campagnards ; en 1786, un certain Perreau fait paraître un livre intitulé : *Instruction du peuple,* où il traite, en trois sections, *de la morale, des affaires, de la santé;* c'est une sorte de manuel de morale, de droit usuel, d'économie domestique et d'hygiène. Dès lors que l'on faisait des livres pour le peuple, on devait en venir à se demander s'il ne serait pas possible et avantageux de créer des dépôts où les humbles trouveraient des livres à leur usage. C'est cette idée qui prend corps dans l'ouvrage de Philipon de la Madelaine : *Vues patriotiques sur l'éducation du peuple, tant des villes que des campagnes* (Lyon, 1783).

«Serait-il bien coûteux, demandait l'auteur, de faire d'une des salles de nos hôtels de ville un lieu d'assemblée pour la jeunesse du peuple?..... Dans cette espèce de Musée populaire, elle (la cité) rassemblerait, sous la garde d'un officier municipal, le petit nombre de livres les plus nécessaires au peuple, tels que l'excellente description des arts et métiers, quelques collections de dessins, quelques traités de géométrie, d'arithmétique, de mécanique, le recueil des machines présentées à l'Académie des sciences, etc. Pendant tout l'hiver, cette salle serait ouverte aux enfants du peuple depuis l'entrée de la nuit jusqu'à 8 heures. Ils y liraient, ils y écriraient, ils y chiffreraient, ils y dessineraient. » — Pour les campagnes, Philipon de la Madelaine faisait

---

[1] Durey de Noinville, dans une *Dissertation sur les bibliothèques* (Paris, 1758), compte neuf bibliothèques publiques à Paris. Il y en avait aussi quelques-unes en province, à Aix, Carpentras, Lyon, Orléans, etc. En général, elles appartenaient à des communautés religieuses.

[2] Voir en particulier l'*Ami des hommes,* de Mirabeau, 6ᵉ partie, p. 162 et suiv. (Hambourg, 1762).

des propositions analogues : « Beaucoup de communautés d'habitants, disait-il, ont des chambres d'assemblée....; là s'assembleront, durant les quatre ou cinq mois d'hiver, les jeunes gens du village. Là ils trouveront des livres relatifs aux objets qu'il leur importe le plus de connaître. Ce sera *la Maison rustique, le Gentilhomme cultivateur, le Dictionnaire économique*, corrigé par une main habile, l'*Avis au peuple sur la santé de ses bestiaux*, de bons extraits des mémoires envoyés aux différentes sociétés d'agriculture, etc. [1] ». Ce projet atteste sans doute des intentions excellentes ; mais il est d'un philanthrope beaucoup plus que d'un éducateur. La bibliothèque populaire, telle que la conçoit Philipon de la Madelaine, n'est guère autre chose qu'une institution de bienfaisance, propre seulement à donner au peuple quelques connaissances pratiques immédiatement utilisables. Il ne paraît pas s'être avisé qu'elle pouvait et devait servir à la culture générale et devenir un instrument de civilisation.

Cette idée, que Philipon de la Madelaine n'a pas entrevue, c'est celle dont se sont inspirés, au contraire, les hommes de la Révolution française. « La Révolution française..... conçut et proclama des vues réellement élevées, justes et grandioses sur la portée intellectuelle et sur l'organisation de pareils établissements. La suppression des couvents, et, plus tard, les confiscations faites sur les émigrés avaient réuni dans ses mains des millions de volumes, jadis dispersés et enfouis pour la plupart. Dès l'année 1790, les législateurs de la Constituante songèrent à leur donner une destination sage et utile [2]. » Peu de temps avant sa mort, Mirabeau préparait un *Travail sur l'Éducation publique*, qui fut publié, en 1791, par Cabanis. On y lit : « Je voudrais que les débris des bibliothèques des maisons religieuses supprimées ser-

---

[1] En 1761, un certain Quillau avait fondé un « cabinet de lecture » à Paris, rue Christine. Les établissements de ce genre se multiplièrent assez vite et peut-être cela contribua-t-il à donner à Philipon de la Madelaine son idée d'instituer des salles de lecture dans les communes urbaines et rurales. — Notons aussi qu'aux environs de 1780 le pasteur Oberlin avait créé de petites bibliothèques dans les écoles de sa paroisse du Ban de la Roche. Il y avait mis des livres propres à intéresser les enfants et les parents : *Coup d'œil sur la nature*, des ouvrages de Mme de Beaumont, le *Robinson*, de Campe, etc. Voir le livre de W. Burckhart : *Johann Friedrich Oberlin's Lebensgeschichte*, Stuttgart, 1843.

[2] Vallet de Viriville, *Histoire de l'instruction publique en Europe*, p. 267, Paris, 1849.

vissent de fonds pour de bons recueils de livres à l'usage du public; je voudrais qu'on les multipliât de toutes parts, afin de les rapprocher du plus grand nombre des citoyens. » Dans les *Projets* de Talleyrand et de Condorcet, la bibliothèque publique est considérée comme un organe essentiel de l'éducation nationale; elle devient l'appendice obligé de tous les genres d'écoles [1]. De même, le projet de loi sur l'instruction publique présenté par Lakanal à la Convention, le 26 juin 1793, disposait : « Il y a, auprès de la Commission centrale d'instruction publique (à Paris) et sous sa garde, une grande bibliothèque nationale *universelle* et d'autres bibliothèques *complètes* dans les différentes sciences, lettres et arts. — Il y a, dans chaque district, près le bureau d'inspection de l'instruction publique et sous sa garde, une bibliothèque nationale. — Toutes ces bibliothèques sont publiques. » (Titre VIII, articles 44, 45, 46.) La loi ne fut pas votée; on renonça à l'idée de rattacher les bibliothèques à l'organisation de l'instruction publique; mais on ne cessa pas de considérer qu'elles devaient être un instrument de culture générale. « Il n'est pas de district, disait Coupé de l'Oise, rapporteur du projet de décret du 3 pluviôse an II, qui n'en compte plusieurs, soit dans les ci-devant maisons religieuses, soit dans celles des émigrés ; ce sont ces différentes collections littéraires que votre comité vous propose de rapprocher, et d'en composer une bibliothèque dans chaque district, afin de mettre, autant qu'il est possible, tous les citoyens à portée d'aller s'y instruire..... Vous avez décrété que l'enseignement est libre; il suffit de mettre le génie de la liberté dans cette grande carrière. Chaque bibliothèque publique doit devenir l'école de tous les citoyens, leur présenter le tableau des siècles et des nations et les agrandir de tous les travaux et de toutes les pensées de l'esprit humain. » (Séance du 2 pluviôse an II.) Le décret du 8 pluviôse an II ordonna en effet : 1° Que toutes les bibliothèques anciennes et musées des arts des grandes

---

[1] « Dans Paris, dans les grandes villes, on établira des bibliothèques plus ou moins nombreuses, en raison des richesses qu'elles posséderont... Chaque paroisse aura sa bibliothèque, confiée à son pasteur, dans tout le royaume. Chaque canton, chaque district et chaque département en aura une particulière, ainsi que chaque école, chaque collège et chaque société». (*Précis ou analyse d'un plan d'instruction publique*, par Alexandre Jogues, Paris, 1793.) Ce passage, emprunté à l'ouvrage d'un inconnu, montre combien ces préoccupations étaient générales et ces idées répandues.

communes seraient conservés; 2° qu'une bibliothèque publique serait fondée dans chacun des 543 chefs-lieux des districts de France. A cet effet, les dépôts de livres amassés dans les districts devaient être classés et examinés. La Convention se réservait d'y désigner ce qui convenait à chacune des bibliothèques. Les frais d'entretien de ces établissements devaient être pris sur les deniers publics et leur administration confiée à la municipalité, sous la surveillance de l'autorité du district. — L'année suivante, la loi du 3 brumaire an IV confirmait en partie ces dispositions; mais elle décidait que, dans les villes où venaient d'être créées des Écoles centrales, la bibliothèque publique serait rattachée à ces écoles et immédiatement organisée; de plus, les chefs-lieux de district étaient autorisés à demander à tirer des dépôts qu'ils possédaient de quoi se former une bibliothèque; mais ils devaient s'engager à faire les frais d'entretien et d'établissement par une souscription volontaire, à ouvrir la bibliothèque au public dans la première année de la concession et à en dresser sur-le-champ le catalogue; cette formalité dûment remplie, le dépôt pouvait être transformé en bibliothèque, la jouissance en était attribuée à la ville et, de l'état de propriété publique, il passait à l'état de propriété de la municipalité. Le législateur de l'an IV pensait, d'ailleurs, comme Mirabeau, comme Talleyrand, comme Condorcet, que les bibliothèques devaient être accessibles et utiles à toutes les classes de la population, qu'elles avaient à remplir un rôle civilisateur. Dans l'*Instruction* pour la formation des bibliothèques des Écoles centrales, il est dit que ces établissements doivent avoir d'abord pour objet de faciliter aux élèves et aux professeurs l'étude de toutes les sciences, mais, de plus, «d'offrir au public, auquel ces bibliothèques seront ouvertes plusieurs jours de chaque décade, les objets d'utilité, de curiosité et d'agrément dignes d'une nation instruite et polie..... Il est nécessaire, est-il dit plus loin, que l'organisation de ces bibliothèques soit à peu près uniforme dans toute la République, afin que les citoyens appelés partout à la jouissance des mêmes droits trouvent partout les mêmes moyens de s'instruire[1]».

[1] On retrouve les mêmes idées dans la *Résolution relative à la manière de disposer les livres conservés dans les dépôts littéraires* (7 fructidor an IV), et dans la *Loi qui prescrit la destination des livres actuellement conservés dans les dépôts littéraires* (26 fructidor an V). Voir Ulysse Robert : *Recueil des lois, décrets, ordonnances,* etc., p. 42 et 43, Paris, 1883.

En somme, comme on le voit, ce que la Révolution voulut avec continuité dépassait beaucoup le projet de Philipon de la Madelaine ; au lieu de bibliothèques *populaires*, c'est-à-dire faites exclusivement pour les pauvres gens, pour les illettrés du second degré et où ils n'auraient trouvé que ce qui pourrait leur servir dans la vie pratique, elle chercha à instaurer des bibliothèques vraiment démocratiques. Tout l'héritage intellectuel de l'ancienne France était mis à la disposition de la France nouvelle, et continûment accru et renouvelé, il devait permettre à tous les Français, sans distinction de rang ou de fortune, de développer leur esprit dans toutes les directions et de poursuivre, à travers la vie, par l'étude volontaire, l'œuvre de leur éducation personnelle. Si cette conception avait pu être réalisée, la France aurait eu un réseau de bibliothèques comparables à ces « Free Town Libraries », que l'Angleterre a commencé à organiser à partir de 1850 et dont elle est légitimement fière.

Malheureusement, faute de temps, manque de circonstances favorables, il s'en fallut de beaucoup qu'on exécutât l'œuvre conçue. En dépit des circulaires et des instructions du gouvernement central, dans la plupart des districts, les dépôts qu'ils possédaient restèrent inutilisés ; ou leur classement traîna en longueur, ou il se fit mal, ou il ne se fit pas du tout. À la fin du Directoire, seules les bibliothèques placées près des Écoles centrales avaient·pu être organisées.

Pendant le Consulat et l'Empire, les questions d'éducation nationale furent reléguées à l'arrière-plan et le Gouvernement se désintéressa des bibliothèques publiques [1]. On le vit bien quand, par un arrêté du 28 janvier 1803, les bibliothèques des Écoles centrales furent mises à la disposition des communes sous la seule

[1] Vers cette époque, il y eut au moins une bibliothèque populaire. Elle est due à un ancien conventionnel, Dubois-Crancé, forcé alors de vivre dans la retraite. « Il avait une belle bibliothèque d'environ 6,000 volumes. Il en ouvrit l'accès à tous ses concitoyens et fit apposer dans tout le canton d'Asfeld, où il demeurait, une affiche où il les informa qu'ils pouvaient se présenter chez lui avec confiance, tous les jours et à toute heure, de 8 heures du matin jusqu'à 6 heures du soir, à dater du 1er germinal de chaque année jusqu'au 1er vendémiaire. Ils y trouveront, disait-il, sans aucune gêne, une table, des chaises, de l'encre, du papier, et le citoyen Dubois-Crancé leur procurera tous les livres dont ils désireront prendre connaissance. » (Santhonax, dans le journal *La Justice*, du 2 février 1885.)

condition qu'il serait pourvu à l'entretien de ces établissements et au traitement du bibliothécaire. Les communes, on le savait, n'étaient pas en état de profiter du présent qu'on leur faisait; grevées par les charges militaires, elles se contentèrent, pour la plupart, de loger tant bien que mal les collections qui devenaient leur propriété et ne se mirent pas en peine de les enrichir, de les tenir au courant; de plus, ou elles ne nommèrent pas de bibliothécaires, ou elles prirent en quelque sorte des bibliothécaires au rabais; de là un état de stagnation et parfois de désordre qui se prolongea durant tout l'Empire et la Restauration, si bien que ces bibliothèques, dites dès lors *bibliothèques des villes*, se trouvèrent bientôt désertées et ne rendirent presque aucun service. En outre, pendant trente ans (de 1800 à 1830 environ), on cessa complètement de se préoccuper des dépôts de livres qui avaient été placés dans les districts, devenus pour la plupart chefs-lieux d'arrondissement. Il en résulta des pertes considérables. Ici, les livres moisirent ou se mangèrent aux vers dans de mauvais locaux; là, on les laissa dérober[1]; ailleurs, ils furent vendus[2]; il arriva aussi, sous l'Empire et la Restauration, qu'un grand nombre de ces volumes furent revendiqués par leurs anciens propriétaires et leur furent, en effet, restitués; les évêques en demandèrent pour les bibliothèques de leurs séminaires et on les leur accorda. Sur certains points, l'œuvre de dégradation et de dilapidation fut telle qu'elle anéantit des dépôts tout entiers: Lesneven, en l'an III, possédait un dépôt où Cambry avait compté 8,000 à 10,000 volumes; en 1841, Ravaisson, chargé d'inspecter les bibliothèques de l'Ouest, constatait qu'il n'en restait aucune trace[3]. Ainsi, l'incurie des communes, tolérée par les gouver-

---

[1] Malgré les décrets, les instructions, les circulaires, les dépôts de livres, dès l'époque révolutionnaire, furent assez mal surveillés et conservés. Grégoire s'en est plaint dans son *Rapport sur la bibliographie*, présenté à la séance du 22 germinal an II. «Une foule de livres, dit-il, ont été vendus à bas prix, au poids, peut-être même depuis le décret du 22 octobre 1792, qui sursoit à toute vente de cette nature.» Il est certain que Grégoire a un peu déclamé, qu'il a exagéré le mal. (Voir dans la *Révolution française*, t. XLI, p. 169, un article de J. Guillaume.) Mais le mal a existé.

[2] A Angers, «le préfet fit vendre beaucoup de livres, les petits pour six liards la pièce, m'a-t-on dit, les grands formats pour 4 francs la livre pesant; le tout produisit 100 louis». (Ravaisson, *Rapports au Ministre de l'instruction publique sur les bibliothèques de l'Ouest*. Voir aussi Jean Gautier, *Nos bibliothèques publiques*, p. 28, Paris, 1903.)

[3] Dans les *Rapports* cités plus haut.

nements du Consulat, de l'Empire, de la Restauration, avait rendu inutiles les efforts tentés par la Révolution pour créer en France un réseau de bibliothèques accessibles et utiles à tous les citoyens; vers 1830, on se retrouvait à très peu près dans la même situation qu'avant 1789.

Cependant, tandis que le pouvoir était indifférent et inerte, l'initiative privée s'éveilla. En 1815, comme il arrive presque toujours au lendemain des grandes crises nationales, on recommença, dans certains milieux, à se préoccuper de l'éducation publique, longtemps perdue de vue. Il eût été difficile, même impossible, à de simples particuliers d'agir sur toute l'étendue de ce vaste domaine. On délimita donc la tâche que l'on voulait entreprendre; on alla à ce qui semblait le plus pressé; on ne s'occupa que des classes pauvres et laborieuses. C'est pour elles que Lazare Carnot créa, en 1815, la *Société pour l'instruction élémentaire*. Aux termes de ses statuts, elle avait pour objet de soutenir l'école « en faisant composer, traduire, imprimer des tableaux et des livres élémentaires, — en distribuant des tableaux, des livres et autres secours, — en encourageant la création de bibliothèques populaires ». Les bibliothèques n'étaient donc pas oubliées; mais, par la force même des choses, la Société qui songeait à les fonder ne pouvait les concevoir que comme des établissements très modestes, dont l'office serait de répandre les connaissances usuelles et quelques notions de morale courante. — En 1817, un anonyme offrit un prix de 1,000 francs à décerner à celui qui remplirait le mieux le programme suivant : « La Société décernera un prix de 1,000 francs au meilleur ouvrage élémentaire où seraient tracés avec simplicité, précision et sagesse les principes de religion chrétienne, de morale, de prudence sociale, qui doivent diriger la conduite des hommes de toutes les conditions, et les qualités de père, de fils, de mari, de citoyen, de sujet, de maître et d'ouvrier.... » Le prix fut décerné à de Jussieu pour son *Simon de Nantua* et l'on accorda une médaille d'or aux *Éléments de morale* de Renouard : tel était le type des ouvrages dont on voulait composer les bibliothèques populaires[1]. L'année suivante (mai 1818), Degérando fit à la Société une proposition qui avait pour objet « la formation de

____

[1] *Journal d'Éducation,* février 1818 (*Société pour l'instruction élémentaire*).

bibliothèques à l'usage des enfants qui fréquentent les écoles élémentaires et de leurs familles ». « Enseigner à lire et à écrire, disait-il, n'est qu'un engagement pris pour fournir de bons livres à ceux qui auront reçu ces leçons préliminaires. Les abandonner après ce premier présent, c'est leur avoir fait en quelque sorte un présent inutile. » Il voudrait donc que l'on arrêtât le plan « d'une bibliothèque populaire pour les campagnes et pour les villes, pour les filles et pour les garçons ». A chaque école de la Société serait « unie une petite bibliothèque bien assortie et bien appropriée aux besoins de la localité. — J'ose assurer, ajoutait Degérando, qu'on en formera le premier fonds avec 100 ou 150 francs; 5 à 10 francs, ajoutés par année, l'accroîtront suffisamment sans accroître sensiblement la dépense de l'école... Cette petite bibliothèque ne renfermera pas seulement des lectures pour l'enfance, mais aussi pour les adultes, des lectures pour les pères de famille eux-mêmes[1] ». Degérando, comme on voit, revenait à peu près au projet de Philipon de la Madelaine; ses ambitions n'étaient pas plus hautes, ses visées ne portaient pas plus loin. Nous ignorons d'ailleurs ce qu'il advint de sa proposition. Il y a apparence que, grâce aux secours et à la propagande de la Société, quelques établissements purent se former d'après le modèle qu'il avait tracé. Mais on peut croire aussi que leur nombre fut limité et qu'ils ne se développèrent guère.

L'impulsion, donnée par la *Société pour l'instruction élémentaire*, s'accentua après 1830. Issu d'un mouvement populaire, le Gouvernement de Juillet dut suivre l'opinion publique qui le pressait de s'occuper des questions d'enseignement et d'éducation. De là la loi de 1833, dont on peut dire qu'elle a créé l'instruction primaire.

Un article de Lerminier, paru dans la *Revue des Deux Mondes* (1er février 1834), montre jusqu'à quel point, en ces premières années du règne de Louis-Philippe, le besoin de culture fut vif et général. « L'instruction du peuple, dit Lerminier, est considérée par tous comme un devoir, ou du moins comme une nécessité... Tous les partis politiques parlent au peuple et lui apprennent quelque chose... Le catholicisme s'emploie à ré-

[1] *Journal d'Éducation*, novembre 1818.

pandre ce qu'il appelle les *bons livres*[1]; le républicanisme dissémine ses enseignements[2]... Les *manuels* pleuvent de toutes parts; nous sommes inondés de livres élémentaires; c'est un chorus universel et sans fin de leçons, de méthodes et de théories; tous les esprits sont remués, jusqu'aux plus incultes; partout on lit, on raisonne, on discute : *fiat lux !* » Comment, dans de pareilles conditions, la question des bibliothèques n'aurait-elle pas été mise à l'ordre du jour? Et nous voyons qu'elle préoccupa en effet le Gouvernement et les particuliers.

Il semble que le dessein du Gouvernement fut de reprendre l'œuvre de la Révolution. Son effort tendit à réorganiser les bibliothèques municipales de telle façon qu'elles pussent rendre des services à la population tout entière. Les bibliothèques de tout ordre, qui avaient ressorti jusqu'alors au Ministère de l'intérieur, furent rattachées au Ministère de l'instruction publique (1832), et des hommes comme Guizot, Villemain, Salvandy s'attachèrent non seulement à les réglementer, à y mettre de l'ordre, mais à les revivifier, à les rendre propres à remplir un office vraiment démocratique. En 1831, Vitet, chargé d'inspecter les bibliothèques du nord-ouest de la France, avait ouvert un avis intéressant. Après avoir constaté que les bibliothèques existantes ont été abandonnées à elles-mêmes « et sont devenues à peu près comme des entrepôts de marchandises passées de mode et sans consommateurs, il faut, ajoutait-il, y ramener la vie en les rattachant au présent ». Le plan à poursuivre consisterait à établir un rapport « entre les vieux livres des bibliothèques auxquels personne ne pense et les choses du jour dont tout le monde est avide ». Quand on aurait déterminé un certain courant de lecteurs vers les bibliothèques désertées, on devrait se préoccuper de les pourvoir de livres profitables à tous et il conviendrait que l'administration organisât, à cet effet, un service chargé de régler l'attribution des publications auxquelles elle souscrit[3]. —

---

[1] Il existait alors une *Association catholique du Sacré-Cœur* et une *Société catholique des Bons Livres* qui, de 1830 à 1836, firent imprimer et répandre toute une série de petits livres mystiques.

[2] *La Bibliothèque populaire*, entreprise du parti républicain, réimprima, en 1833 et 1834, une quantité de Discours, Pamphlets, etc., de l'époque de la Révolution.

[3] *Rapport au Ministère de l'Intérieur* sur les monuments, bibliothèques, etc., du nord-ouest de la France, dans le tome II des *Fragments et Mélanges* de Vitet, Paris, 1846.

C'est dans cette voie indiquée par Vitet que le Ministère de l'instruction publique tâcha de marcher. On lit dans une circulaire du 22 novembre 1833 : « La plupart des bibliothèques ne sont fréquentées que par un petit nombre de lecteurs. Cette indifférence peut bien provenir en partie de l'indifférence pour l'étude elle-même; mais elle a aussi une autre cause, savoir : le défaut d'harmonie entre les besoins, la direction d'esprit des lecteurs, et le genre d'ouvrages qu'on peut offrir en lecture... La première chose à faire est de corriger, autant qu'il se pourra, par un système d'échanges bien entendu, cette répartition vicieuse des richesses locales. » Au mois d'avril 1838, Salvandy invitait les municipalités à organiser des séances du soir pour que les bibliothèques pussent être utilisées par les artisans. De plus, on ne se contenta pas de travailler à la réorganisation des bibliothèques existantes; on chercha à en créer de nouvelles. Dans les missions qui leur furent confiées, A. Buchon, Ravaisson eurent à examiner s'il n'y avait pas à tirer parti des dépôts de livres qui, depuis l'époque révolutionnaire, avaient été laissés à l'abandon.

Cette organisation ou réorganisation des bibliothèques municipales était une entreprise qui ne pouvait donner de résultats appréciables qu'avec le temps; de plus, elle ne devait profiter qu'aux populations urbaines. Or la plupart des partisans de l'éducation populaire étaient désireux d'agir sans délai et ils voulaient que leur action s'exerçât sur tout le pays. Aussi voit-on que l'effort de l'initiative privée tendit alors à créer des bibliothèques dans les petites communes et, pour pouvoir faire immédiatement quelque chose, on se résigna sans peine à ne former que des projets très modestes. Les projets de ce genre furent alors assez nombreux : il faut en rappeler au moins quelques-uns.

Le *Journal de l'Instruction publique* du 21 octobre 1832 contient un compte rendu des travaux de la première année de la *Société pour l'émancipation intellectuelle*, dont le secrétaire général était Émile de Girardin. Entre les objets très divers qu'elle poursuit (publication d'un Journal des Connaissances utiles, d'un Almanach de France, tiré à 1,300,000 exemplaires, création d'une Caisse commune de prévoyance, de Caisses d'épargne dans les 360 chefs-lieux d'arrondissement, d'un Musée industriel, d'un Institut agricole), cette Société se propose de fonder des bibliothèques cantonales. «Au moyen de l'alliance contractée avec la *Société de l'Union encyclopédique*, la *Société pour l'émancipation intellectuelle*, sans s'exposer à rompre sous le poids des travaux dont elle est·déjà surchargée, peut, dès à présent, réaliser le projet de 3,000 bibliothèques cantonales. M. Bailly de Merlieux, directeur de l'*Union encyclopédique*, est chargé de la confection des livres qui devront composer ces bibliothèques cantonales, avec l'assistance d'un haut conseil de perfectionnement, partagé en trois comités : 1° Sciences et Lettres; 2° Arts industriels et Métiers; 3° Histoire, Géographie, Voyages... La *Société pour l'émancipation intellectuelle* a désigné dans son sein 9,000 de ses membres correspondants pour exercer à tour de rôle, quelques mois par an, les fonctions de bibliothécaires, conformément aux règlements rédigés. Les règlements des bibliothèques cantonales et la nomenclature des livres qui les composeront seront prochainement l'objet d'une annonce précise et détaillée. »

Cette même année, Degérando publia son *Cours normal des Instituteurs primaires*, recueil des leçons qu'il avait faites aux élèves de l'École normale de la Seine. Il y développait à nouveau le projet qu'il avait présenté, en 1818, à la *Société pour l'instruction élémentaire;* nul changement n'y était apporté; il engageait seulement les instituteurs à s'employer pour le faire réussir dans les communes dont l'école leur serait confiée.

En 1836, lors de la discussion du budget de l'instruction publique, M. Delessert appela l'attention du Gouvernement et des députés sur les bibliothèques populaires. Il demandait que toutes les communes fussent encouragées à créer des établissements de ce genre, sans lesquels, à son avis, la loi de 1833 ne pouvait produire pleinement son effet. Il trouvait un appui dans Dufaure qui disait : «Vous ouvrez les écoles primaires pour l'enfance, vous créez des institutions secondaires pour l'adolescence, vous élevez les chaires de vos sociétés savantes pour la jeunesse; eh bien! ouvrez des bibliothèques pour l'âge mûr. Les seules écoles possibles pour l'âge mûr, ce sont les bibliothèques publiques[1]. »

Quelques années plus tard, l'intervention du Gouvernement

---

[1] Émile de Girardin eut, vers ce temps, l'idée d'établir un système de circulation entre les bibliothèques qui viendraient à se fonder : «Avec un système d'échange et de circulation, disait-il, 5,000 à 6,000 volumes de

dans cette œuvre était réclamée d'une façon plus nette et plus pressante dans une brochure de Léon Curmer : *De l'établissement des bibliothèques communales en France* (Paris, 1846). « La charité publique, disait-il, les idées libérales et progressives n'auront jamais une telle unité, une telle simultanéité qu'on puisse leur confier, pour toute la France, l'exécution des bibliothèques... Nous croyons que la bibliothèque communale doit être un sanctuaire dont le Gouvernement doit avoir la clef pour n'en ouvrir l'accès qu'aux ouvrages reconnus et approuvés comme devant y obtenir droit de cité. » L'institution était donc mise à la charge de l'État et voici comment Curmer réglait la question financière :

« Il y a, disait-il, à peu près 37,038 communes; chaque bibliothèque comprendra 80 volumes à 1 fr. 15 l'un; d'où une dépense totale d'environ 4 millions. Si les Chambres, par impossible, ne voulaient pas voter cette somme, on pourrait recourir à une loterie. Une allocation annuelle, votée par les Chambres, permettrait d'entretenir les bibliothèques de livres nouveaux [1]. »

Homme d'opposition, Timon (de Cormenin) ne croyait pas que l'on pût compter sur cette participation du Gouvernement et, sans doute, ne la désirait pas. Dans ses *Entretiens du village* (Paris, 1846), qui eurent un succès très vif, il trace, lui aussi, un projet de création de bibliothèques populaires; mais, pour son exécution, il n'attend rien que des libéralités des particuliers et des communes. Pour commencer, ce serait assez d'une centaine de francs; car ces bibliothèques n'ont pas besoin d'être très étendues. A la ville, il suffirait d'y mettre de « petits ouvrages sur les caisses d'épargne, l'hygiène urbaine, les relations des ouvriers avec la police municipale, les éléments de la mécanique, de la physique et de la chimie, la géométrie élémentaire, la statistique, la morale, l'art du dessin dans ses diverses appli-

roulement par département suffiraient pour entretenir tous les mois les communes et les villes de livres nouveaux. » (*De l'Instruction publique*, p. 65. Paris, 1838.)

[1] En 1845, M. Gilles-Gilbert, imprimeur, juge au tribunal de commerce de Soissons, dans un *Projet d'éducation et d'instruction sociales* (Soissons, 1845). chercha à provoquer la création d'une *Association mutuelle* pour la propagation des bons livres moraux et religieux. Avec des souscriptions *ad libitum*, il pensait que cette association aurait pu arriver à fournir des livres à bas prix et à créer des bibliothèques communales, des bibliothèques pour les instituteurs, pour les casernes, pour les prisons, etc.

cations aux divers métiers, les mouvements du commerce et de l'industrie.... » Au village, on y placerait de « petits traités sur la morale, les préjugés populaires, les droits et les devoirs municipaux, le dessin linéaire, l'arpentage, les notions des sciences usuelles, la météorologie, l'histoire de France, la géographie et les préceptes de l'agriculture ». Les bibliothèques, dans les communes rurales, seraient logées dans la salle d'école et confiées à la garde de l'instituteur; à la ville, les livres seraient mis dans une boîte que l'on déposerait « chez quelque petit marchand honnête homme » où les ouvriers viendraient les emprunter.

Ces propositions diverses ne paraissent pas avoir donné beaucoup de résultats. Nous voyons qu'en 1832 des bibliothèques furent mises à la disposition des instituteurs de quelques cantons des Vosges, et que, l'année suivante, le conseil général fonda des bibliothèques du même genre dans tous les cantons du département. Nous savons que cet exemple fut suivi peu après par la Meurthe[1]. En 1838, nous trouvons une bibliothèque ouvrière à Strasbourg; elle avait été fondée par cinq ministres protestants. A Paris, en 1837, M. Perdonnet, président de l'Association polytechnique, institua à la Halle aux draps une petite bibliothèque affectée à l'usage des artisans qui suivaient ses cours. Et c'est tout; du moins, c'est tout ce que nous avons pu retrouver; l'on peut croire, en tout cas, qu'il restait beaucoup à faire, puisque tous ceux qui présentent des projets parlent de l'entreprise comme s'il fallait la prendre à pied d'œuvre. N'importe; si l'œuvre n'était guère avancée, il est certain du moins qu'on ne cessa plus dès lors d'y penser. Il faut seulement remarquer que, désormais aussi, a prévalu la conception qui fait de la bibliothèque populaire un simple établissement de vulgarisation des connaissances pratiques.

Quand l'avènement de la République de 1848 mit, pour un moment, la démocratie au pouvoir, les hommes du Gouvernement n'eurent garde d'oublier la question des bibliothèques : « Deux jours après mon arrivée au ministère, dit H. Carnot, je chargeai un homme honorable et spécial par sa profession et ses

<hr>

[1] Voir *Considérations sur les bibliothèques cantonales*, par Collard de Martigny, Nancy, 1836.

connaissances, M. Paulin, de préparer un projet relatif à l'organisation des bibliothèques communales. Ce projet est entre les mains de mon successeur qui fondera sans doute ces institutions populaires[1]. » Le 7 décembre 1848, Freslon, ministre de l'instruction publique, adressait en effet aux préfets une circulaire pour faire connaître son désir de voir créer une bibliothèque dans chaque commune rurale. Il indiquait comment elle devrait être composée : écrits sur les droits et les devoirs du citoyen, traités d'utilité pratique sur la législation usuelle, la culture de la terre, l'élève du bétail, une histoire nationale, une histoire des progrès de la civilisation, des biographies des grands hommes, enfin, « pour faire à l'imagination sa part légitime, j'y mettrais, disait-il, une collection des chefs-d'œuvre en prose et en vers de notre littérature ». Pour rendre possible l'exécution de ce plan, les préfets étaient invités à provoquer de la part des conseils municipaux le vote d'une allocation de 200 à 300 francs pour l'achat d'une bibliothèque.

La circulaire de Freslon resta lettre morte; l'appel du Gouvernement ne fut pas entendu, car, en 1850, un particulier, M. Radu, tenta de nouveau l'entreprise. Il prétendait fournir gratuitement des bibliothèques, meubles et livres, à 3,000 communes d'abord, puis à toutes les autres successivement, au fur et à mesure de la réalisation des souscriptions qu'il avait provoquées. En tête de la liste des souscripteurs figurait le Président de la République, comme protecteur de l'œuvre. Le 31 mai 1850, il parut au *Moniteur* une circulaire de Baroche, ministre de l'intérieur, pour engager les préfets à prêter à l'entreprise « le plus actif concours ». Nombre de prélats et le nonce du pape avaient donné leur adhésion. Malgré ces appuis, malgré ces encouragements officiels, la tentative de M. Radu échoua complètement. Il ne semble pas d'ailleurs qu'il y ait lieu de le regretter; certains indices permettent en effet de penser qu'il y avait là surtout une affaire commerciale.

N'omettons pas de mentionner que la loi du 15 mars 1850 (art. 56) prévoit un crédit pour les « bibliothèques de livres utiles ». Que l'institution ait pu tenir une place dans cette loi réactionnaire, c'est une preuve que l'opinion publique y attachait

---

[1] *Le Ministère de l'instruction publique et des cultes depuis le 24 février jusqu'au 5 juillet 1848*, par H. Carnot, Paris, 1848.

assez d'intérêt pour qu'il ait paru impossible de l'omettre complètement.

Pendant les premières années qui suivirent le coup d'État de 1851 et l'installation du second Empire, l'esprit public, plongé dans une sorte de torpeur, cessa de se préoccuper des œuvres de progrès. Mais un réveil commença vers 1858 et, à cette date, deux journalistes, Jules Mathias dans la *Presse*, Charles Sauvestre dans l'*Opinion nationale*, entamèrent une campagne en faveur des bibliothèques populaires. Elle fut remarquée, et le Gouvernement qui, à l'occasion, affichait des sentiments démocratiques, crut qu'il y avait lieu de faire quelque chose. Alors parurent les circulaires de mai 1860, d'avril 1861, enfin l'arrêté de juin 1862, par lesquels le ministre Rouland créa les bibliothèques scolaires. L'œuvre en elle-même est excellente et nous en parlerons dans un chapitre spécial. Mais, outre qu'elle est surtout adaptée aux milieux ruraux, elle était trop dans la dépendance du pouvoir pour donner satisfaction à tous. Et l'on vit alors les hommes de l'opposition libérale et républicaine se mettre en campagne pour pousser l'initiative privée à créer dans les grandes et petites villes des bibliothèques populaires indépendantes.

C'est à Paris que le mouvement commença. En 1861, M. Girard, ouvrier typographe, forma avec quelques-uns de ses camarades la Société des amis de l'instruction. Les associés, soutenus par M. Perdonnet, directeur de l'École centrale, aidés par leurs professeurs de l'Association polytechnique, réussirent à ouvrir, dans le IIIe arrondissement, leur première bibliothèque populaire. Chaque sociétaire devait payer une cotisation mensuelle; il participait à l'administration de la bibliothèque, au choix des livres et avait toute liberté de les emprunter. D'autres sections des *Amis de l'instruction* ne tardèrent pas à se constituer dans divers arrondissements de Paris. « M. Lamouroux est à la tête de la bibliothèque qui se fonde dans le XVIIIe; puis, suit de près celle du Ve, présidée par l'éminent écrivain M. Édouard Laboulaye... Peu après, celle du IXe est ouverte par M. Hément, sous le nom de *Bibliothèque des familles;* dans le VIIIe, c'est M. le comte Serrurier qui prend l'initiative; à Batignolles, après des difficultés, M. Jacquin, ancien secrétaire de M. Perdonnet, arrive à fonder une bibliothèque... Enfin, hors de Paris, le mouvement se propage et, pour ne citer que les plus voisines, c'est en nous démandant nos catalogues, nos règlements que se fondent les bibliothèques de Vincennes, de Choisy-le-Roi, d'Ivry, etc. [1] ».

Les efforts des *Amis de l'instruction* ne restèrent pas longtemps isolés. Dès 1862, fut décidée l'organisation d'une société nouvelle, dont l'action ne devait plus être bornée à Paris, mais s'étendre à toute la France. Ce projet, grâce à l'active propagande de son promoteur, le colonel Favé, aboutit assez vite. Au mois de juillet 1862, la constitution de la *Société Franklin* était annoncée. «Des hommes comme Charton, Jules Simon, Laboulaye ne tardèrent pas à se mettre au service de la jeune société; les dons affluèrent, la plus heureuse impulsion fut donnée à l'éducation populaire [2]. » — L'objet de la *Société Franklin* était ainsi défini dans l'article 2 de ses statuts : «La Société a pour objet de proposer l'établissement de bibliothèques municipales dans les localités qui en manquent, d'aider de ses conseils celles qui s'organisent, de leur communiquer le catalogue des livres qui méritent d'être recommandés, de les encourager par des dons en livres ou en argent, de se charger pour elles de leurs acquisitions, le tout sans frais et sans aucune responsabilité à sa charge. Elle ne s'immisce jamais dans les détails intérieurs de ces bibliothèques, à moins d'y être invitée par elles. » En se tenant à ce rôle d'intermédiaire officieux et de conseiller discret, la *Société Franklin* a, pendant de longues années, rendu des services très utiles.

Une autre Société, créée en 1866, la *Ligue de l'enseignement*, apporta bientôt à l'œuvre des bibliothèques populaires un concours de plus en plus actif. Jean Macé, l'organisateur de cette société nouvelle, avait préludé à sa carrière de propagandiste par la fondation d'une bibliothèque communale à Beblenheim. Il a conté lui-même comment il s'y prit pour faire réussir son entreprise : «Il y a un mois environ, dit-il, un homme de bonne volonté se présenta chez le maire de Beblenheim avec une douzaine de volumes sur le plat desquels le relieur avait frappé en lettres d'or ces mots : *Bibliothèque de Beblenheim*. Cette bibliothèque n'existait pas encore; mais il avait pensé que c'était le meilleur moyen de la faire exister, et il ne s'était pas trompé [3]. » En effet

---

[1] *Bibliothèque des Amis de l'instruction du III* arrondissement*. Exercices 1864 à 1868. Compte rendu par M. Harant, Paris, 1869.

[2] *Manuel général de l'instruction primaire* (30 avril 1898). Lettre ouverte aux instituteurs de France par Michel Bréal.

[3] *Les origines de la Ligue de l'enseignement*, par J. Macé, p. 39, Paris, 1891.

une petite somme fut votée par la commune et, en 1865, la bibliothèque de Beblenheim comptait 1,845 volumes. La démarche de J. Macé est de 1862 ; l'année suivante (29 novembre 1863) était fondée la *Société des bibliothèques populaires du Haut-Rhin*[1]. En peu de temps 52 bibliothèques furent créées dans ce département. Mulhouse, dont la population était alors de 45,587 habitants, n'avait, en 1864, que 800 volumes dans sa bibliothèque : en décembre 1866, 1,770 lecteurs inscrits avaient à leur disposition 3,089 livres et, cette même année, le nombre des volumes prêtés s'élevait à 59,258. Malmerspach, petite commune de 449 habitants, lisait, en 1865, 1,443 volumes. — Ce mouvement ne resta pas limité au département du Haut-Rhin ; il s'étendit à toute la région de l'Est. A Dole, à Montbéliard, en 1865, des sociétés se fondent à l'imitation de la *Société des bibliothèques du Haut-Rhin*. Bien plus, dès 1862, M. Le Bretegnier, pasteur à Beutal par l'Isle-sur-le-Doubs, avait fait paraître une petite revue trimestrielle, dont le prix d'abonnement était de 1 fr. 50 et qui s'intitulait : *Le Lecteur, organe des bibliothèques populaires*. Le programme de cette publication est intéressant à connaître : « Le but que nous nous proposons dans cette modeste revue est de mettre en relation directe et constante tous les bibliothécaires, d'offrir à tous le bénéfice de l'expérience de chacun..., de provoquer l'établissement de bibliothèques partout où il y a école primaire, ou école du dimanche, ou union chrétienne de jeunes gens... Combien de bibliothécaires qui sont embarrassés sur l'emploi des sommes, quelquefois minimes, mais toujours précieuses, dont ils peuvent disposer ! ou bien ils ne sont pas au courant des productions littéraires, ou bien ils ne connaissent qu'un titre d'ouvrage souvent trompeur, ou tout au moins insuffisant pour en déterminer la nature... Combien ne voit-on pas d'ouvrages recommandés par des critiques trop bienveillants, ou prônés par des plumes intéressées. Il faut donc que les bibliothécaires trouvent parmi eux des sentinelles vigilantes, des explorateurs actifs, des guides

[1] « Avant la *Société des Bibliothèques du Haut-Rhin*, il y avait dans le département des bibliothèques populaires fondées par des manufacturiers en faveur de leurs ouvriers. Dans l'usine de M. Trupp, il existe, depuis plus de quinze ans, une bibliothèque qui compte aujourd'hui 1,200 volumes amassés d'année en année et 500 lecteurs sur 700 ouvriers. M. Jean-Jacques Bourcart, de Guebwiller, a fondé des cours populaires et une bibliothèque de plus de 2,000 volumes. A Beaucourt, M. Adolphe Japy a mis 800 volumes à la disposition de ses ouvriers. » (*Annuaire encyclopédique*, Paris, 1866.)

sûrs et impartiaux qui ne laissent entrer dans les bibliothèques qu'une nourriture saine, que des productions de bon aloi [1]. » Une publication de cette nature aurait pu rendre de grands services. Malheureusement son existence ne se prolongea pas au delà de trois ou quatre années [2]; elle prouve, en tout cas, qu'un intérêt, qu'une attention de plus en plus vive se portait sur les bibliothèques populaires [3].

Dans les autres parties de la France on ne peut pas constater autant d'activité que dans les départements de l'Est. Pourtant quelques résultats furent obtenus, qui doivent être signalés. Il faut rappeler la création de la *Société des Bibliothèques communales et populaires du Rhône*, qui réussit à ouvrir quelques établissements. Guebwiller, Nîmes, Tarbes, Pau, Angers, Vernon, Rochefort, Bordeaux, Nantes, Saint-Quentin, Elbeuf, etc., ont alors des bibliothèques populaires en pleine prospérité; on voit même se produire des tentatives dans des départements pauvres et retardataires comme la Lozère; l'Algérie commence à entrer dans la voie que lui montre la métropole. Association, crédits communaux, générosités personnelles, tout est mis en œuvre suivant les circonstances et les localités. Pour soutenir ces efforts, pour en hâter et en développer le succès, une véritable campagne de conférences fut menée, en 1865 et 1866, par des hommes en vue tels que Laboulaye, Édouard Charton, Jules Simon, Saint-Marc Girardin [4], etc.

[1] *Les Origines de la Ligue de l'enseignement*, par J. Macé, p. 63, Paris, 1891.

[2] A la Bibliothèque nationale nous n'avons trouvé que les années 1862, 1863, 1864. Il faut noter que cette petite revue marqua de plus en plus des tendances confessionnelles. Peut-être y a-t-il là une cause de son peu de durée.

[3] « Les catholiques ont, à Paris, la *Société pour l'amélioration et l'encouragement des publications populaires*... Beaucoup de bibliothèques paroissiales ont été fondées en province, comme l'attestent l'existence d'une *Revue des bibliothèques paroissiales du diocèse d'Avignon* et l'œuvre des bibliothèques cantonales du diocèse de Nancy... Les protestants, de leur côté, font de très louables efforts... Montbéliard a une société spéciale pour la propagation des livres; il y en a aussi à Strasbourg, Mulhouse, Colmar et Lyon. La société des Traités religieux, de Paris, répand, chaque année, un million et demi de petits traités. MM. Courtois, banquiers à Toulouse, y ont fondé, il y a une vingtaine d'années, une *Société des livres religieux* qui, dans l'exercice 1861, a dépensé 91,000 francs, publié 88,813 exemplaires d'ouvrages divers et fondé 81 bibliothèques. » (Renseignements donnés par Jules Simon dans un article publié par la *Revue des Deux Mondes* du 15 février 1863.)

[4] On peut lire quelques-unes de ces conférences dans la *Revue des cours littéraires* (années 1865 et 1866).

Le Gouvernement ne faisait rien pour favoriser ce mouvement; mais, du moins, d'abord il n'intervint pas pour l'entraver. Cependant, en voyant qu'il était dirigé par des hommes qui lui étaient notoirement hostiles, il devait un jour ou l'autre en prendre ombrage. C'est ce qui arriva en 1867. Des habitants de Saint-Étienne adressèrent alors au Sénat une pétition où ils se plaignaient du choix que l'on avait fait de certains ouvrages pour former deux bibliothèques populaires sous le patronage de l'autorité municipale. Ils avaient été surtout scandalisés par l'inscription sur le catalogue d'ouvrages de Renan et d'Eugène Pelletan.

On sait que Sainte-Beuve intervint en cette occasion pour défendre, contre les dévots et les impérialistes autoritaires, les organisateurs des bibliothèques de Saint-Étienne [1]. Mais son intervention n'empêcha pas le Gouvernement de songer à organiser une réglementation, une surveillance. Cela suffit pour alarmer, pour décourager même quelques-uns des hommes qui jusqu'alors avaient travaillé avec le plus d'ardeur à la propagation des bibliothèques populaires. Voici ce que disait Victor Schneegans, à la cinquième réunion annuelle de l'assemblée générale de la Société des bibliothèques communales du Bas-Rhin [2] : « Votre Comité, Messieurs, fut péniblement impressionné, comme vous l'avez été vous-mêmes, lorsque, par la bouche d'un ministre, le Gouvernement fit connaître ses intentions; il dut s'attendre à voir le découragement s'emparer de ceux qui avaient répondu à ses appels. Ce qu'il prévit alors ne tarda pas à se réaliser : le mouvement s'arrêta subitement; les bibliothèques déjà existantes semblèrent s'endormir; plusieurs autres qui étaient en formation annoncèrent ne plus vouloir continuer leurs efforts.... » Il est vraisemblable en effet que, si l'Empire eût duré, il n'aurait pas manqué de gêner les progrès d'une œuvre qui s'était formée et développée en dehors de toute autorité officielle [3].

<hr>

[1] Le discours de Sainte-Beuve se trouve au tome II des *Premiers Lundis.*

[2] *Compte rendu* de la cinquième réunion annuelle de l'assemblée générale de la Société des bibliothèques communales et populaires du Bas-Rhin, Strasbourg, 1868.

[3] Comme on appréhendait l'éventualité d'une réglementation gouvernementale, Barthélemy-Saint-Hilaire, Tassin, Léopold Javal et Lefèvre-Pontalis présentèrent, en 1870, un projet de loi sur les Sociétés de bibliothèques populaires. L'article 1ᵉʳ de ce projet accordait l'autorisation de fonder des bibliothèques populaires sous la seule condition d'une déclaration à l'autorité

Mais le temps d'arrêt, marqué dans le discours de Schneegans, fut de courte durée. L'Empire tombé, la République proclamée, on comprit que le nouveau gouvernement était disposé à considérer le soin de l'éducation nationale comme un de ses devoirs les plus instants. A Paris, au lendemain de l'investissement, l'organisation de bibliothèques municipales gratuites à créer dans tous les arrondissements de la capitale était mise à l'étude. M. Jules Claretie, chargé de dresser un projet, le remit, le 24 septembre 1870, au membre du Gouvernement de la défense nationale délégué à la Mairie de Paris (Jules Ferry). Après avoir rappelé les efforts qui avaient été faits par la *Société des amis de l'instruction* et par la *Société Franklin*, M. Claretie disait que le Gouvernement républicain du 4 septembre avait jugé qu'il fallait faire plus encore pour enrichir, « au point de vue intellectuel, cette ville de Paris, centre de civilisation, qu'à cette heure entoure un cercle de fer ». Chaque arrondissement devait organiser une bibliothèque populaire, accessible à tous sans aucuns frais et qui, ouverte tous les jours, de 10 heures du matin à 4 heures de l'après-midi et de 7 heures à 10 heures du soir, pourvoirait à la fois à la lecture sur place et au prêt à domicile[1]. Le rapporteur prenait aussi soin de marquer comment ces bibliothèques devraient être composées : « Les puérilités, disait-il, ne devront point figurer dans nos catalogues; il faut intellectuellement au peuple ce qu'un écrivain appelait les *viandes noires* de la pensée. Le champ est assez vaste et la collection assez belle de ces toniques en philosophie et en politique, bien faits pour réagir

publique. L'article 2 était ainsi conçu : « L'examen des livres destinés à faire partie de la bibliothèque populaire est confié à une commission composée de six membres, dont trois pris dans le comité de la Société et trois pris dans le conseil municipal ou désignés par lui. Aucun ouvrage ne pourra être admis qu'après avoir été approuvé par cette commission. » Ce projet de loi ne vint jamais en discussion. (Voir *Bulletin de la Société Franklin* du 15 avril 1870.)

[1] Il faut rappeler qu'un premier projet avait été formé sous l'Empire. M. Alexandre de Saint-Albin, attaché à la bibliothèque de la ville de Paris, « conçut le plan de multiplier les bibliothèques populaires des mairies et de les relier par un service spécial à l'administration centrale. Ce projet, soumis à M. le baron Haussmann, lui plut, et le préfet chargea de le mettre à exécution M. de Saint-Albin lui-même, qu'il nomma, le 22 novembre 1866, inspecteur des bibliothèques d'arrondissement ». (*Les Bibliothèques municipales de la ville de Paris*, par E. de Saint-Albin, p. 10, Paris, 1896.) Mais il faut dire aussi que cela ne donna rien ou à peu près; en 1869, il n'y avait que deux bibliothèques d'arrondissement.

contre l'anémie morale et la décadence [1]. » Ce projet, comme on pense, ne put recevoir une exécution immédiate. Mais il ne resta pas pourtant un simple document d'archives. Dès que Paris, après les deux sièges, eut repris sa vie normale, entre 1871 et 1877, neuf bibliothèques municipales gratuites s'ouvrirent dans divers arrondissements (xi°, xx°, iu°, xii°, x°, xvi°, iv°, ii°, xvii°); dès 1872, des crédits étaient inscrits au budget municipal pour la création et l'entretien de bibliothèques gratuites dans les mairies. Paris ainsi dès l'abord se plaçait à la tête d'un mouvement qui, de proche en proche, s'est étendu à toute la France.

Avec la République, les hommes de bon vouloir avaient en effet repris courage; après 1870, communes, associations, particuliers avaient institué de toutes parts des bibliothèques populaires. En raison de l'intérêt qu'il portait à cette œuvre, en raison aussi de l'importance croissante qu'elle prenait, le Gouvernement, à la date du 8 janvier 1873, crut devoir ouvrir une enquête sur sa situation. Dans la circulaire qu'il adressait aux préfets à ce dessein, Jules Simon, alors Ministre de l'instruction publique, s'exprimait ainsi : « Vous me ferez d'abord connaître le nombre de ces bibliothèques, et, pour chacune d'elles, si la création en est due, soit à la municipalité, soit à l'initiative privée, soit à de grands propriétaires, à des fabricants et chefs d'usines, soit enfin à des sociétés ouvrières, coopératives, de secours mutuels, ou à des ministres des différents cultes. — Vous voudrez bien m'indiquer ensuite le nombre de volumes qu'elles renferment, me dire si elles sont ouvertes au public ou si elles ne font que prêter au dehors; si le prêt est gratuit; si chacune possède un catalogue, un budget; quelles sont les ressources dont elles disposent; s'il existe un comité de surveillance et quelle est son action. » L'enquête close, on constata que le nombre des bibliothèques populaires instituées en France s'élevait à près d'un millier (exactement 773) et le Gouvernement, pensant alors qu'il ne pouvait pas se désintéresser d'une œuvre de cette importance, se résolut à y participer et à la réglementer. Cette réglementation, fort simple, est contenue dans l'arrêté du 6 janvier 1874, qui est toujours en vigueur. Notons d'ailleurs que l'État n'imposait rien à

[1] Ce rapport est donné dans le tome IV de *la Législation de l'instruction primaire en France*, par Gréard.

personne ; il disait seulement à ceux qui sollicitaient son concours qu'il ne le pouvait accorder si l'on n'acceptait pas en échange sa direction et son contrôle [1]. C'est ainsi qu'il existe maintenant : 1° des bibliothèques populaires municipales et des bibliothèques populaires libres subventionnées et, partant, soumises au contrôle de l'État et à ses règlements ; 2° des bibliothèques populaires non subventionnées et, partant, absolument indépendantes.

Voici en quoi consiste la subvention de l'État : il est souscrit, tous les ans, sur le vu de la loi de finances, à un certain nombre d'ouvrages destinés aux bibliothèques et désignés au choix du Ministre par une commission compétente... Sur l'avis de la commission il peut être accordé aux bibliothèques populaires des ouvrages provenant du dépôt légal (arrêté du 6 janvier 1874, articles 1 et 2). — Donc point de secours en argent, mais attribution d'ouvrages dans des conditions déterminées. Ajoutons que

[1] Les bibliothèque municipales de la ville de Paris sont, en principe, soumises au contrôle de l'État. Mais, en raison de leur importance, et aussi parce qu'elles ne demandent ni ne reçoivent de subventions de l'État, elles ont une organisation spéciale qu'il faut faire connaître en quelques mots. Cette organisation se caractérise d'abord par l'existence d'un Service central, institué dès 1879 près le cabinet du Préfet de la Seine et qui s'occupe de toutes les questions qui touchent à l'administration et au fonctionnement des bibliothèques ; un inspecteur, nommé par le Préfet de la Seine (la création de cet emploi remonte à 1878), surveille la marche de ces établissements et la fait connaître au préfet par les rapports qu'il lui adresse. Il existe, de plus, une commission centrale de surveillance des bibliothèques populaires de Paris et du département de la Seine qui, instituée par arrêtés préfectoraux des 14 juin et 1ᵉʳ décembre 1882, a été réorganisée en 1901 (arrêtés des 4 et 25 mars). «Composée du Préfet de la Seine et du secrétaire général de la Préfecture, de deux sénateurs, deux députés, quatre maires des arrondissements de Paris, deux maires des communes du département, du vice-recteur de l'Académie de Paris, des directeurs du Cabinet du préfet, de l'Enseignement, des Affaires municipales, des Affaires départementales, de l'inspecteur général des Services administratifs et financiers, du chef du 2ᵉ bureau du Cabinet et de l'inspecteur des bibliothèques avec voix consultative, cette commission est chargée de donner son avis sur toutes les questions concernant l'organisation, le fonctionnement et le personnel des bibliothèques. Elle arrête en outre tous les ans la liste des ouvrages recommandés aux commissions locales chargées du choix des livres dans les arrondissements de Paris et dans les communes du département de la Seine. Il existe, en effet, dans chaque arrondissement de Paris, une commission locale présidée par le maire et composée des adjoints, des conseillers municipaux, des représentants de l'Administration et d'un certain nombre de notabilités agréées par le Préfet de la Seine.» (Rapport sur les bibliothèques municipales présenté au Conseil municipal de Paris, en 1904, par M. Léopold Bellan.) Pour plus de détails, on pourra consulter l'ouvrage déjà cité de M. E. de Saint-Albin.

les concessions d'ouvrages ne sont faites que sur la proposition des préfets (art. 4.).

Quant à la direction de l'État, elle est exercée d'abord par la Commission permanente dont il a été parlé plus haut, en tant qu'elle désigne au Ministre les publications auxquelles il y a lieu de souscrire pour les placer dans les bibliothèques. Créée en 1874, sur le modèle de la *Commission consultative des bibliothèques scolaires* formée par Duruy en 1865, elle a été fondue un moment (en 1879) avec cette dernière commission. Puis, cette commission consultative des bibliothèques scolaires et populaires a été subdivisée en trois sections. L'arrêté du 10 janvier 1880 disposait : « La Commission consultative des bibliothèques scolaires et populaires instituée par arrêté du 15 mars 1879 sous la présidence du Ministre est subdivisée, à partir du 1ᵉʳ janvier 1880, en trois sections : 1° le Comité de perfectionnement des publications populaires; 2° le Comité des bibliothèques populaires, libres et communales; 3° le Comité des bibliothèques scolaires, qui portera désormais le nom de *Bibliothèques populaires des écoles publiques;* ce comité sera chargé également des livres de prix. » Le premier de ces trois comités devait étudier, soit à la demande de l'administration, soit sur la proposition de ses membres, les moyens les plus propres à encourager et à répandre les bons livres, signaler notamment au Ministre les ouvrages à récompenser, les sujets à mettre au concours, rédiger enfin les programmes du concours et juger les ouvrages présentés. La liste des membres qui le composaient fut publiée par l'*Annuaire de l'instruction publique* en 1880 et 1881; ensuite il n'en est plus fait mention. Il semble que, dès ce temps, il avait vécu. Les deux autres comités, au contraire, que l'on désigne aujourd'hui sous le nom de commissions, n'ont pas cessé de fonctionner et d'exercer une direction dans la mesure qui leur est départie [1].— De plus, la direction de l'État se fait encore sentir par le fait

[1] La Commission des bibliothèques populaires a fait paraître, en 1880 et 1881, deux fascicules d'un *Catalogue d'ouvrages de lecture* (Imprimerie nationale). Malheureusement elle s'en est tenue là. De 1881 à 1893 a paru au *Bulletin de l'instruction publique* la liste des ouvrages approuvés par la Commission, après chaque séance. Nous ignorons pour quelles raisons cet usage a été abandonné. Cela paraît d'autant plus surprenant que le *Bulletin* continue à publier les listes de livres qui ont reçu l'approbation de la Commission des bibliothèques scolaires. Voir la note 1 de la page 192.

qu'il appartient au Ministre de nommer, sur la proposition des fondateurs et la présentation du préfet, les membres du comité de surveillance et d'achats de livres près de chaque bibliothèque. — En troisième lieu, le classement, la tenue des bibliothèques populaires subventionnées sont réglés par une instruction ministérielle, qui a été publiée dans le numéro 451 du *Bulletin de l'instruction publique* [1].

Reste à dire ce qu'est le contrôle. — Aux termes de l'article 9 de l'arrêté du 6 janvier 1874, « les administrateurs, les bibliothécaires ou les commissions de surveillance des bibliothèques qui ont obtenu une concession du Ministère adressent, tous les ans, au Ministre un rapport sur l'état de la bibliothèque, son accroissement, ses ressources et les progrès réalisés. Ces rapports sont visés par les préfets, qui les transmettent au Ministre, en les accompagnant, s'il y a lieu, de leurs observations ». Nous savons bien que cette disposition n'est pas observée ; mais, si l'on y voulait tenir la main, elle pourrait permettre de recueillir de très utiles renseignements. Ajoutons que l'inspection des bibliothèques populaires est confiée à des agents de l'État. Depuis le décret du 21 mars 1884, il existe quatre inspecteurs généraux des archives et bibliothèques qui, dans leurs tournées, ont qualité pour surveiller la marche de ces établissements. En outre, ils sont soumis à l'inspection de l'inspecteur d'académie (dans l'étendue de sa circonscription) et, en certains cas, à celle d'un membre de l'Université ou d'un ancien élève de l'École des chartes désignés au choix du Ministre par le préfet et le recteur.

En 1879, le rapporteur de la commission du budget, M. Édouard Millaud, fit la critique de cette organisation : « Il serait désirable, disait il, qu'une réglementation n'assimilât pas les bibliothèques populaires aux bibliothèques scolaires. On comprend très bien que la Commission des bibliothèques, qui siège au Ministère de l'instruction publique, désigne les ouvrages qui, par leur clarté, leur intérêt, leur moralité, conviennent le mieux aux bibliothèques scolaires ; mais les bibliothèques populaires, fondées par des individus, des cercles ou des corporations, ne peuvent qu'être entravées dans leur développement par l'abus des précautions administratives, la demande de catalogues sou-

---

[1] Le Ministère a aussi établi des *Règlements modèles* pour les bibliothèques populaires municipales et les bibliothèques populaires libres subventionnées.

vent coûteux à établir, et les exigences d'une inspection dont
l'utilité, incontestable pour les bibliothèques scolaires, est plus
que douteuse pour les bibliothèques populaires. » Mais les critiques de M. Millaud qui, sur certains points, ne sont pas fondées
en fait, n'ont pas été, croyons-nous, renouvelées. En somme,
l'arrêté du 6 janvier 1874 paraît constituer une charte assez
libérale : quand l'initiative privée ne lui demande rien, l'État lui
laisse pleine liberté; il ne lui impose de conditions — conditions
d'ailleurs assez larges — que lorsqu'elle recourt à son appui.
La direction, le contrôle de l'État rendent plus de services qu'ils
n'apportent de gêne et c'est ce dont on s'est aperçu aux États-
Unis où, depuis 1890, l'indépendance des *Trustees*, jusqu'alors
sans limites, a été restreinte par la création de *State Commissions*.

Les faits, au reste, indiquent de façon assez claire que le
régime actuel est favorable au développement des bibliothèques
populaires. Nous avons dit qu'en 1874 on comptait en France
773 de ces établissements. Une statistique du Ministère de l'instruction publique, publiée dans le *Bulletin* du 13 décembre 1902,
nous apprend que les bibliothèques populaires municipales ou
libres qui ont accepté les règlements et le contrôle de l'État sont
au nombre de 2,991 (1,884 municipales, 1,027 libres). En moins
de trente ans, le chiffre atteint en 1874 a donc plus que triplé [1].

---

[1] Nous n'avons pas de documents qui nous permettent d'établir la situation
des bibliothèques populaires indépendantes de l'État. Mais il y a apparence que
leur nombre s'est accru. Voici, par exemple, ce que l'on nous dit des bibliothèques populaires catholiques : «A la date de 1900, leur nombre pouvait être
évalué à 30,000 environ. 6,000 sont annexées à des œuvres catholiques d'hommes,
de femmes ou de jeunesse et à la disposition exclusive des membres de ces
œuvres; — 3,000 sont des bibliothèques circulantes se renouvelant annuellement;
— 2,000 sont des bibliothèques scolaires; — 1,000 sont des œuvres spéciales;
— le surplus, soit 18,000 environ, doit être classé comme bibliothèques paroissiales.» (E. Vedic, *L'Église et les œuvres sociales en 1900*, p. 35, Paris,
1901.) Même si l'on croit que ces chiffres sont majorés, il reste toujours que la
situation des bibliothèques populaires catholiques doit être assez prospère.

VII

RESSOURCES, INSTALLATION, FONCTIONNEMENT.

Il ne suffit pas de connaître le nombre des bibliothèques dont la statistique a constaté l'existence : il importe au moins autant de savoir comment elles vivent, si leur existence est plus que nominale.

I. Nous devons donc d'abord chercher de quelles ressources elles disposent. Mettons à part les bibliothèques de la Ville de Paris. Elles ont toutes des ressources, sinon très larges, du moins suffisantes. La Ville, en 1904, affectait à ses 79 bibliothèques une subvention de 220,225 francs. M. Bellan, dans son rapport présenté au nom de la 4ᵉ Commission, a proposé, pour 1905, d'élever cette somme à 270,225 francs. Il demandait, en outre, qu'un crédit de 13,000 francs fût voté pour les 13 bibliothèques populaires libres que subventionne le Conseil. Nous voyons que, dans la répartition du crédit, 11 bibliothèques municipales devaient recevoir chacune de 1,500 à 2,000 francs; 39 étaient inscrites pour des crédits de 1,000 à 1,500 francs; il n'en était aucune dont l'allocation fût au-dessous de 400 francs. Ce n'est pas là l'opulence sans doute, mais une honnête aisance.

Malheureusement, en province, la situation est tout autre.

D'après l'enquête ministérielle de 1902, 86 bibliothèques populaires (dont 54 municipales et 32 libres) ont un budget de recettes supérieur à 1,000 francs; 107 (dont 83 municipales et 24 libres) disposent annuellement de 500 francs à 1,000 francs; 173 (dont 118 municipales et 55 libres) reçoivent de 100 francs à 500 francs. Ainsi, sur les 2,911 bibliothèques populaires existantes (1,184 municipales et 1,027 libres), il n'en est que 366 qui aient un budget de 100 francs et au-dessus; partant, 2,545 bibliothèques ou n'ont pas de ressources ordinaires, ou ces ressources sont si chétives que l'on ne peut en faire état.

A Paris, on a des exemples de libéralités privées qui ont enrichi les bibliothèques populaires : c'est ainsi que la bibliothèque de l'impasse d'Oran a reçu de Mᵐᵉ veuve Gustave Tridon, en 1895, un legs de 90,000 francs, qui produit un revenu annuel de 2,331 francs; que la bibliothèque professionnelle d'art et d'in-

dustrie de la rue Titon a été constituée au moyen d'une somme
de 200,000 francs, léguée en 1882 par M. Forney, et qui produit un revenu de 7,105 francs affecté à l'entretien de l'établissement et à l'augmentation de ses collections. Il faut rappeler en
outre qu'il a été fait des dons importants en volumes : la bibliothèque du iii° arrondissement a reçu 1,000 volumes de M. Groud;
celle du vi°, 600 volumes du peintre Léon Cogniet. La bibliothèque du xvi° arrondissement, particulièrement favorisée, a recueilli, en 1872, le legs Edelestand du Meril : 5,400 volumes;
en 1880, le legs de Mocomble : 600 volumes; en 1885, le legs
Foussier : 2,000 volumes; en 1895, le legs Parent de Rozan :
4,000 volumes; en 1903, le legs de Bonnemain : 800 volumes.

Il se peut que, sur tel ou tel point du pays, il y ait eu des
dons de ce genre; mais, quoique les renseignements positifs nous
manquent, nous croyons pouvoir dire sans témérité qu'ils ont été
rares. S'il en était autrement, pour des raisons qu'il est superflu
de déduire, « cela se saurait », comme on dit. D'après tout ce que
nous savons, les bibliothèques populaires de province ne reçoivent la plupart du temps que des livres dont on se défait plutôt
qu'on ne s'en dessaisit; et, quant au peu d'argent qu'elles re-
cueillent, il provient du produit de fêtes scolaires, de souscriptions, de secours accordés par des sociétés comme la Ligue de
l'enseignement, la Société Franklin, le Sou des bibliothèques, etc. :
ressources qui, tout compté, ne sont et ne peuvent être que
faibles et précaires.

En fait, nos bibliothèques populaires, presque pour les cinq
sixièmes, ne s'accroissent et ne se renouvellent que par les concessions de l'État. Or le crédit, inscrit au budget de 1905 pour
cet objet, n'est que de 50,000 francs environ; et, aux meilleures
années, il n'a guère dépassé le double de cette somme. Qu'est
cela pour près de 3,000 bibliothèques?

Si fâcheux que cela paraisse, on est donc forcé de reconnaître
que le plus grand nombre de ces dépôts n'existe que sur le papier.

II. Avec des ressources si faibles, les installations matérielles
ne sauraient être que médiocres.

Pourtant, à bien prendre les choses, ce n'est peut-être pas de
ce côté que se fait le plus sentir la misère de nos bibliothèques
populaires. En France, depuis trente ans environ, on a bâti
beaucoup de mairies et d'écoles et, s'il s'en faut que ces locaux
soient magnifiques ou même simplement confortables, ils sont

habitables en tout cas; or c'est là que les bibliothèques populaires (au moins les bibliothèques populaires municipales) sont installées pour la plupart. Il est vrai que, d'après M. Chevalley, on ne leur aurait réservé que la plus mauvaise place : «Une chambre haute, à moins que ce ne soit un cabinet noir, annexe de mairie, vestibule d'école, soupente de cercle, voilà, dans nos provinces, ce qu'est la bibliothèque populaire. Il est tel chef-lieu de département qui avait, il y a quelque temps, la sienne sous un escalier[1]. » Ainsi s'exprime M. Chevalley; mais nous avons des raisons de croire que ce tableau a toujours été un peu chargé et que, dans ces dernières années, il est devenu infidèle.

En tout cas, ce qui doit mettre en défiance contre les assertions de M. Chevalley lorsqu'il parle de la province, c'est qu'il a fait de l'installation des bibliothèques parisiennes une peinture que nous savons très inexacte. A son dire, tout y serait absolument défectueux. Il suffit de les visiter pour s'assurer que cette condamnation est excessive. Rien que par les descriptions qui sont données de ces établissements dans le livre bien informé de M. E. de Saint-Albin, on peut voir qu'ils répondent presque tous à leur destination, qu'il en est même où l'élégance ne manque pas ; telle la bibliothèque du II* arrondissement, telle la bibliothèque de la mairie des Batignolles. Un étranger en a parlé avec plus de justice et de justesse : «La plupart des bibliothèques de Paris, dit le D* Albert Schwab, sont simplement, mais convenablement et commodément installées[2]. »

Ce qui a conduit M. Chevalley à porter des jugements si pessimistes, c'est qu'il avait entrepris une campagne analogue à celle qui a été menée récemment en Allemagne et qui est connue sous le nom de *Leschallebewegung* A la bibliothèque de prêt, qui est la forme la plus ordinaire de nos bibliothèques populaires, il voulait substituer la salle de lecture et il visait avant tout à rendre cette salle assez attrayante pour qu'elle pût faire concurrence à la boutique du liquoriste : «Une bibliothèque populaire, disait-il, est un instrument pour donner à lire au peuple et le sauver, comme un cabaret pour lui donner à boire et l'empoisonner. Leur commun objet est d'attirer la foule. Or... jamais le pauvre ne résiste à la lumière. Il y va d'instinct, comme les phalènes. Je vou-

<hr>

[1] *Manuel général de l'instruction primaire*, 29 octobre 1898.
[2] Dans le livre de Reyer : *Fortschritte der volkstümlichen Bibliotheken*, p. 55.

drais donc, avant tout, la bibliothèque populaire au rez-de-chaussée, sur la rue, avec une large-vitrine et de grandes glaces très claires qui, le soir, jetteront largement, joyeusement dans la nuit une lumière aussi invitante que celle du bar d'en face. Il faudrait encore de vastes portes, de béantes portes, toujours ouvertes sur la chaussée. Mieux vaudrait même, si l'on pouvait, pas de portes du tout. »

Que cette transformation soit désirable, nous le reconnaissons volontiers; mais nous voyons aussi qu'elle n'est pas possible quant à présent. Où nos bibliothèques prendraient-elles de l'argent pour transformer leur installation? La campagne de M. Chevalley ne pouvait produire aucun résultat et n'en a produit aucun, en effet. Les temps n'étaient pas mûrs et ne le sont pas encore devenus.

Notons, d'ailleurs, que toutes les bibliothèques ne sont pas, comme il tendait à le faire croire, de simples bureaux de prêt « borgnes et quasi honteux ». Dans la plupart des villes de quelque importance il y a des salles pour la lecture sur place. A Paris, ce service est assuré dans 36 bibliothèques sur 79, et assuré d'une façon convenable : « Autant que possible, là où fonctionnent en même temps la lecture sur place et le prêt à domicile, on a cherché à séparer l'un de l'autre les deux services... Le mobilier des bibliothèques municipales, assez élégant dans certaines mairies... est, partout ailleurs, des plus simples. Les armoires-bibliothèques, qui avaient d'abord paru nécessaires, ont été remplacées peu à peu par des rayonnages, les battants des portes à ouvrir et à fermer nuisant à la rapidité du service. Un bureau et un fauteuil pour le bibliothécaire, une grande table pour les lecteurs sur place, avec les chaises nécessaires, une petite table pour le maniement des livres, un escabeau, une ou deux banquettes pour le public du prêt à domicile et une barrière maintenant les emprunteurs à distance, tel est, en général, tout l'ameublement[1]. » Le bar, assurément, offre plus de séductions; il est permis pourtant de penser que ceux qui sont venus une fois dans ces salles où l'on est commodément assis, suffisamment chauffé et éclairé, ne répugneront pas à y retourner.

III. Ce qui nous paraît le plus fâcheux pour les bibliothèques populaires, c'est qu'elles ne sont ouvertes que pendant un nombre d'heures insuffisant.

[1] Saint-Albin, *Les Bibliothèques municipales de Paris*, p. 230-231.

Les bibliothèques des petites localités provinciales, qui ne font guère que le prêt, sont ouvertes une seule fois par semaine, le dimanche en général, pendant une heure ou deux; dans les localités moyennes, il y a deux et parfois trois jours d'ouverture; mais la séance n'excède presque jamais deux heures. C'est seulement dans un très petit nombre de villes importantes que la bibliothèque est ouverte tous les jours; seulement, même dans les grands centres, la durée de la séance est toujours parcimonieusement mesurée. Il n'existe pas, à notre connaissance, une seule bibliothèque populaire qui soit accessible au public tout le long du jour, comme cela se voit ordinairement aux États-Unis et en Angleterre.

En 1885, même à Paris, on en était encore à n'avoir que des séances quotidiennes de deux heures (généralement de 8 heures à 10 heures du soir, en semaine, et de 10 heures du matin à midi, le dimanche). On dut bientôt reconnaître que c'était insuffisant : dans certains arrondissements le public venait si nombreux que les employés ne pouvaient suffire à la distribution des livres. Dans les vingt dernières année, le total des heures d'ouverture a été assez notablement augmenté. Aujourd'hui, trois bibliothèques reçoivent le public pendant tout l'après-midi et la soirée : bibliothèque de la place Voltaire, de 11 heures du matin à 5 heures et de 8 heures à 11 heures du soir; bibliothèque Forney, de 1 heure à 3 heures et de 7 heures à 10 heures du soir; bibliothèque de la place Armand Carrel, de 1 heure à 6 heures et de 8 heures à 10 heures du soir. De plus, il y a douze bibliothèques qui s'ouvrent quatre heures par jour (en général de 4 heures à 6 heures et de 8 heures à 10 heures du soir). Ce progrès vaut d'être signalé; mais, lorsque l'on songe aux services que, dans les centres populeux, une bibliothèque ouverte en permanence pourrait rendre à tous, plus particulièrement aux ouvriers, quand viennent les jours pénibles et périlleux du chômage, on regrette que ce progrès n'en soit encore, à Paris, qu'à ses débuts et qu'il ne se soit pas étendu à toutes les grandes villes.

A la vérité, l'on remarque que les clients des bibliothèques populaires n'usent, en grande majorité, que du prêt à domicile. A Paris, dans les années qui suivirent la création des bibliothèques municipales, on n'organisa que le service de lecture sur place et l'on s'aperçut que, dans certaines sections, le public faisait défaut. Aussi, dès 1879, s'empressa-t-on de créer le service de prêt au dehors dans toutes les bibliothèques et il fut décidé qu'à l'avenir il ne s'en créerait aucune qui n'en fût pourvue. C'était faire sagement et la clientèle augmenta partout. Pourtant, ne se peut-il pas que, si les lecteurs sur place sont rares, c'est qu'une brève séance ne paraît pas valoir la peine d'un dérangement?

Quant aux villes moyennes et petites, s'il n'est pas nécessaire que la bibliothèque y soit ouverte en permanence, du moins serait-il bien utile qu'elle eût une séance quotidienne. Nous reconnaissons que, dans les petits centres, il n'y a pas un intérêt pressant à organiser la lecture sur place, puisque chacun, à l'ordinaire, emprunte des livres pour les lire chez soi. Mais prendra-t-on le goût et l'habitude de se rendre au bureau de prêt, s'il n'est ouvert que de loin en loin?

IV. L'insuffisance des heures d'ouverture telle est donc, à notre avis, la faiblesse essentielle des bibliothèques populaires. On se plaint avec raison de la pauvreté de leurs collections : fussent-elles riches, où serait l'avantage, s'il est si malaisé de les utiliser? Sur ce point, les doléances de M. Chevalley nous paraissent tout à fait justifiées : « Il y a, dit-il, en France, plusieurs millions de volumes faits pour être constamment feuilletés, et qui dorment; et le capital intellectuel que nous stérilisons ainsi ne se peut calculer. Quel négociant songerait à n'étaler qu'un jour sur trois? à entrebailler sa porte au lieu de l'ouvrir? à garder ses marchandises au lieu de les écouler? »

On voit sans peine quelle est la cause de ce mal; il vient de l'insuffisance numérique du personnel, qui s'explique elle-même par l'insuffisance des ressources en argent.

Le personnel des bibliothèques populaires comprend deux catégories : à Paris, dans les villes un peu importantes, on trouve un personnel plus ou moins rétribué; ailleurs, il n'y a que des bibliothécaires bénévoles.

Hâtons-nous de dire que, malgré ce que l'on pourrait croire, le recrutement de ce personnel, dans les deux catégories, n'est pas loin d'être satisfaisant.

A Paris, le personnel des bibliothèques placées dans les mairies est recruté parmi les employés des bureaux de ces mairies, sur la proposition des maires; celui des bibliothèques placées dans les écoles communales est choisi parmi les instituteurs attachés à ces écoles, sur la proposition du Directeur de l'enseignement primaire de la Seine. C'est ordinairement le directeur de l'école qui remplit les fonctions de bibliothécaire. Les agents de service des bibliothèques des mairies sont pris habituellement parmi les garçons de bureau de ces mairies. Chaque bibliothèque, en principe, comporte un bibliothécaire, un sous-bibliothécaire et un agent de service ou garçon de bureau; dans quelques bibliothèques, très fréquentées, possédant des locaux distincts pour le prêt à domicile et la lecture sur place, le cadre est augmenté d'un sous-bibliothécaire ou d'un garçon de bureau. Le personnel des bibliothécaires et sous-bibliothécaires, divisé en cinq classes, reçoit des émoluments qui varient, suivant la classe, de 400 fr. à 1,000 francs. En 1895 (et il n'a guère varié depuis lors), il comprenait 72 bibliothécaires, 2 bibliothécaires adjoints (hors cadre), 93 sous-bibliothécaires et 98 appariteurs, soit, au total, 265 employés. En 1904, le total des sommes employées à indemniser ce personnel se montait à 162,825 francs.

En province, les bibliothécaires, rétribués ou non, sont pris de même pour la plupart parmi les employés de mairie, surtout parmi les membres de l'enseignement primaire, quelquefois parmi les professeurs de l'enseignement secondaire (après qu'ils ont été admis à la retraite). On a eu sans doute des exemples de choix singuliers; on pourrait signaler quelques intrus, surtout des agents électoraux, dans les rangs des bibliothécaires. Pourtant il n'y a là que des exceptions assez rares.

En somme, à le prendre dans son ensemble, ce personnel qui, il est vrai, manque d'une préparation professionnelle, présente du moins quelques garanties au point de vue de la culture générale. Nous avons pu consulter un assez grand nombre de rapports adressés au Ministre de l'instruction publique par les inspecteurs généraux des bibliothèques; nous avons eu sous les yeux des comptes rendus soumis aux maires, dans une vingtaine de départements, sur la marche des bibliothèques populaires. Tous ces documents attestent que le personnel des bibliothécaires se montre, par la capacité, à peu près à la hauteur de sa tâche et que, d'ailleurs, il n'épargne ni ses soins ni sa peine. Sans être enclin à l'optimisme, nous croyons que la manutention de ces dépôts ne donne pas prise à de graves critiques, que tout s'y passe avec ordre et régularité, que le personnel a de la ponctualité et de l'application, qu'il observe enfin avec intelligence les instructions officielles qui ont pour objet d'assurer la bonne tenue de ces établissements. Nous inclinons même à le considérer comme très capable de comprendre l'importance du rôle éducatif qu'il est appelé à remplir. Dans les *Instructions* publiées par la Préfecture de la Seine on lit un paragraphe sur les *Devoirs des bibliothécaires :* « Celui, est-il dit, qui se renfermerait dans le simple rôle de conservateur des livres et qui se bornerait à un travail de classement, de surveillance et d'enregistrement ne remplirait pas toute sa mission. Le bibliothécaire ne doit jamais perdre de vue le véritable objet de l'institution des bibliothèques populaires; ce n'est pas seulement d'offrir à la population un simple passe-temps gratuit, mais aussi de lui fournir des éléments de moralisation, d'instruction et d'élévation intellectuelle. Sans négliger les détails matériels de ses fonctions, le bibliothécaire doit donc se constituer autant que possible le conseiller des personnes qui s'adressent à lui et s'appliquer à guider dans leurs choix les habitués de la bibliothèque. Quelques informations discrètement prises auprès du lecteur sur sa profession, le degré d'instruction qu'il a reçu, peuvent suffire pour permettre de lui indiquer les ouvrages les plus propres à l'intéresser et à développer les connaissances qui lui sont particulièrement utiles[1]. » On a des preuves que ces recommandations excellentes ne sont pas restées lettre morte; plus d'un rapporteur a eu l'occasion de montrer au Conseil municipal par des exemples quelle heureuse influence avaient exercée des bibliothécaires intelligents et zélés sur l'éducation de leur clientèle.

Mais, dans ce personnel laborieux et dévoué, les mieux partagés n'ont qu'une rétribution modeste, les plus nombreux n'en ont aucune. Ajoutons que, le plus souvent, la fonction de bibliothécaire est pour eux une fonction accessoire qu'ils remplissent après avoir déjà fait leur tâche du jour. Il est donc impossible, en fait comme en droit, de leur demander de longues heures de présence. Et voilà comment ce qu'il y a le plus à regretter dans l'organisation de nos bibliothèques populaires, c'est non pas qu'elles fonctionnent mal, mais qu'elles fonctionnent trop peu.

V. Étant acquis d'une façon générale qu'elles ne rendent pas tous les services qu'il faudrait, il reste à se demander quelle est l'étendue et la valeur des services qu'elles rendent, ou, pour

____

[1] *Instructions pour le classement et le fonctionnement des bibliothèques municipales,* p. 6, Paris, 1884.

poser la question en termes moins abstraits : combien de livres y lit-on? De quelle espèce sont-ils? Comment est composée la clientèle?

Sur le premier point nous sommes assez bien renseignés : en ce qui concerne Paris, nous trouvons dans le livre de M. de Saint-Albin deux tableaux qui permettent de suivre, pour une période de près de vingt ans, l'enrichissement des collections et le mouvement continûment progressif suivant lequel elles ont été utilisées. Il nous a paru qu'il y avait intérêt à mettre ces tableaux sous les yeux du lecteur.

ANNÉES.	NOMBRE des BIBLIO-THÈQUES.	NOMBRE général des VOLUMES.	NOMBRE général des LECTURES SUR PLACE.	NOMBRE général des PRÊTS À DOMICILE.	TOTAL des LECTURES SUR PLACE et des PRÊTS À DOMICILE.	PRÊTS de MUSIQUE [1].
1878...	8	32,237	"	"	29,339	"
1879...	11	38,276	37,331	20,509	57,840	"
1880...	17	55,115	42,444	105,123	147,567	"
1881...	18	78,012	56,329	210,314	266,643	6,667
1882...	22	89,355	87,775	313,640	401,415	10,559
1883...	26	100,247	109,670	440,670	550,340	17,775
1884...	40	133,850	123,461	650,529	773,990	25,344
1885...	46	162,673	154,711	876,456	1,031,167	39,118
1886...	49	174,378	162,994	1,024,705	1,187,699	53,842
1887...	54	200,457	163,878	1,029,710	1,193,388	55,322
1888...	58	215,576	161,636	1,115,800	1,277,436	59,757
1889...	63	237,482	145,279	1,086,848	1,232,127	62,711
1890...	65	251,835	135,850	1,231,064	1,366,914	67,531
1891...	67	278,317	144,641	1,331,172	1,475,813	71,414
1892...	68	287,732	154,292	1,399,917	1,554,209	78,202
1893...	70	299,158	171,421	1,441,760	1,631,181	78,318
1894...	71	301,116	151,709	1,609,754	1,761,463	81,020

[1] «La musique est comptée dans le prêt et ne doit pas y être ajoutée. Si elle figure ici, en même temps que dans le prêt, dans une colonne à part, c'est pour montrer l'importance et la rapidité de son mouvement.

«Au contraire, les consultations et les prêts des bibliothèques et des sections d'art industriel, étant en dehors et en plus, forment l'objet du tableau suivant.» (Note de M. de Saint-Albin.)

BIBLIOTHÈQUES D'ART INDUSTRIEL.

CONSULTATION SUR PLACE ET PRÊT À DOMICILE, PAR BIBLIOTHÈQUE ET PAR ANNÉE,
DE L'ORIGINE À 1894.

ARRONDISSEMENTS.	BIBLIOTHÈQUES.	1886.	1887.	1888.	1889.	1890.	1891.	1892.	1893.	1894.
II°.	Mairie..........	8,400	8,715	7,179	4,995	4,349	4,965	6,235	5,251	5,007
III°.	Mairie..........	//	4,513	2,723	3,921	3,383	3,890	4,430	5,539	5,612
IV°.	Place des Vosges..	//	//	//	//	4,303	3,022	3,212	4,168	4,474
VI°.	Mairie..........	//	894	6,541	8,560	8,969	9,060	9,386	9,703	9,128
XI°.	Bibliothèque For-ney	9,413	14,288	22,445	28,264	39,541	49,586	69,083	68,368	76,135
XII°.	Mairie..........	//	//	1,586	1,964	1,859	1,635	1,940	2,266	2,095
XIV°.	Boulevard du Mont-parnasse	5,238	6,697	7,144	8,656	7,459	7,275	7,278	6,702	11,136
XVII°.	Rue Ampère	//	//	2,075	2,858	1,865	2,805	2,095	2,398	3,773
XVIII°.	Rue Richomme...	//	//	//	3,450	5,431	6,593	7,575	8,851	7,984
XIX°.	Mairie..........	//	//	//	//	//	1,017	3,143	3,453	3,203
	TOTAUX.....	23,051	35,107	49,693	62,568	77,159	89,848	114,377	116,699	128,547

Depuis 1894, ce mouvement ne s'est pas ralenti : en 1898, il y eut, dans les bibliothèques populaires de Paris, 2,093,636 consultations et prêts; — en 1899, 2,022,686; — en 1902, 2,046,209; — en 1903, 2,214,560. « En 1883-1884, la moyenne annuelle des lecteurs était seulement de 308 par 1,000 habitants. Cette moyenne est montée à 646 en 1892, à 658 en 1893, à 719 en 1894, et déjà dans certains arrondissements, au II° et au XIV°, les 1,000 volumes par 1,000 habitants sont dépassés. » Dans les dix dernières années, la moyenne des lectures n'a pas cessé de suivre une marche ascendante. S'il y a en Europe et en Amérique des villes où les bibliothèques sont fréquentées dans une proportion plus forte, il faut donc pourtant reconnaître que les bibliothèques de Paris ont une activité véritable.

Pour la province, nous n'avons pas d'autres renseignements que ceux qui nous sont fournis par la statistique publiée en 1902 par le Ministère de l'instruction publique. Nous y voyons d'abord que, pour une population d'environ 36 millions (défalcation faite de la population de Paris), les bibliothèques populaires de province ne contiennent pas plus de 4,166,417 volumes. D'autre part, il n'y a que 26 départements où le nombre des prêts soit supérieur au nombre des volumes contenus dans les dépôts. Pour que l'on puisse, d'ailleurs, se faire une idée plus nette de la situation, nous donnons ci-dessous, pour ces 26 départements, le nombre des volumes, celui des prêts et le chiffre de la population.

NUMÉROS D'ORDRE.	DÉPARTEMENTS.	NOMBRE DES VOLUMES.	NOMBRE DES PRÊTS.	NOMBRE DES HABITANTS.
1	AIN	50,960	51,340	351,569
2	ALLIER	31,672	42,831	424,378
3	DOUBS	47,987	76,413	302,046
4	FINISTÈRE	27,004	75,894	739,648
5	GARONNE (HAUTE-)	44,800	52,320	459,377
6	GIRONDE	55,715	72,886	809,202
7	ILLE-ET-VILAINE	33,454	54,987	622,039
8	ISÈRE	38,664	68,792	568,933
9	LANDES	20,696	43,298	292,884

NUMÉROS D'ORDRE.	DÉPARTEMENTS.	NOMBRE DES VOLUMES.	NOMBRE DES PRÊTS.	NOMBRE DES HABITANTS.
10	Loire	52,398	89,416	625,336
11	Loire-Inférieure.........	51,171	89,377	646,172
12	Loiret.................	33,033	54,922	371,019
13	Maine-et-Loire	39,481	94,563	514,870
14	Morbihan	13,373	27,135	552,028
15	Nièvre................	20,939	25,641	533,899
16	Nord.................	47,961	71,601	1,811,868
17	Pyrénées (Hautes-).....	6,155	11,501	218,973
18	Rhône................	134,050	158,167	839,329
19	Saône (Haute-)........	27,149	28,495	272,891
20	Sarthe	10,160	26,891	425,077
21	Seine (moins Paris)....	466,346	723,691	803,680
22	Seine-et-Oise	132,567	137,829	669,098
23	Vendée	18,234	25,005	441,735
24	Vienne (Haute-).......	18,909	26,060	375,724
25	Alger	32,509	47,687	1,526,667
26	Constantine	18,302	26,375	1,874,806

Nous croyons, il est vrai, que le compte des prêts donne des chiffres inférieurs à la réalité; car, dans beaucoup de petites bibliothèques, on ne prend pas soin de les enregistrer. Mais, alors même que l'on relèverait ces chiffres de beaucoup, il resterait toujours que l'écart entre le chiffre des lectures faites et celui de la population serait considérable; et l'on est ainsi contraint de conclure que l'œuvre des bibliothèques populaires n'a encore en province qu'un bien faible degré de pénétration.

A la seconde question que nous nous sommes posée : de quelle nature sont les livres que l'on lit? nous ne pourrons pas faire de réponse pour ce qui regarde l'ensemble du pays. Très rares sont les bibliothèques de province où l'on donne un relevé par catégories des ouvrages prêtés. En général, on se contente d'indications vagues : « Les ouvrages le plus fréquemment demandés sont..... Les romans sont toujours le plus en faveur...... ». Voilà les formules que nous avons pu lire dans la plupart des rapports que nous avons eus sous les yeux. Le compte serait trop vite fait de ceux où nous avons trouvé des données p récises.

Mais, à Paris, on a fait soigneusement cette statistique négligée en province; et, si l'on songe que, sur 6,212,626 prêts relevés pour toute la France en 1902, Paris compte pour 2,046,209, soit un tiers environ, on pensera qu'il vaut la peine de consigner ici les résultats de ce travail. Voici comment se divisèrent les ouvrages donnés en lecture au cours de l'année 1881-1882:

Sciences et arts. Enseignement	38,775
Histoire	29,628
Géographie et voyages	35,758
Littérature, poésie, théâtre	18,301
Langues étrangères	1,520
Musique	9,085
Romans	200,255

Sur 363,322 volumes prêtés, les romans comptaient donc pour plus de la moitié, exactement pour 55.11 p. 100. L'administration, qui n'entendait pas que les bibliothèques nouvellement créées fussent de simples cabinets de lecture gratuits, vit avec quelque déplaisir la prédominance de ce genre de lectures. Dans les *Instructions* publiées en 1884 [1] on invitait les bibliothécaires à faire effort pour donner à leur clientèle des goûts plus sérieux : « une multitude de lecteurs, surtout parmi les jeunes gens, n'ont besoin que d'être mis sur cette voie pour la suivre; les relations qui s'établissent à la longue entre le bibliothécaire et les habitués de sa bibliothèque lui fournissent, s'il le veut, les moyens de concourir efficacement à ce relèvement progressif du niveau des lectures ». En fait, il s'est produit, depuis ce temps, un certain progrès : le tantième des romans était en 1891 de 51.50 p. 100; en 1892, de 51.63; en 1893, de 51.42. En 1899, voici comment les lectures se subdivisent par nature d'ouvrages.

Romans	961,248	soit 51.4 p. 100.
Littérature et poésie	275,198	14.7
Géographie, voyages	237,952	12.7
Histoire	153,769	8.2
Sciences et arts	148,668	7.9
Musique	81,866	4.3
Langues étrangères	8,147	0.4
TOTAL	1,866,848	

[1] Déjà cité.

Après examen de ces chiffres, le Dᵣ A. Schwab fait cette réflexion : « Cette proportion est satisfaisante, car dans la plupart des bibliothèques d'Angleterre et du continent les romans comptent pour les trois quarts et même davantage. Ainsi donc, à Paris, non seulement on lit beaucoup, mais on fait des lectures sérieuses, on lit avec goût [1]. »

Par ce que nous savons de Paris, il serait un peu hasardeux, en l'absence de renseignements positifs, de conclure que les choses vont de même en province. Toutefois, on peut incliner à croire que les tendances, qui se remarquent dans la clientèle parisienne, se retrouvent plus ou moins dans toute la France. D'autre part, beaucoup d'inspecteurs primaires, lors de l'enquête faite en 1903-1904 sur la situation des œuvres post-scolaires, ont noté que le besoin de lire — et de lire des choses sérieuses — se fait de plus en plus sentir. Nous estimons donc que, dès maintenant, les bibliothèques populaires servent à quelque chose de plus qu'aux passe-temps de leur clientèle.

Quant à savoir exactement comment est composée cette clientèle, nous n'avons pu y réussir. En province, le classement des lecteurs et emprunteurs par sexe et par professions ne se fait presque nulle part : les quelques renseignements que nous avons réunis sur ce point sont trop rares en vérité pour permettre de les utiliser. Même à Paris, il n'a pas été dressé de statistique d'ensemble ; M. le Préfet de la Seine a bien voulu répondre à une lettre que nous lui avons adressée et nous informer que le deuxième bureau de son cabinet, chargé du service des bibliothèques municipales, ne possède pas les éléments d'une statistique de ce genre. Il est arrivé cependant que certains bibliothécaires, particulièrement curieux et zélés, ont tenu à connaître le public qui fréquentait leur dépôt et ont consigné dans leurs rapports les résultats de leur enquête. On jugera peut-être qu'il y a quelque intérêt à recueillir ces indications éparses. Voici d'abord un relevé fait à la bibliothèque du XVIIᵉ arrondissement, en 1886 :

PROFESSIONS.	HOMMES.	FEMMES.
Propriétaires, rentiers, sans profession...	36	142
Commerçants...	57	6
Employés...	257	12

[1] Dans le livre déjà cité du Dᵣ E. Reyer : *Fortschritte der volkstümlichen Bibliotheken*, p. 62.

PROFESSIONS.	HOMMES.	FEMMES.
Ouvriers...	85	60
Artistes..	7	7
Professeurs, instituteurs...................	18	22
Étudiants.......................................	42	"
Hommes de lettres, journalistes.........	5	"
Domestiques...................................	22	"
Totaux....................	529	253
Total général................	782	

A la bibliothèque du VIII° arrondissement, la classification par
sexe et par professions a donné les résultats suivants pour les
nouveaux lecteurs inscrits en 1894 [1] :

PROFESSIONS.	HOMMES.	FEMMES.
Professions libérales......................	15	2
Rentiers ou sans profession.............	11	85
Professeurs, étudiants, artistes.........	92	68
Commerçants..................................	29	8
Employés......................................	73	17
Ouvriers..	21	34
Domestiques..................................	18	16
Totaux....................	259	230
Total général................	489	

Dans le rapport présenté par M. Bellan au Conseil municipal,
en 1904, on trouve aussi quelques renseignements du même
genre. Voici, par exemple, le relevé qui a été fait à la bibliothèque de la mairie du XIV° arrondissement :

Professions libérales (artistes, étudiants, etc.).....	200
Employés (d'administration ou de commerce)......	360
Professions manuelles (ouvriers des deux sexes)....	450
Sans profession (rentiers, retraités, ménagères)....	240

Nous avouons encore une fois qu'il n'y a pas là de quoi per-

[1] Nous empruntons ce tableau et celui qui précède au livre de M. de Saint-
Albin, déjà cité, p. 147, 242.

mettre d'affirmer quelque chose d'un peu précis. Cependant il n'est pas défendu de croire que, dès leurs débuts, les bibliothèques municipales de Paris ont été utilisées par toutes les classes de la population et, si l'on songe qu'il y a aujourd'hui 13 établissements où existent des sections de prêt d'ouvrages relatifs à l'art et à l'industrie, que, dès 1894, le chiffre des lecteurs de cette catégorie d'ouvrages spéciaux s'élevait à 128,547 [1], on aura quelque motif pour supposer que les ouvriers de Paris profitent dans une mesure appréciable des facilités qui leur sont offertes pour s'instruire.

VI. Reste à nous demander comment les bibliothèques populaires sont réparties sur la surface du pays. Voici quelques-unes des observations que l'on peut faire à cet égard lorsque l'on examine la statistique ministérielle de 1902. On constate qu'il y a cinq départements où l'on compte plus de 100 bibliothèques populaires.

| DÉPARTEMENTS. | BIBLIOTHÈQUES | | TOTAL. |
	MUNICIPALES.	LIBRES.	
Côte-d'Or................	132	15	147
Seine (moins Paris)........	70	34	104
Seine-et-Oise.............	98	19	117
Somme..................	147	3	150
Yonne.................	74	84	158

Viennent ensuite 11 départements (Aude, Charente-Inférieure, Doubs, Isère, Jura, Loir-et-Cher, Loiret, Nord, Rhône, Seine-Inférieure, Deux-Sèvres) qui possèdent de 50 à 100 bibliothèques populaires municipales ou libres.

Dans 19 départements (Ain, Aisne, Allier, Corrèze, Drôme, Eure, Eure-et-Loir, Finistère, Gard, Gironde, Hérault, Loire, Loire-Inférieure, Maine-et-Loire, Mayenne, Meurthe-et-Moselle, Nièvre, Saône-et-Loire, Seine-et-Marne), le chiffre de ces établissements varie entre 30 et 50.

[1] Voir le tableau que nous avons donné plus haut, p. 179.

Ce chiffre est inférieur à 10 dans 21 départements (Basses-Alpes, Hautes-Alpes, Alpes-Maritimes, Ardennes, Ariége, Cantal, Corse, Côtes-du-Nord, Dordogne, Gers, Haute-Loire, Lot, Meuse, Morbihan, Puy-de-Dôme, Hautes-Pyrénées, Haut-Rhin, Haute-Saône, Sarthe, Vaucluse, Oran).

A prendre les choses en gros, il résulte de là que 35 départements semblent suffisamment pourvus de bibliothèques; qu'il y en a 21 où leur nombre est manifestement au-dessous des besoins et que, dans les 35 départements qui restent, la situation, à ce point de vue, est plutôt médiocre que passable.

On voit aussi au premier coup d'œil que les bibliothèques populaires ont pris surtout du développement dans les départements voisins de Paris, dans les régions du Nord et de l'Est, tandis qu'elles restent en retard dans l'Ouest et dans le Centre.

Si les hommes qui s'intéressent à l'institution venaient un jour à se grouper et décidaient de concerter leurs efforts, une de leurs premières préoccupations devrait être de faire disparaître cette inégalité de répartition.

VIII

LES BIBLIOTHÈQUES SCOLAIRES EN FRANCE.

L'idée de placer des bibliothèques dans les écoles apparaît dès l'époque de la Révolution : « Il sera formé pour chaque école une petite collection de livres à l'usage des élèves qui fréquenteront l'école, et la garde en sera confiée à l'instituteur. » (Décret sur l'organisation des écoles primaires, 12 décembre 1792. Titre I".) Mais on ne s'avisa pas alors que ces dépôts pussent servir à d'autres qu'aux élèves.

Il semble bien que c'est le baron Degérando qui, le premier, songea à faire de la bibliothèque scolaire ce qu'elle est devenue plus tard, c'est-à-dire la bibliothèque populaire de l'école, pouvant être utilisée à la fois par les enfants et les adultes, par les élèves et leurs familles. C'est le sens de la proposition qu'il fit, en 1818, à la *Société pour l'instruction élémentaire* et dont nous avons parlé dans un chapitre précédent [1].

Cette idée reçut peut-être un commencement d'exécution dans quelques écoles; mais le Gouvernement ou l'ignora ou ne crut pas devoir l'adopter. Une circulaire du baron Cuvier aux recteurs, en date du 11 novembre 1820, annonce que l'administration de l'instruction publique a jugé utile de répandre certains ouvrages dans les écoles; mais il s'agit seulement de livres de classe. De même, en 1828, de Vatimesnil, en se proposant d'établir, pour les écoles primaires, un certain nombre de bibliothèques, n'y voulait mettre que « les ouvrages jugés les plus propres à l'enseignement pour être distribués, au besoin et en quantité suffisante, aux enfants des familles pauvres » [2]. Ce dessein fut repris, sous le Gouvernement de Juillet, par Montalivet, et ses successeurs au Ministère de l'Instruction publique, de 1830 à 1848, envoyèrent un grand nombre d'ouvrages élémentaires. Les volumes ainsi répandus représentaient, en 1848, une valeur de près de 2 millions [3]. Ces libéralités auraient rendu possible la création de

[1] Voir p. 152.
[2] Montalivet, *Rapport au roi*, 12 août 1831.
[3] Voir *Rapport sur les bibliothèques scolaires* (1866-1877), par le baron de Watteville (Imprimerie nationale, 1879).

bibliothèques dont la composition aurait pu ensuite être modifiée et élargie; malheureusement, elles furent en pure perte; en 1850, on ne trouvait plus trace de bibliothèques dans les écoles.

C'est au ministre Rouland qu'il faut rapporter l'honneur d'avoir vraiment créé les bibliothèques scolaires. Dans une circulaire aux préfets (31 mai 1860), il marquait nettement leur but et, par une prescription pratique, assurait leur conservation. «Doter les populations laborieuses d'un fonds d'ouvrages intéressants et utiles est un besoin qui, chaque jour, se fait plus sérieusement sentir. Une vaste organisation de bibliothèques communales répondrait à ce but; mais cette organisation présente des difficultés qu'un concours multiple de volontés et de sacrifices permettrait seul de résoudre complètement. En attendant, il est possible de tenter un premier essai. Mon administration accorde fréquemment des livres à un grand nombre d'écoles; les départements, les communes, les particuliers eux-mêmes s'associent à ces dons. Je m'efforcerai d'y ajouter encore; mais la possession d'un corps de bibliothèque est la condition première de la conservation des volumes. Ce point est incontestable et a décidé la résolution dont je viens vous faire part aujourd'hui. J'ai décidé qu'à l'avenir tout projet de construction ou d'acquisition de maison d'école, pour l'exécution duquel un secours sera demandé, devra être accompagné d'un devis spécial de dépenses afférentes au mobilier scolaire dans lequel sera comprise, en première ligne, une bibliothèque. Si le mobilier existe déjà, la bibliothèque sera seule mentionnée. » Ainsi fut amorcée une organisation que Rouland compléta bientôt après par l'arrêté du 1ᵉʳ juin 1862.

Dès l'abord, il fit voir aussi qu'il portait à cette œuvre un intérêt véritable : en quatre ans, le département de l'instruction publique distribua aux bibliothèques scolaires 87,400 ouvrages, représentant plus de 250,000 volumes : en 1860, 3,384 ouvrages; en 1861, 857; en 1862, 39,689; en 1863, 43,470. Pour le choix et la quantité, on avait égard aux besoins de la localité et à son importance. L'envoi était composé selon que la commune était catholique ou protestante, commerçante, industrielle ou agricole. Quant au nombre, la proportion suivante fut adoptée :

80 volumes pour les communes au-dessous de 500 habitants;

100 volumes pour les communes de 500 à 1,000 habitants;

120 volumes pour les communes de 1,000 habitants et au-dessus.

Les ouvrages donnés se composaient ordinairement, pour moitié, de traités d'agriculture et, pour le reste, de livres d'histoire, de littérature, de droit usuel, d'arithmétique et de sciences naturelles. La valeur de chaque envoi était au minimum de 200 francs [1].

Duruy qui, en 1863, succéda à Rouland au Ministère de l'instruction publique, soutint et encouragea de toutes ses forces l'œuvre créée par son prédécesseur. Par des instructions adressées aux recteurs, aux préfets (11 janvier 1865, 31 janvier 1865, 10 juin 1865, 8 octobre 1867), il s'efforça de régulariser et d'activer la marche de la nouvelle institution et, en même temps, il lui donnait, le plus largement qu'il pouvait, des secours effectifs. Aussi les progrès des bibliothèques scolaires, à leurs débuts, furent-ils assez rapides. « De jour en jour, le nombre de ces bibliothèques s'augmente : en 1865, on en comptait 4,833 ; en 1866, ce nombre s'élevait à 7,739 ; aujourd'hui (août 1867) il est de près de 10,000... Un seul chiffre, celui des ouvrages prêtés, qui en 1865 n'était que de 179,267, et de 450,962 en 1866, ce qui donne pour 1866 une différence en plus de 271,695 prêts, suffirait pour prouver que les populations commencent à apprécier l'utilité des bibliothèques et que cette institution, toute récente qu'elle soit, rend de véritables services. Pendant ces six années, le Ministère a acheté 390,887 volumes, représentant une valeur totale de 596,176 francs. Il a reçu en don des auteurs et éditeurs 12,425 volumes [2]. »

Ces résultats, si rapidement obtenus, valent sans doute qu'on les enregistre. Mais, si l'on s'en tenait à examiner les chiffres que nous venons de citer, on pourrait se tromper sur la portée véritable des progrès accomplis. On avait en très peu de temps formé beaucoup de bibliothèques; mais que valaient ces bibliothèques? Cette question, qu'il faut en effet se poser, les hommes de l'opposition ne manquèrent pas de la soulever et ils n'étaient pas dis-

[1] Voir *Annuaire encyclopédique* à l'article : « Bibliothèques populaires et scolaires », Paris, 1866.

[2] *Rapport* de M. de Watteville dans la collection des *Rapports* adressés au Ministre de l'instruction publique par les membres de la Commission chargée d'examiner les travaux d'élèves et les moyens d'enseignement exposés au Ministère et au Champ-de-Mars, Paris, 1867.

posés à y répondre dans un sens favorable. « On parle d'un total de près de 500,000 volumes, disait Jules Simon à la Chambre des députés... C'est un beau chiffre; il reste à savoir si ces volumes sont lus, et même s'ils sont dignes de l'être. Le Ministère a un fonds pour acheter des livres; ce fonds lui est alloué à titre d'encouragement pour les auteurs; nous voulons croire qu'il en fait bon usage, qu'il achète des livres sérieux, utiles, et non pas des ouvrages de pacotille dont le seul mérite est d'être écrit par des auteurs bien pensants et bien recommandés. Peut-être vaudrait-il mieux supprimer d'emblée cette allocation, sauf à allouer des ressources aux bibliothèques pour l'achat des ouvrages utiles. Du moment que l'État se fait pourvoyeur direct des bibliothèques, il est suspect. Le premier de tous les mérites d'un livre aux yeux des bureaux chargés de répartir les faveurs ministérielles, c'est l'innocence et surtout l'innocence politique. Il ne suffit pas pour inspirer et entretenir le goût de la lecture et pour répandre dans les masses une instruction saine et forte [1]. » Il faut reconnaître que les réserves et les défiances de Jules Simon étaient assez justifiées; en fondant les bibliothèques scolaires, le Gouvernement ne s'interdit pas de les faire servir à une propagande en faveur du régime. Cela ressort nettement d'une circulaire adressée par Rouland aux recteurs pour leur recommander une collection désignée sous le nom de *Bibliothèque des campagnes* (28 février 1863); cette collection, qui comprenait certains ouvrages de vulgarisation, tendait aussi « à faire connaître sous leur vrai jour les événements du pays et à populariser en France le dévouement et les services de la dynastie impériale ». (Rapport à l'Empereur, 10 juillet 1861.)

Tandis que le Gouvernement répandait ainsi des ouvrages de propagande, les particuliers faisaient trop souvent don aux bibliothèques scolaires d'ouvrages sans valeur et parfois même tout à fait inutilisables. Citons à ce sujet un curieux témoignage : « Les catalogues, en somme, étaient surchargés de noms de livres, dont un petit nombre étaient lus. Nous pourrions citer une bibliothèque que nous avons vue telle qu'elle était sous l'Empire, celle du Pradet, composée de 400 volumes donnés par un prêtre. Or, sur ces 400 livres, 100 environ étaient en latin et 300 au-

---

[1] *L'instruction populaire en France... Débats parlementaires, avec une Introduction par J. Simon, Paris, s. d.

tres étaient des ouvrages de piété : la bibliothèque scolaire était tout simplement une succursale de la bibliothèque paroissiale. Il est vrai que, si la bibliothèque avait beaucoup de livres, elle n'avait pas de lecteurs[1]. »

Il fallait faire ces remarques, pour prévenir toute erreur sur la valeur des premiers résultats obtenus. Mais, s'il est vrai que l'institution fut à certains égards défectueuse et incomplète, du moins elle était viable : il y avait dans l'organisation établie par l'arrêté du 1er juin 1862 un principe de durée qui a permis aux bibliothèques scolaires de se développer d'une façon lente, mais continue, depuis cinquante ans bientôt.

Voici les dispositions principales de cet arrêté qui, à la réserve de modifications de détail, est encore le code des bibliothèques scolaires.

En ce qui regarde sa composition, la bibliothèque comprend : 1° des livres de classe nécessaires aux études des enfants; 2° des ouvrages de lecture instructifs ou attrayants destinés à être prêtés aux écoliers, aux adultes et aux familles. Les ouvrages de cette seconde catégorie peuvent être concédés par le Ministre, ou donnés par les préfets au moyen des crédits départementaux, ou offerts par des particuliers, ou acquis par les ressources de la bibliothèque. Aux termes de l'article 6, c'est à l'inspecteur d'académie qu'il appartenait d'autoriser l'admission des ouvrages que la bibliothèque voulait acquérir ou dont les préfets et les particuliers voulaient lui faire don. Mais on reconnut très vite qu'il était pratiquement impossible pour les inspecteurs d'examiner tous les livres pour lesquels on demanderait leur visa. Duruy eut alors l'idée (avril 1865) de créer une commission spéciale, siégeant au Ministère, composée de professeurs, d'hommes de lettres, de membres de l'administration et qui devait examiner, sur la demande des auteurs et des éditeurs, ou d'office, les livres destinés aux bibliothèques d'école. Chaque ouvrage était l'objet d'un rapport écrit, lu en séance. A la suite du rapport, la Commission se prononçait par un vote sur le rejet ou sur l'admission. Il était entendu que le rejet n'impliquait pas un blâme pour le livre écarté; la Commission n'avait pas à frapper d'un *veto* les livres mauvais; mais elle ne devait pas accepter les livres qui, sans être

[1] *Histoire de l'enseignement primaire* dans l'arrondissement de Toulon, par Bourilly. — Manuscrit conservé au Musée pédagogique sous le numéro 3427.

nuisibles, absurdes ou inexacts, ne pouvaient cependant invoquer que les bonnes intentions de l'auteur pour racheter leur médio-crité ou leur mérite très secondaire. Cette commission [1] dressait un catalogue des ouvrages acceptés (le premier a été publié en 1868); l'inspecteur d'académie n'avait plus ainsi à examiner que les ouvrages qui n'y avaient pas trouvé place. Quant aux livres de classe, ils devaient être pris sur une liste dressée par le Conseil académique et qui ne pouvait comprendre que des ouvrages ap-prouvés par le Conseil supérieur; mais, depuis 1880 (voir circu-laire du 7 octobre 1880), un système plus libéral a confié cet examen et ce choix au personnel enseignant lui-même.

Les ressources de la bibliothèque scolaire étaient ainsi déterminées par l'article 7 de l'arrêté du 1er juin 1862. «Les ressources de la bibliothèque scolaire se composent : 1° des fonds spéciaux votés par les conseils municipaux; 2° *des sommes portées au budget pour fourniture de livres aux enfants indigents et que les conseils municipaux consentiraient à appliquer à la nouvelle fondation*; 3° du produit des souscriptions, dons ou legs destinés à ladite bibliothèque; 4° du produit des remboursements faits par les familles pour perte ou dégradation des livres prêtés; 5° *d'une cotisation volontaire fournie par les familles des élèves payants, et dont le taux sera fixé chaque année par le Conseil départemental après avis du Conseil municipal* [2]. » — Il faut bien noter que l'État n'accorde jamais aux bibliothèques scolaires des secours en argent; il les soutient seulement en leur faisant des concessions de livres, pour lesquelles un crédit spécial est inscrit au budget et qui, en 1904, s'élevait à 113,000 francs [3].

Enfin voici comment était réglée la tenue de la bibliothèque : l'armoire destinée à contenir les livres devait toujours être placée

---

[1] Cette commission, qui porte aujourd'hui le nom de *Comité des biblio-thèques de l'enseignement primaire*, n'a pas cessé de fonctionner et c'est toujours dans les conditions indiquées plus haut qu'elle fonctionne. Elle a donné des catalogues en 1874, 1881, 1887. Le dernier paru est de 1899. De plus, le *Bulletin* du Ministère publie la liste des ouvrages qui ont été admis après chaque séance de la Commission.

[2] Par suite de l'établissement de la gratuité absolue de l'enseignement pri-maire dans les écoles publiques, les passages de l'arrêté imprimés en italique se trouvent abrogés.

[3] De cette somme il faut déduire celle qui est employée à l'achat des livres que le Ministre envoie pour les distributions de prix. Nous n'en connaissons pas le montant; mais elle ne saurait guère excéder 10,000 francs.

dans une des salles de l'école et la garde en était remise à l'instituteur. C'est l'instituteur qui a mission de pourvoir à la conservation des ouvrages et à leur distribution. A cet effet, il doit tenir trois registres conformes à un modèle officiel qui lui sont fournis par l'administration : 1° un catalogue divisé en deux sections, l'une comprenant les livres destinés aux adultes et aux familles, l'autre les livres de classe. Les livres de la première section sont répartis par l'instituteur bibliothécaire entre les onze séries suivantes : ouvrages généraux, grammaires et dictionnaires; histoire et biographie; géographie et voyages; littérature et morale; ouvrages destinés aux enfants; économie politique, législation et connaissances utiles; sciences mathématiques, physiques et naturelles; hygiène; industrie; agriculture, horticulture, sylviculture, etc.; beaux-arts et arts industriels. L'instituteur tient en outre : 2° un registre des recettes et des dépenses; et 3° un registre d'entrée et de sortie des livres prêtés en dehors de l'école. — A l'administration de l'instruction publique seule appartient le contrôle et l'inspection des bibliothèques scolaires. L'inspecteur primaire, dans ses tournées, doit s'assurer que les registres réglementaires sont à jour et que toutes les dispositions utiles ont été prises pour la conservation des livres et pour leur distribution. Chaque année il adresse à l'inspecteur d'académie sur la situation des bibliothèques de sa circonscription un rapport où il signale les instituteurs qui s'acquittent avec le plus de soin de leur tâche de bibliothécaires, ceux aussi qui sont coupables de négligence ou d'irrégularité. L'inspecteur d'académie, à son tour, fait son rapport général qui est transmis au Ministre par le recteur et qui peut donner lieu à certaines sanctions (lettres de félicitations, lettres de blâme).

Comme nous l'avons dit, l'arrêté du 1ᵉʳ juin 1862 est resté, dans son ensemble, la charte des bibliothèques scolaires; sous la troisième République, il n'a pas été modifié en ses traits essentiels. C'est pour le rappeler, pour l'interpréter, pour le compléter sur des points de détail qu'ont été écrites les circulaires et instructions de Waddington (24 décembre 1874), de Jules Ferry (25 juin 1880, 7 janvier 1881), de René Goblet (1ᵉʳ juin 1886)[1].

[1] Voir *Les Bibliothèques populaires, scolaires et pédagogiques*, par B. Subercaze, Paris, 1892.

On a continué à marcher dans la voie tracée par Rouland, et les faits ont prouvé que cette voie était la bonne.

Voici comment une publication officielle[1] présentait, en 1889, le tableau des résultat obtenus pendant les dix années précédentes : « En 1869, la statistique accuse un chiffre de 14,395 bibliothèques et si, en 1871, il n'y en a plus que 13,638, cela tient à la perte de territoire, perte qui a porté précisément sur les deux départements qui avaient le plus grand nombre de dépôts de ce genre. La diminution subie à cette époque a d'ailleurs été rapidement comblée; dès 1872, on était revenu au chiffre de 14,100, et, l'année suivante, on comptait 15,551 bibliothèques, nombre supérieur à celui de 1869. Depuis cette époque, le mouvement ascensionnel n'a pas cessé et l'on comptait 20,781 bibliothèques en 1878. Dans les dix dernières années, de 1878 à 1888, il a été créé 15,545 bibliothèques nouvelles et elles sont actuellement au nombre de 36,326.

« Le nombre des volumes prêtés aux familles a suivi la même marche. En 1865, il était de 180,854 et en 1869 de 1,239,165. Il est tombé en 1871 à 1,158,742; mais, en 1872, il est remonté à 1,335,793. En 1878, il était de 2,075,540 et est actuellement de 5,576,586, soit un accroissement de 2,075,284 dans les dix dernières années...

« De 1865 à 1878 inclusivement, il avait été prêté 11,224,710 volumes, et dans les dix dernières années les prêts ont été de 34,638,263. C'est donc un nombre de prêts effectués depuis 1865 jusqu'à l'époque actuelle qui s'élève au chiffre de 45,862,973.

« Les dons en argent faits aux bibliothèques par les particuliers, les conseils municipaux et les conseils généraux se sont élevés, de 1865 à 1873, à 2,608,243 fr. 54, et dans les dix dernières années, de 1878 à 1888, à 4,680,689 fr. 11. Il a donc été consacré 7,228,932 fr. 65 à ces établissements depuis 1865.

« L'État, de son côté, a largement contribué au développement des bibliothèques. De 1863 à 1878, il a employé une somme de 1,602,000 francs à l'achat de livres destinés à être distribués dans les écoles, et depuis 1898, c'est-à-dire dans les dix dernières années, il a dépensé pour le même objet une somme de 2,250,000 francs.

---

[1] Ed. Goepp, *Les Bibliothèques scolaires.* Recueil des monographies pédagogiques publiées à l'occasion de l'Exposition universelle de 1889, Tome III.

« En 1868, une somme de 100,000 francs a été inscrite pour la première fois au budget rectificatif du Ministère de l'instruction publique. Après la guerre, pour réparer les pertes éprouvées, ce chiffre a été élevé à 120,000 francs, puis à 200,000 francs, pour chacune des années 1878 et 1879. En 1880, les Chambres ont voté un crédit de 220,000 francs, porté à 240,000 francs en 1881 et à 250,000 francs durant les années 1882, 1883 et 1884. En 1885 et 1886, le crédit inscrit au budget a été ramené à 200,000 francs, et il a été réduit ensuite en 1887 à 120,000 francs, qui ont été votés depuis chaque année. »

Dans la période qui va de 1889 à 1902, le progrès des bibliothèques scolaires ne s'est pas arrêté; mais, comme on pouvait s'y attendre, il a cheminé avec plus de lenteur. En 1892, on compte 36,645 bibliothèques qui, avec 4,858,120 volumes, font 6,862,350 prêts; — en 1897 : 41,498 bibliothèques; 6,190,973 volumes; 7,219,438 prêts; — en 1902 : 43,411 bibliothèques; 6,978,503 volumes; 8,082,936 prêts. L'œuvre, en somme, continue donc à prospérer.

Mais il ne faut pas se dissimuler qu'il reste beaucoup à faire pour qu'elle puisse atteindre son développement complet et rendre tous les services que l'on en doit attendre. — Il y a actuellement plus de 40,000 bibliothèques scolaires, total supérieur à celui des communes de France; mais cela ne signifie pas que toutes les communes en soient pourvues. « Il faut, dit M. Édouard Petit dans son *Rapport sur l'éducation populaire en 1897-1898*, compter avec les grandes villes qui en possèdent en moyenne plus de 12, avec les villes moyennes qui en ont de 5 à 6, etc., d'où il suit que des communes par milliers encore en sont privées. De plus, il faut compter que, s'il y a seulement 36,000 communes en France, il y a près de 70,000 écoles, ce qui en fait près de 30,000 sans bibliothèques. »

On ne doit pas oublier non plus que « dans beaucoup de centres mêmes où existe une bibliothèque, il arrive que son utilité soit à peine appréciable. Trop souvent elles ne sont composées que d'un très petit nombre d'ouvrages, ne forment que des collections à l'état embryonnaire. Sur d'autres points, où l'on trouve des dépôts plus étendus, ces dépôts, parce qu'ils ne se renouvellent point, ne sollicitent pas la curiosité des populations. Il ne s'agit donc pas seulement de multiplier les bibliothèques scolaires, il faut aussi enrichir celles qui sont déjà créées.

13.

« Malheureusement, tandis que le nombre des bibliothèques s'accroissait, leurs ressources suivaient une marche inverse... En 1892, 1893, 1894, 1895, 1896, le crédit, inscrit pour elles au budget, était de 110,000 francs; en 1897 et 1898, il tombe à 95,000 francs; et, en 1902, à 93,000 francs [1]. Quant aux ressources fournies par les conseils généraux et municipaux, elles n'ont pas baissé; elles se sont même relevées un peu : en 1890, 25,377 francs; en 1897, 26,399 francs; en 1902, 27,546; mais ce relèvement est, comme on voit, à peine sensible...

« On a d'autant plus à regretter cette pénurie d'argent qu'elle coïncide avec l'heure où la clientèle des bibliothèques scolaires se trouve accrue dans de très fortes proportions par le succès des cours d'adultes et des conférences. Tous les inspecteurs primaires signalent depuis 1895 une augmentation notable dans le nombre des prêts [2]. »

La tâche urgente, c'est donc de chercher les moyens par lesquels on pourra renouveler les collections de livres placées dans les écoles, de façon à tenir en haleine l'intérêt des lecteurs. Des propositions diverses ont été déjà faites en ce sens. Nous nous réservons de les rappeler dans un dernier chapitre et de rechercher nous-même comment on pourrait revivifier les bibliothèques scolaires et développer leur action [3].

---

[1] En 1904 ce crédit a été relevé, comme nous l'avons indiqué plus haut, à la somme de 113,000 francs.

[2] M. Pellisson, *Les œuvres auxiliaires et complémentaires de l'école en France*, p. 38, Paris, 1903.

[3] Si l'on veut savoir comment l'œuvre des bibliothèques scolaires est appréciée par les étrangers, on pourra lire Chr. Schröder, *Das Volksschulwesen in Frankreich*, II Teil, p. 128-199, Köln, 1887.

IX

PROPOSITIONS ET CONCLUSION.

Nous avons tâché, dans ce petit livre, de montrer aussi exactement que possible ce qu'est la situation des bibliothèques populaires à l'étranger et en France.

Fort éloigné de penser qu'il n'y a dans notre travail ni lacunes ni erreurs, nous croyons pourtant qu'il permet d'établir une comparaison entre notre pays et les autres et d'en dégager quelques résultats généraux.

On ne peut douter, nous semble-t-il, que les États-Unis et l'Angleterre ont su, mieux que la France, faire de leurs bibliothèques un puissant organe de l'éducation nationale. Par la contribution que les citoyens des villes s'imposent d'une façon permanente, par les libéralités que distribuent à l'envi de riches particuliers, ces établissements, dans les pays anglo-saxons, se développent avec une sécurité et une aisance qui, chez nous, leur manquent presque partout. Il en résulte que les bibliothèques anglaises et américaines possèdent des collections plus riches, que leur installation matérielle est de beaucoup meilleure, que, s'ouvrant au public pendant un temps bien plus long, elles fonctionnent avec plus d'activité, que leur personnel enfin, convenablement rétribué, se recrute dans des conditions qui offrent plus de garanties d'aptitude et de capacité.

Ayant ainsi laissé prendre l'avance sur nous, il paraît bien difficile que nous puissions, de longtemps, regagner le terrain perdu. Mais, même sans espoir de nous placer en tête, ne devons-nous pas faire effort pour marcher en avant? L'Allemagne, il y a dix ans, était en retard au moins autant que la France : elle a, depuis cette époque, singulièrement progressé. Pourquoi ne suivrions-nous pas son exemple?

Quant à nous, ce qui nous a engagé dans nos recherches, ce ne fut pas la pure curiosité : en montrant ce qui se fait de bien à l'étranger, nous avons espéré susciter quelque émulation chez tous ceux qui ont souci d'élever le niveau de notre démocratie et qui veulent que le peuple ait une part de plus en plus large à la vie de l'esprit.

A ceux-là nous soumettons quelques propositions qui nous paraissent propres à améliorer la situation de nos bibliothèques populaires.

I. Prévenons d'abord que, parmi ces propositions, il n'en est pas une seule qui prétende toucher à la législation existante. Cette prétention, de notre part, serait assurément déplacée; nous n'avons point mandat de tracer un plan de réforme et les titres professionnels, la compétence spéciale nous font défaut. D'ailleurs, nous estimons, en toute sincérité, qu'il n'y a pas lieu de remanier les dispositions légales qui concernent les bibliothèques populaires. Ces dispositions peuvent, en bref, se résumer ainsi : l'État, en échange de l'appui qu'il prête à l'initiative communale et à l'initiative privée, lorsqu'elles lui demandent cet appui, se réserve d'exercer une certaine direction et un certain contrôle sur les bibliothèques qu'il subventionne. A un pareil régime, nous ne trouvons, pour notre part, rien à reprendre. — Nous n'ignorons pas qu'il a été combattu naguère; au Congrès international de l'enseignement primaire, tenu à Bruxelles en 1880 on avait mis à l'ordre du jour la question suivante : comment les bibliothèques populaires doivent-elles être organisées? Le rapporteur, M. Chennevières, se prononça contre toute intervention de l'État. Mais, s'il est possible de critiquer, comme M. Chennevières n'y manqua pas, la manière dont, parfois, l'État distribue ses subventions et accorde ses concessions d'ouvrages, on ne saurait nier que les bibliothèques populaires ont ou devraient avoir le caractère d'une œuvre d'éducation nationale, partant d'un service public, et que, dans ces conditions, l'État ne peut ni ne doit s'en désintéresser. Ne voit-on pas qu'aux États-Unis, loin de repousser l'intervention de l'État, on tend davantage de jour en jour à la considérer comme bienfaisante, et même nécessaire? Dans ce pays, l'indépendance des *Trustees* a été pendant longtemps absolue; mais, depuis quinze ans, on a cessé de croire que ce soit là le meilleur des régimes; l'institution des *State Commissions* est, au contraire, de plus en plus en faveur.

Nous jugerions sans doute fort désirable que le régime financier de nos bibliothèques fût calqué sur celui qui leur est assuré en Amérique et en Angleterre. C'est surtout à l'établissement de la taxe municipale spéciale que les bibliothèques de ces deux pays doivent leur prospérité. Mais à quoi bon proposer rien de pareil? Ne sait-on pas combien le budget de nos communes est peu

élastique? Croit-on que les contribuables français soient disposés
à s'imposer d'eux-mêmes une charge nouvelle? Si, d'ailleurs, il
se trouvait, par fortune, quelque ville dont la population fût en
humeur de consentir pareil sacrifice, la municipalité ne pourrait-
elle pas, par voie de *referendum*, lui donner l'occasion d'exprimer
son sentiment; et, si les citoyens se déclaraient prêts à se taxer,
le Parlement refuserait-il d'autoriser l'imposition? Mais, à l'heure
présente, il ne peut y avoir là que des questions d'espèces; point
de place pour une mesure générale.

À notre avis, ils sont dans le vrai les hommes qui, aux États-
Unis, estiment que l'obligation pour les communes d'avoir
une école entraîne l'obligation d'avoir aussi une bibliothèque.
C'est là un article que nous mettrions volontiers dans notre programme. Mais nous nous disons que si cet article *doit* faire partie
du programme de demain ou d'après-demain, il ne *peut* pas
figurer dans le programme d'aujourd'hui. Nous l'écartons donc à
son tour, et, laissant de côté, comme nous l'avons dit, tout ce
qui exigerait des retouches ou des innovations législatives, nous
ne formerons aucun projet que ne suffise à faire aboutir le bon
vouloir et l'esprit de suite chez ceux qui s'intéressent au progrès
des bibliothèques populaires.

II. Il leur faudrait, en premier lieu, se bien persuader et persuader à ceux qui les entourent que, parmi toutes les œuvres du
« lendemain de l'école », la bibliothèque populaire est celle qui,
de beaucoup, a le plus de portée éducative et sociale. C'est une
idée dont, chez nous, on est, en général, assez éloigné. Quand,
il y a dix ans environ, s'ouvrit la campagne dite des « œuvres
post-scolaires », ce n'est pas pour le progrès de la bibliothèque
populaire que s'employèrent les propagandistes; ils la tinrent
pour accessoire, n'en parlèrent que par grâce et dépensèrent
tout leur effort à d'autres entreprises. Par là, à notre avis, cette
campagne, bruyante parfois, brillante aussi à certains égards,
fut, en somme, mal conduite : on ne se rendit pas assez compte
que, sans la bibliothèque, l'œuvre post-scolaire ne peut avoir ni
solidité ni ampleur.

Nous ne croyons pas devoir sur ce point nous mettre en frais
de démonstration. Un seul instant de réflexion suffit pour faire
comprendre qu'on ne saurait tirer de l'enseignement donné dans
les cours d'adultes — à plus forte raison dans les conférences —
que des résultats bien chétifs et bien fragiles, s'ils ne sont déve-

loppés et consolidés par les lectures personnelles. On pourrait dire, presque sans forcer les choses, que, là où manque la bibliothèque, le cours d'adultes ne sert à rien et que, là où se trouve une bonne bibliothèque, l'on peut, sans grand dommage, se passer de cours d'adultes [1].

Il faut, d'ailleurs, remarquer que l'enseignement post-scolaire n'atteint qu'une partie restreinte de la population. Les cours, improprement nommés « cours d'adultes », ne sont guère fréquentés que par les adolescents : les hommes faits, pour la plupart, s'abstiennent de les suivre. Et toujours ils s'en abstiendront; il n'en peut aller autrement : trop de motifs, même en ne comptant que ceux qui sont légitimes, les empêchent d'être assidus. Il en est un qui, à notre avis, peut suffire à lui seul : ne voit-on pas qu'il répugne à un homme d'être en posture d'écolier attardé? Ce n'est pas là mauvaise honte, mais plutôt le sentiment obscur qu'il y a une sorte d'inconvenance morale à se mettre sur les bancs, quand l'âge de l'école est passé. Et c'est, à notre avis, un sentiment fort juste.

S'il est vrai, en effet, que l'éducation doit être poursuivie pendant toute la vie, il vient une heure où il n'est plus d'éducation efficace pour l'homme, sinon celle qu'il travaille à se donner lui-même. Dans l'intérêt même de sa formation, il doit cesser d'aller écouter des leçons. Mais, tandis qu'il ne lui vaudrait rien de rester un écolier suranné, il aurait, au contraire, le plus grand avantage à pouvoir être toute sa vie un étudiant : étudier, c'est faire acte d'homme libre; celui qui étudie ne se trouve plus dans la situation quasi passive de l'auditeur; on réagit plus facilement et plus fortement sur ce que l'on lit que sur ce que l'on écoute. La vraie école de l'homme du peuple, c'est la bibliothèque.

Telle est bien l'opinion de ceux qui voient les choses directement et de près : elle se fait jour dans ce qu'ont écrit beaucoup d'inspecteurs primaires, lors de l'enquête sur les œuvres post-scolaires en 1903-1904. « La bibliothèque, dit l'un, est le meilleur soutien de l'œuvre scolaire tout entière. » (Poitiers). « La bibliothèque, déclare un autre, c'est la plus indispensable de

<hr>

[1] Nous n'entendons pas parler ici des cours qui ont un caractère spécialement technique, non plus que de ceux où l'on apprend l'alphabet aux illettrés. Mais les cours de la première catégorie sont assez peu nombreux, sauf dans les grandes villes, et ceux de la seconde, qui deviennent de plus en plus rares, peuvent être tenus pour une quantité négligeable.

toutes les œuvres post-scolaires. » (Guingamp.) « Les bibliothèques pourraient, si elles étaient plus riches en ouvrages, exercer une action aussi puissante et plus profonde que les cours et conférences, et cela d'une façon discrète et sans trop de fatigue pour les maîtres[1] » (Castres.) « L'œuvre post-scolaire doit surtout porter à la lecture, à la réflexion, amorcer le travail personnel. » (Reims.) Nous pourrions alléguer beaucoup d'autres citations du même genre qui montrent comment les hommes le mieux placés pour juger des choses se sont convaincus, à l'user, que, seule, la bibliothèque peut donner à l'enseignement d'« après l'école » quelque solidité, quelque pénétration, quelque étendue, et surtout qu'elle est l'instrument par excellence de ce que les Américains appellent *self-education*, c'est-à-dire de l'éducation en ce qu'elle a de vraiment vivant et décisif.

Est-il besoin de dire que nous n'avons en aucune façon le dessein de déprécier ce qui s'est fait en ces dernières années? Ce que nous voudrions c'est seulement que chaque chose fût mise à son rang; nous voudrions, sans plus, que tous ceux qui ont souci de l'éducation populaire donnassent à la bibliothèque la place qui lui revient : la première; qu'elle fût pour eux l'objet principal de leurs efforts et de leurs sacrifices : cela, parce que, si toute la portée de la bibliothèque n'est pas comprise, l'œuvre post-scolaire restera toujours instable et inachevée, sans assise et sans couronnement.

On doit entendre ausssi que, pour mettre la bibliothèque populaire à la première place, il ne suffira pas de l'enrichir; il faudra la réformer et la transformer.

Pendant longtemps on a considéré que son rôle unique ou, du moins, son rôle principal était de détourner les plébéiens du cabaret, de leur procurer quelques distractions honnêtes, de les munir des enseignements qui pouvaient les engager à mener une vie régulière, de leur fournir enfin quelques connaissances immédiatement utilisables. A ces fins, il faut et il suffit, pensait-on, que les bibliothèques populaires soient composées d'ouvrages avec lesquels les lecteurs se trouvent, pour ainsi dire, de plain-pied. « Le peuple n'a pas besoin d'être savant; il lui suffit de

---

[1] Il est bon, en effet, de remarquer qu'entre toutes les formes de culture populaire la bibliothèque, qui est la plus complète et la plus sûre, est celle aussi qui pourrait être réalisée avec le moindre effort.

posséder les notions indispensables au milieu dans lequel il vit et capables de lui enseigner directement les moyens de rendre son travail plus facile et plus fructueux, son passage à travers la vie plus agréable et plus fécond. » Voilà comment parlait, il y a vingt-cinq ans, un homme qui professait des sentiments démocratiques[1]. Avec de pareilles idées, non seulement on ne cherchait pas à mettre dans les bibliothèques populaires les œuvres élevées de la littérature et de la science; on les en écartait plutôt. Comme on estimait qu'il était inutile pour le peuple de les connaître, on croyait bien faire en ne lui donnant pas l'occasion de se fatiguer à les lire. Résultat : on composait les bibliothèques de livres très inoffensifs, mais aussi très médiocres, et l'on maintenait soigneusement l'institution dans un état d'humilité. Par là aussi a été favorisé le développement de la littérature dite *populaire*; développement regrettable, car, d'une part, ceux qui se donnaient la tâche d'écrire pour le peuple ne prenaient le plus souvent ce parti que comme un pis-aller et, d'autre part, — comme on en a fait dès longtemps la remarque, mais sans en tenir assez compte, — le peuple ne montrait aucun goût pour les livres écrits spécialement à son usage. « Il est, dit Jean Macé, une remarque qu'ont pu faire tous les hommes qui se sont occupés pratiquement de la question : c'est que les livres qui se donnent les airs d'être écrits pour le peuple sont de ceux précisément que le peuple chez nous ne lit presque jamais[2]. » Et cela peut venir de ce que beaucoup des ouvrages de ce genre sont mal faits; mais l'insuccès de la littérature prétendûment populaire tient à une autre cause, essentielle celle-là : le peuple n'entend pas être mis à un régime spécial. « Il lit de préférence, ajoute Jean Macé, les livres écrits pour tout le monde. »

Il est donc grand temps de renoncer résolument à la conception qui faisait de la bibliothèque populaire une institution

[1] *Congrès international de l'Enseignement primaire*, Bruxelles, 1880. — Rapport de M. Lobet sur cette question : Quelles conditions doivent réunir les publications populaires?

[2] *Les origines de la Ligue de l'Enseignement*, Paris, 1891. — Un catholique, l'abbé Perreyve, a fait une observation analogue : «Qu'on ne s'y trompe pas, l'ouvrier intelligent n'est point un enfant. Il veut être pris au sérieux et il a le droit de l'être. Il aime qu'on lui adresse la parole comme à un homme, non comme à un écolier ou comme à un pauvre. Il aime qu'on lui dise, non *mon ami*, ni *mon enfant*, mais *Monsieur* et qu'on soutienne le ton.» (*Bulletin de la Société pour l'amélioration des publications populaires*, 25 avril 1864.)

philanthropique. La philanthropie, sans doute, est une belle et bonne chose, mais elle a un domaine assez vaste ; qu'elle n'empiète pas sur celui de l'éducation. Ce qu'il faut voir surtout dans la bibliothèque, c'est un instrument de culture, un moyen d'élever le peuple ; et, partant, au lieu de s'appliquer à la maintenir à un étage assez bas, on doit chercher à la composer d'œuvres qui forcent les esprits à se hausser jusqu'à elles.

L'espoir de réussir en une pareille entreprise n'a rien de chimérique ; on a pu éprouver, en plus d'une rencontre, que le peuple n'est point incapable de comprendre et de goûter les œuvres littéraires, sinon en ce qu'elles ont de plus délicat, du moins par leurs côtés les plus forts ou les plus hauts. Qu'on se rappelle les résultats que donnèrent chez nous, il y a plus d'un demi-siècle, les « lectures publiques du soir », en 1848 [1]. Qu'on songe à l'expérience assez récente et plus probante encore faite à l'école du soir de Kharkov ; à des filles de cuisinières et de blanchisseuses, qui n'avaient qu'une instruction très rudimentaire, on proposa trois versions différentes du *Roi Lear* : d'abord un simple résumé en forme de récit, puis une adaptation où le héros de Shakespeare était remplacé par un vieux paysan russe, enfin le drame même exactement traduit. C'est la traduction qu'elles comprirent le mieux et sentirent le plus vivement ; c'est le génie même de Shakespeare, sans nul intermédiaire, qui les toucha le plus [2]. Et le peuple peut avoir accès à la haute science comme à la haute poésie ; les procédés, les démarches techniques de la science, il ne peut sans doute les connaître ; mais les résultats généraux, mais la méthode, rien n'empêche qu'il se les assimile ; car, aujourd'hui, les vrais savants les exposent dans un langage de moins en moins ésotérique, de plus en plus accessible à tous.

Ou la lecture ne sert à rien, sinon à tuer le temps [3], ou il faut

[1] Voir Sainte-Beuve, *Causeries du lundi*, t. I.

[2] *L'École du dimanche et le livre : que faut-il donner à lire au peuple ?* par Y. Abramoff, Paris, 1889. Après avoir rapporté cette expérience, l'auteur ajoute qu'elle prouva « l'inanité de la doctrine d'après laquelle les chefs-d'œuvre littéraires seraient inaccessibles à l'entendement des masses, — ce qui aboutissait à la composition d'une littérature populaire toute spéciale, composée de mutilations des œuvres des grands écrivains ».

[3] Nous n'entendons point que la bibliothèque populaire doive cesser d'être un lieu où l'on puisse trouver de la détente et qu'il faille en bannir les ouvrages récréatifs ; il est trop évident que des hommes qui ont peiné tout le

qu'elle élève celui qui lit au-dessus de lui-même. Ruskin l'a très bien dit : « Un livre où nous ne trouvons pas plus de lumière qu'en nous-mêmes, il est inutile que nous le lisions; et, si ces lumières supérieures s'y trouvent, c'est que la pensée de l'auteur dépasse la nôtre. » Voilà pourquoi il n'est nullement paradoxal d'affirmer que, par sa composition, la bibliothèque populaire ne doit pas être de plain-pied avec le peuple; c'est simplement une vérité de sens commun. Et, s'il est vrai qu'il convient de ne rien offrir au peuple qui soit hors de ses prises, il faut pourtant que la plupart des ouvrages qu'on lui présentera soient au-dessus de son niveau. Il sera sans doute malaisé d'éviter certaines méprises, certaines erreurs; mais il vaudra toujours mieux se tromper en demandant trop d'effort à l'intelligence des plébéiens qu'en ne lui en demandant pas du tout[1].

III. Cela dit, nous pouvons passer aux questions d'ordre pratique.

Nous avons fait voir combien nos bibliothèques populaires sont besogneuses. Il est clair que quiconque veut les servir a le devoir de faire appel à la générosité de l'État, des communes, des particuliers. Mais suffit-il d'attendre que cet appel soit entendu? En prenant les choses en l'état où elles sont, est-il impossible d'en tirer un meilleur parti? Tel n'est pas notre avis.

Plus les ressources sont maigres dans l'ensemble, plus il faudrait les ménager en détail.

Sans doute, Harpagon a tort : on ne saurait faire bonne chère avec peu d'argent. Mais on peut faire chère passable si l'on s'arrange pour tirer de son argent un maximum de rendement avec un minimum de frais. Et voilà ce dont on ne s'est pas encore mis en peine.

Les bibliothèques populaires, au moins sur certains points, se sont multipliées à l'excès; dans certaines villes, il y a plusieurs bibliothèques populaires municipales, plusieurs bibliothèques

___

jour ont besoin de délassement. D'ailleurs la lecture des romans peut conduire au désir de lire des œuvres plus fortes; ils servent d'amorces. Il y a là une question de mesure et de choix.

[1] J. Macé dit que, lorsque fut fondée la bibliothèque de Beblenheim, on accepta le don de certains ouvrages « assurément trop forts pour la plus grande partie des lecteurs de la commune. Ce qui peut servir à quelques-uns n'est pas perdu, pas même pour les autres. N'y eût-il que l'instituteur à en profiter, toute une génération n'en bénéficierait pas moins des facilités d'instruction données à un seul ».

populaires libres subventionnées. Elles ont à supporter des frais généraux : loyer, impôts, éclairage, chauffage, personnel, impressions, publicité, etc., qui seraient diminués dans une proportion très notable si, au lieu d'éparpiller leurs ressources, elles les concentraient, si, au lieu de vivre à l'état isolé, elles fusionnaient entre elles. La fusion, croyons-nous, dans bien des cas, donnerait à des établissements languissants une vitalité nouvelle.

Dans quelques villes importantes, il y a plusieurs bibliothèques populaires municipales; on en compte 8 à Marseille, 6 à Lyon, 6 à Nantes. A Marseille, la subvention communale pour chacune d'elles est de 600 francs; à Lyon de 866 francs.

Supposez qu'elles se fondent en une bibliothèque centrale qui, pour desservir les quartiers éloignés, établirait quelques agences de distribution : est-il douteux que, sans coûter un sou de plus à la commune, ce service deviendrait beaucoup plus profitable au public?

Dans les villes d'importance moyenne où, comme on dit, il n'y a pas de distances, qui empêcherait que la bibliothèque populaire municipale et la bibliothèque dite *de la Ville* ne fissent plus qu'un seul établissement? Qu'elles fonctionnent sous le même toit, si la disposition des lieux le permet, ou que, dans des locaux séparés, il n'y ait entre elles qu'un lien administratif, en tout cas leur réunion profiterait à tout le monde. A Grenoble, la bibliothèque de la ville et la bibliothèque populaire municipale sont établies dans des locaux distincts, mais ont une seule administration. Nous avons pu lire les rapports du bibliothécaire en chef, M. Maignien, et ils témoignent que cette combinaison a donné des résultats très satisfaisants.

Sans doute, les choses iraient moins aisément, quand il s'agirait de réunir des bibliothèques municipales et des bibliothèques libres. Il faudrait régler des questions de propriété; surtout il y aurait à ménager les susceptibilités des personnes. Mais un peu de bon vouloir et d'adresse pourrait, en bien des cas, amener une entente. Que l'on compare les modèles officiels du règlement applicable aux bibliothèques populaires communales et aux bibliothèques populaires libres qui ont accepté le contrôle de l'État; on s'apercevra qu'il n'y a aucune différence essentielle dans le régime des deux catégories d'établissements. Du jour où l'on aura compris que leur réunion sera profitable, rien n'empêche qu'elle s'accomplisse [1].

Des villes, des chefs-lieux de canton, des communes populeuses possèdent, à côté de bibliothèques populaires, des bibliothèques dans les écoles. Ces dernières ne sont-elles pas une superfétation? « La situation comparée des bibliothèques populaires et scolaires, dit l'inspecteur d'académie de l'Yonne, permet de faire quelques constatations intéressantes : si l'on s'en tient aux chiffres bruts, les bibliothèques scolaires paraissent jouir d'une moindre faveur que les bibliothèques populaires..... C'est que leur fonds ne se renouvelle pas assez vite au gré des lecteurs; elles sont, d'autre part, beaucoup moins riches que les autres..... On peut se demander jusqu'à quel point cette espèce de concurrence est de nature à favoriser le développement du goût de la lecture et s'il n'y aurait pas intérêt, pour la plus grande commodité des lecteurs, à ce qu'une bibliothèque unique fût ouverte dans beaucoup de communes [2]. » Assurément, c'est là une question qui se pose et, en ce cas, elle doit être résolue, croyons-nous, par la disparition des bibliothèques scolaires, à cette condition toutefois que la bibliothèque populaire comprendra une section pour la jeunesse, qu'une connexion sera établie entre la bibliothèque et l'école. Ce *modus vivendi* a déjà été mis à l'épreuve ici ou là et, nulle part, on ne s'en est mal trouvé : « J'ai obtenu, écrit un instituteur, des administrateurs de la bibliothèque municipale l'autorisation d'emprunter..... tous les trois mois une cinquantaine de volumes, que je prête ensuite à mes élèves. Tout le monde y trouve son compte : les enfants ne lisent que des ouvrages que j'ai choisis moi-même..... le bibliothécaire n'a plus l'ennui de refuser aux enfants des livres qui ne peuvent pas leur convenir et sa comptabilité est bien simplifiée [3] ». Ne voit-on pas qu'une expérience de ce genre pourrait et devrait être généralisée?

[1] Ces modèles de règlement ont été établis par le Ministère de l'instruction publique.

[2] Rapport au Conseil général de l'Yonne pour l'année 1903.

[3] Lettre d'un directeur d'École primaire supérieure publiée par la *Correspondance générale de l'Instruction primaire*, 15 août 1895. Citons aussi une expérience du même genre qui a été faite tout récemment à Montpellier. Le Comité de la bibliothèque populaire a créé une section scolaire. « Considérant, d'une part, la pauvreté irrémédiable des bibliothèques scolaires, de l'autre, le goût toujours croissant de la lecture chez les enfants et le danger qu'il y a de les abandonner à la tentation des lectures trop faciles, le Comité organisa

Enfin nos communes rurales possèdent, pour les deux tiers environ, de petites bibliothèques (bibliothèques scolaires, qu'on appelle aussi *bibliothèques populaires des écoles*). Presque partout ces établissements végètent; ils sont trop pauvres pour se procurer des livres nouveaux qui tiendraient en haleine la curiosité des lecteurs. On les déserte parce qu'on se lasse de n'y trouver que les mêmes volumes lus et relus. Nous ne souhaitons pas la disparition des bibliothèques scolaires rurales; il nous semble, au contraire, excellent qu'il y ait dans toutes les communes, petites ou grandes, au moins un dépôt de livres. Mais, à notre sens, dans les communes rurales, ce dépôt devrait se composer simplement de quelques ouvrages de référence : dictionnaires, atlas, manuels divers[1]. C'est à une bibliothèque populaire centrale, établie au canton, qu'il appartiendrait de pourvoir aux autres besoins.

L'idée de créer des bibliothèques cantonales, destinées à desservir les communes du ressort, n'est pas une idée nouvelle; elle fut émise, comme on l'a vu, dès le temps de Louis-Philippe. Mais on doit à M. Tourasse, croyons-nous, la première application un peu étendue et un peu suivie qui en ait été faite. Riche et ami du bien public, il écrivit, en 1879, aux maires et conseillers municipaux des Basses-Pyrénées une lettre qui contenait les propositions suivantes : «Je m'engage à donner *immédiatement* en livres une somme calculée à raison de 10 centimes par habitant *du canton tout entier*, à la condition que le conseil municipal du chef-lieu de canton votera une somme de 10 centimes

un service spécial de prêts pour les élèves fréquentant les divers établissements d'instruction de Montpellier..... La section scolaire compte aujourd'hui 2,000 volumes de tout ordre..... Elle fonctionne le jeudi, de 9 heures à midi. Le service est fait par des membres de l'enseignement primaire, membres du Comité, aidés par des jeunes gens de l'École primaire supérieure..... Le nombre des prêts s'élève chaque jeudi à plus de 150..... Dans ces derniers temps, le Comité a mis à l'étude la création d'une salle de lecture ouverte aux enfants seulement, le jeudi, de 2 heures à 7 heures» (Extrait d'un rapport de M. Mourgue, inspecteur de l'enseignement primaire, à Montpellier.)

[1] Vingt ou trente volumes au maximum suffiraient pour constituer cette bibliothèque de consultation. Peut-être serait-il bon que le Ministère de l'instruction publique fît, à titre d'indication, établir des listes de ce genre d'ouvrages par des hommes compétents. Il est entendu, d'ailleurs, que ces ouvrages devraient être renouvelés, lorsqu'ils auraient cessé d'être au courant. Des renouvellements, même assez rapprochés, n'entraîneraient jamais de bien grosses dépenses.

par habitant *du chef-lieu de canton seulement*..... Si, dans la session ordinaire de mai, le conseil municipal déclarait ne pas avoir les ressources nécessaires pour voter la subvention indiquée...... un certain nombre d'habitants pourraient s'entendre pour réunir le même chiffre par voie de souscription, ou pour compléter la somme si le conseil n'avait pu voter qu'une allocation partielle. Je n'en donnerais pas moins la même subvention aux mêmes conditions..... La bibliothèque cantonale ainsi fondée prêtera gratuitement ses livres aux habitants du chef-lieu de canton..... Elle admettra ensuite les habitants des autres communes du canton à emprunter des livres sur le pied de la plus complète égalité au fur et à mesure que le conseil municipal de ces communes ou un groupe d'habitants auront versé leur souscription à raison de 10 centimes par habitant..... Si une commune ou un groupe d'habitants de cette commune se refusaient à verser cette subvention pour ouvrir à tous l'accès de la bibliothèque, un particulier pourrait emprunter des livres pour lui et sa famille vivant avec lui, moyennant une cotisation annuelle de 2 francs [1]. »
L'offre de M. Tourasse, généreuse et ingénieuse à la fois, fut bien accueillie; les cantons souscrivirent, les communes, en majorité, consentirent à participer à l'œuvre [2] et, dans le département des Basses-Pyrénées, il ne tarda pas à se former un réseau de bibliothèques cantonales [3].

Il nous semble qu'il serait oiseux d'insister sur les avantages de la concentration; mais nous devons remarquer qu'elle ne saurait être bienfaisante qu'à la condition d'avoir une contre-partie : en centralisant les ressources, il faut trouver les moyens de décentraliser les livres. — Il a été fait déjà quelques essais de bibliothèques itinérantes [4] : en 1874, Waddington, mi-

[1] *Lettre de M. Tourasse aux conseillers municipaux des Basses-Pyrénées relativement à la création de bibliothèques cantonales*, Pau, 1879.

[2] A. Piché, *Notice sur les bibliothèques cantonales d'après le plan conçu par M. Tourasse*, Pau, 1881.

[3] M. Dujardin, bibliothécaire de la ville d'Alger, au congrès de la Ligue de l'Enseignement, tenu à Rennes en 1898, a demandé l'organisation de bibliothèques cantonales. Il les rattachait à un ensemble d'établissements désignés sous le nom d'*Instituts cantonaux* (Musée, Archives, Cours et Conférences, Expositions).

[4] Il existe depuis 1882 une bibliothèque itinérante. qui a un caractère officiel. C'est la Bibliothèque circulante, annexée au Musée pédagogique, dont l'objet fut d'abord de faciliter la préparation aux divers examens professionnels de l'enseignement primaire et où l'on fit plus tard entrer des livres plus spé-

nistre de l'instruction publique, recommandait « d'organiser un système d'échange entre les établissements, de façon qu'ils envoient dans les bibliothèques voisines les ouvrages déjà lus, et que ces bibliothèques à leur tour leur renvoient en échange les ouvrages qui ne trouvent plus de lecteurs chez elles ». Sur ce conseil venu de haut, quelques instituteurs ont voulu pratiquer ces échanges intercommunaux; leur tentative n'eut pas de succès; ils se heurtèrent à « la prévention qui a cours dans les villages contre les échanges momentanés entre bibliothèques voisines [1] » et qui a pour cause la préoccupation de garder intacte la propriété communale. Ces échanges temporaires, *ad libitum*, n'ont pas assez, il est vrai, le caractère véritable d'une organisation; il faut quelque chose de plus. Il ne suffit pas que les livres puissent être mobilisés; il convient qu'ils soient mis en circulation suivant un mode régulier et nettement déterminé. Le jour où existerait une bibliothèque cantonale, devenue propriété collective de toutes les communes du ressort, — la propriété communale étant ainsi mise hors de cause, — un système de rotation devrait être établi, et il pourrait l'être sans provoquer de défiance.

Nous n'avons pas ici le loisir d'examiner de quelle manière la circulation des livres pourrait être réglée dans le détail; il ne nous paraît pas d'ailleurs qu'on ait à se mettre en peine d'une réglementation uniforme; les principes généraux étant admis, il y aurait, au contraire, avantage à en faire des applications variées suivant les localités.

---

cialement destinés à la préparation de conférences populaires. En 1904, la composition de cette bibliothèque a été remaniée : on en a retiré les livres qui n'avaient jamais été demandés; on a commencé à remplacer les livres vieillis par les dernières éditions des meilleurs ouvrages. « En outre, on a pensé que les clients de la Bibliothèque circulante seraient peut-être bien aises d'y trouver, à côté de livres pour la préparation des examens ou des conférences, quelques grands traités généraux, les meilleurs de ceux qui ont été composés pour faire connaître au public cultivé l'état actuel de la science dans ses principaux domaines ». Le catalogue de la Bibliothèque circulante sera, désormais, tiré à petit nombre, de sorte qu'il puisse en être donné une ou deux fois par an des éditions nouvelles, où seront consignées au fur et à mesure les additions et les suppressions dont l'utilité aura été reconnue. — Les livres demandés sont envoyés par les soins de la Direction du Musée pédagogique et doivent lui être retournés dans un délai *maximum* de deux mois; au retour, le port est à la charge de l'emprunteur. Pour plus de détails voir l'*Avis* placé en tête du *Catalogue de la Bibliothèque circulante du Musée pédagogique*, Melun, 1906.

[1] Voir *Correspondance générale de l'instruction primaire*, 1ᵉʳ septembre 1894.

Peut-être pourtant n'est-il pas inutile de reproduire, à titre d'indication, un projet qui nous a paru assez bien conçu :

« Les ouvrages de la bibliothèque cantonale sont divisés en un certain nombre de séries.

« Le catalogue de la bibliothèque et les suppléments qui en seront donnés seront délivrés à toute personne qui en fera la demande contre une somme à fixer.

« Le canton est divisé en un certain nombre de sections qui ont pour chefs-lieux les communes de A, B, C, D, etc.

« La répartition des séries d'ouvrages de la bibliothèque se fait dans les sections en octobre, décembre, février, avril, juin de chaque année, suivant un roulement qui permet à chaque section de recevoir successivement chacune des séries.

« La bibliothèque du chef-lieu cantonal devra posséder un nombre de caisses correspondant au nombre des sections; dans ces caisses, de dimensions déterminées, divisées en compartiments, seront placés, par ordre de format, les livres de chaque série [1].

« Des *correspondants* de la bibliothèque seront nommés dans les communes du canton. Ils seront choisis de préférence parmi les autorités scolaires, maires, délégués cantonaux, commerçants notables que leurs affaires appellent régulièrement au chef-lieu [2].

« Leur fonction — fonction gratuite — consistera à transporter les caisses de livres aux chef-lieux de section et à les retourner au chef-lieu cantonal.

« L'échange des caisses aura lieu au siège de la bibliothèque par les soins du bibliothécaire, les premiers jours de marché des mois d'octobre, décembre, février, avril, juin de chaque année.

« Il y aura un *répartiteur* dans chaque section. Sa fonction consistera à mettre à la disposition du public les ouvrages qu'il aura reçus en dépôt. La répartition, après la réception des caisses, aura lieu à des jours et heures à déterminer [3]. »

[1] Il conviendrait qu'une liste des livres contenus dans la caisse accompagnât chaque envoi.

[2] Dans les cantons riches et où les communications sont faciles, le budget des dépenses de la bibliothèque pourrait comprendre un crédit affecté aux frais de transport.

[3] Ce projet, où nous n'avons fait que de légers remaniements, fut présenté par M. Barcilhes, inspecteur de l'enseignement primaire, au concours ouvert en octobre 1893, par la *Correspondance générale*. Il s'agissait de cher-

Il y a apparence que, si l'organisation des bibliothèques cantonales venait à se généraliser chez nous, nous ne serions pas plus en peine que les Américains et les Allemands pour leur assurer un système de circulation satisfaisant.

IV. Quand, par la fusion et la coopération[1], les bibliothèques populaires des cantons et des villes auraient acquis un fonds plus étendu et plus varié, quand il y pourrait circuler un courant continu de nouveautés, leurs clients et leurs amis deviendraient nécessairement plus nombreux.

Il ne conviendrait pas pourtant de se contenter de ce progrès en quelque sorte automatique. Il faudrait échauffer le zèle chez les tièdes et faire naître la sympathie chez les indifférents.

On n'exagère rien en disant que la propagande en faveur des bibliothèques populaires n'existe chez nous à aucun degré. Le temps n'est-il pas venu de s'en occuper et de chercher à l'organiser?

Quand nous parlons de propagande, nous serions bien fâché si l'on allait croire que nous conseillons le baladinage et la réclame qui ont été déployés pour certaines œuvres. Nous goûtons peu les cavalcades organisées naguère en Belgique pour faire, à travers les rues, des « collectes de livres ».

cher comment on pourrait assurer la circulation des livres dans les bibliothèques pédagogiques. Le mémoire de M. Barcilhes fut couronné. On pourra lire dans la *Correspondance générale* (15 juillet, 1894) le rapport de M. Wisemans sur le concours. — *Le Bulletin de la Société Franklin* (janv.-févr. 1899) contient les statuts d'une bibliothèque cantonale circulante.

[1] Si deux ou plusieurs bibliothèques venaient à se réunir, ce devrait être l'occasion de procéder à l'opération que les Américains appellent *weeding out*, c'est-à-dire à l'expurgation de ces bibliothèques. Tels qu'ils sont composés à l'heure présente, ces dépôts contiennent des éléments qui doivent en être éliminés : 1° des livres vieillis, qui ne sont plus au courant de la science et où il y a non seulement des lacunes, mais des erreurs; 2° des livres insignifiants, manuels scolaires, cartonnages de distributions de prix, feuilletons, etc., dont les collections ont été encombrées par des dons malencontreux et qui ne sont, en vérité, que du « ballast »; 3° des ouvrages de propagande politique, de prosélytisme confessionnel. Cette dernière catégorie d'ouvrages est trop largement représentée; et, par le legs du passé, ce sont peut-être les livres anti-démocratiques qui sont en majorité. Leur expulsion s'impose : non pas que nous souhaitions établir dans les bibliothèques populaires une orthodoxie politique ou philosophique. Mais, à notre avis, toute œuvre de prosélytisme n'y est pas à sa place. Les œuvres de ce genre ne s'y pourraient faire tolérer que par un talent exceptionnel; ce n'est pas le cas des petits volumes qui ne se recommandent que par l'approbation des évêques et archevêques. Qu'on les bannisse des bibliothèques : elles s'enrichiront de leurs pertes.

Mais nous pensons que, si la réclame serait fâcheuse, la publicité pourrait être très utile à nos bibliothèques. Or, jusqu'aujourd'hui, cette publicité, non seulement on ne l'a pas cherchée, il semble qu'on l'ait évitée plutôt. Où voit-on que les bibliothécaires, que les comités de surveillance communiquent à la presse locale des comptes rendus sur la marche des établissements qu'ils administrent? Il n'y aurait pourtant pas là de réclame; ils feraient ainsi simplement connaître les états de services de leur œuvre. Et il faut qu'elle se fasse connaître; souvent, dans les petites villes, tout se sait, hors l'existence de la bibliothèque populaire. Aussi ne suffirait-il pas de publier les rapports, les comptes rendus annuels; l'attention du public devrait être sollicitée par des communications fréquentes aux journaux. Des occasions naturelles s'en offriraient, quand des livres nouveaux entreraient à la bibliothèque par voie d'achat ou de concession ministérielle. Si, par fortune, quelque particulier faisait une libéralité, on ne manquerait pas d'en aviser le public; outre que ce témoignage de gratitude aurait bonne grâce, il pourrait susciter de l'émulation et provoquer des libéralités nouvelles. Bref, il y a lieu de tirer les bibliothèques populaires de la pénombre où, depuis longtemps, on les oublie. L'entreprise, au reste n'a rien d'ardu; car on n'en saurait douter, toute la presse, au moins toute la presse démocratique, la seconderait volontiers.

Le même intérêt serait bien servi par l'organisation de conférences. — Nous ne cachons pas que la conférence nous paraît devoir être tenue en défiance d'une façon générale : ce genre, non seulement admet, mais comporte et exalte la médiocrité; on a trop souvent éprouvé, d'ailleurs, que la conférence ne servait à rien qu'à satisfaire la vanité du conférencier. Mais les conférences de l'espèce à laquelle nous pensons n'auraient pas ces inconvénients; elles ne donneraient pas l'occasion de briller; elles excluraient tout apparat et tout apprêt; ce serait simplement, comme disait Jean Macé, des *leçons de bibliothèque*. On s'y bornerait à donner aux lecteurs inexpérimentés quelques explications préliminaires sur telle ou telle catégorie de livres mis à leur disposition, à les prévenir de ce que l'on y peut apprendre. La lecture de passages choisis interrompue, à l'occasion, par quelques commentaires, tiendrait la plus large place dans l'entretien. On projeta naguère, à Paris, l'organisation de conférences ainsi entendues et l'on en traça même une sorte de programme qui mérite d'être rappelé : « Il faudrait, disait-on, pour que l'enseignement par le livre portât tous ses fruits, le faire précéder par quelques leçons orales; beaucoup d'adultes arrivent à la bibliothèque insuffisamment préparés à la lecture par leur éducation première; pourvus d'un bagage trop léger de connaissances, ils ne savent quels livres demander, hésitent devant le grand nombre de volumes mis à leur disposition; et, craignant de s'adresser à des ouvrages qui seraient au-dessus de la portée de leur esprit, ils se bornent aux romans. On devrait, remédier autant que possible à cet inconvénient, organiser dans chaque mairie une série de conférences familières portant sur l'art de diriger ses lectures. — Dans une premiere causerie, un peu plus solennelle que les autres, un conférencier connu pourrait indiquer les connaissances préliminaires à acquérir et désignerait les chefs-d'œuvre de l'esprit humain que tout le monde doit avoir lus; viendraient ensuite des spécialistes qui, pour chaque branche des sciences, pour l'histoire, pour la littérature, indiqueraient les ouvrages à lire et le profit à en tirer ». Nous ne prétendons pas, cela va de soi, que l'on suive ce plan; mais nous croyons qu'en s'orientant d'après lui il serait possible de parler utilement. En outre, sans compter l'influence qu'elles auraient sur l'éducation des lecteurs, des conférences de ce genre serviraient à la propagande : elles seraient annoncées par les journaux, par des affiches; elles appelleraient ainsi l'attention sur la bibliothèque et attireraient sans doute, en dehors de la clientèle habituelle, un public auquel on aurait l'occasion de montrer combien une bibliothèque populaire peut contribuer au progrès de l'éducation nationale.

V. C'est évidemment le bibliothécaire qui est désigné en principe pour prendre l'initiative et la direction de cette propagande. N'est-ce pas de lui, plus que de personne, que dépend tout ce qui peut servir la prospérité de sa bibliothèque ?

Par là, nous nous trouvons amené à nous demander s'il n'y aurait rien à faire pour le personnel des bibliothèques populaires.

Qu'il soit très souhaitable de lui donner un statut qui fixe les conditions de son recrutement, de sa nomination, de sa rémunération, voilà de quoi nous sommes pleinement convaincu. Mais nous sommes bien forcé de reconnaître aussi qu'à l'heure présente ce souhait est irréalisable. La Commission récemment instituée près du Ministère de l'instruction publique pour préparer la réforme des bibliothèques publiques s'est occupée de donner une charte au personnel des grandes bibliothèques de l'État et des villes (bibliothèques classées); elle n'a pas cru qu'il fût possible de comprendre le personnel des bibliothèques populaires dans ses projets[1]. Il faut songer en effet que les fonctions des bibliothécaires placés à la tête des bibliothèques populaires ne sont et ne peuvent être le plus souvent pour eux que des fonctions accessoires; aussitôt apparaît l'impossibilité de leur donner un statut. Question d'argent, fâcheuse et à peu près insoluble question d'argent.

Mais, si l'on est contraint de renoncer à organiser ce personnel, est-ce une raison pour négliger de lui prêter aide et concours dans la mesure du possible?

Nous avons dit que, d'après ce que l'on peut savoir, il n'est dépourvu en général ni d'application ni de zèle et que, composé en très grande partie de membres de l'enseignement primaire, il présente à quelque degré des garanties de capacité. Ce qui lui manque d'une façon absolue, c'est une éducation professionnelle. N'y a-t-il donc aucun moyen de lui en donner, au moins, les rudiments?

Lorsqu'on a réorganisé les cours d'adultes, quand on a ouvert la campagne des conférences pour le peuple, dans la plupart des écoles normales on a jugé bon que les élèves-maîtres fussent préparés par quelques exercices préliminaires à distribuer cette nouvelle forme d'enseignement. Par malheur, on oublia alors que les jeunes instituteurs sont, en bien des cas, appelés à diriger une bibliothèque populaire proprement dite et qu'ils ont presque toujours la charge d'une bibliothèque populaire d'école. Il faut regretter cet oubli; il faut le regretter pour le réparer. — Nous n'avons garde de demander l'institution de cours spéciaux, l'introduction d'un nouveau paragraphe dans les programmes d'enseignement. Nous nous contenterions à moins. Les directeurs et directrices des écoles normales ont l'habitude, dans des entretiens familiers, de parler à leurs élèves de tout ce qui, directement ou indirectement, rentre dans le rôle de l'instituteur public. Ne pourraient-ils pas, dans une ou deux de ces homélies pédagogiques, s'attacher à faire comprendre à leur audi-

[1] Voir dans le journal *le Temps* du 10 janvier 1906 un article de M. Ch.-V. Langlois.

toire quel est le véritable caractère de la bibliothèque populaire
et combien elle a de portée sociale? Pourquoi ne prendrait-on
pas des mesures telles que tous les élèves fussent amenés à participer à tour de rôle au fonctionnement de la bibliothèque de
l'école? Pourquoi ne leur demanderait-on pas de s'essayer à constituer une sorte de type de bibliothèque populaire? Serait-il bien
difficile de les conduire, par groupes, de temps en temps, à la
bibliothèque de la ville et d'obtenir que le conservateur donnât
à ces jeunes gens quelques explications et indications générales
sur la marche de son établissement [1]?

Voilà sans doute un programme bien modeste et une préparation bien sommaire. Encore cela vaudrait-il mieux que l'absence de tout programme et de toute préparation.

On pourrait au reste, sans grand effort ni grande dépense,
pousser plus avant dans cette voie. Nos Universités provinciales
reconstituées, et qui se montrent déjà hospitalières pour les instituteurs, se refuseraient-elles, pour peu qu'on les en priât, à les
guider et les instruire pour leur fonctions de bibliothécaires ?
L'extension universitaire a échoué sous d'autres formes; il nous
paraît que, sous celle-là, elle aurait chance de réussir. Le Ministère de l'instruction publique aurait-il à solliciter de bien gros
crédits, s'il entreprenait de faire rédiger un manuel élémentaire
de bibliographie, s'il réimprimait le petit traité de bibliothéconomie composé, il y a quinze ans, par M. Léopold Delisle [2],
et s'il distribuait largement ces deux ouvrages ? Nous croyons,
quant à nous, que, pour quelques milliers de francs, il serait
assuré d'obtenir des progrès appréciables [3].

<hr>

[1] Cela ne serait pas sans précédents. Nous pouvons en rappeler au moins
un. En 1882, M. Maignien, alors bibliothécaire adjoint de la ville de Grenoble,
fit aux instituteurs et institutrices du département une série de conférences pour
leur faire connaître les collections qu'il était chargé de conserver. (Voir *Notice
sur la bibliothèque de la ville de Grenoble*, par T. Maignien, Grenoble, 1882.)

[2] Ministère de l'instruction publique et des beaux-arts. Direction du Secré-
tariat et de la Comptabilité. — *Instructions élémentaires et techniques pour la mise
et le maintien en ordre des livres d'une bibliothèque*, par L. Delisle, Lille, 1890.

[3] En janvier 1906 a paru un *Bulletin des bibliothèques populaires* (Bibliothèques municipales, Bibliothèques populaires, Bibliothèques des établissements
publics d'instruction, etc.). Il est publié sous les auspices de la Bibliothèque
de l'enseignement public (Musée pédagogique) et de l'Inspection générale des
bibliothèques. On lit dans le *Programme* que contient le premier numéro :
«*Le Bulletin* se propose, en général, de provoquer et de servir, en France, un
mouvement analogue à celui qui s'est dessiné depuis 1895 en Allemagne : il

Les quelques propositions que nous venons de présenter n'ont pas la prétention de faire une révolution et nous ne les donnons pas pour originales. Nous avons voulu nous en tenir à demander peu pour pouvoir obtenir quelque chose; et il nous a paru qu'il valait mieux ne recommander aucune mesure qui n'eût déjà passé par l'épreuve de l'application. Ce que nous souhaitons, en somme, c'est de voir appliquer d'une façon générale quelques pratiques dont l'expérience a montré, ici ou là, qu'elles étaient utiles. Nous ne considérons pas non plus que notre programme soit un et indivisible; qu'on en réalise telle ou telle partie suivant les lieux, les circonstances, les ressources, ce sera bien. Nous devons déclarer pourtant que ce qui touche au personnel est, à nos yeux, ce qui importe le plus. — Le personnel des bibliothèques populaires se recrute, en très grande partie, parmi les instituteurs. Ils ont assez montré depuis longtemps que l'on pouvait compter sur eux pour toutes les œuvres de progrès social. Du jour où on leur aurait fait comprendre dans toute leur étendue les services que peut rendre la bibliothèque populaire, du jour où on leur aurait donné, pour remplir leur tâche de bibliothécaires, quelques clartés plus vives et quelque secours, de ce jour, à n'en pas douter, on les trouverait prêts à remplir leur office comme il convient. Ils y mettraient d'autant plus d'entrain qu'ils pourraient s'en acquitter sans un trop grand surcroît de fatigue; et, sachant que cette forme de l'éducation démocratique peut donner des résultats moins aléatoires que toutes les autres, ils y travailleraient avec joie et avec ardeur[1]. C'est d'eux d'abord, à

sera le lien entre les bibliothèques populaires et leurs amis connus ou inconnus, déclarés ou en puissance. Il publiera donc de temps en temps (non pas dans dans tous les numéros, mais seulement lorsqu'il y aura lieu) des articles de doctrine ou d'information sur les questions qui intéressent les bibliothèques populaires, chez nous et ailleurs. Il accueillera aussi des communications. — *Le principal objet précis de cette publication est, d'ailleurs, d'être un bulletin critique des nouveaux livres* EN FRANÇAIS, à l'usage des personnes qui administrent ou qui fréquentent les bibliothèques municipales, populaires, populaires des écoles publiques, etc., tant en France qu'à l'étranger... Il ne paraîtra jamais dans cette publication une ligne de réclame (pas même sur la couverture), ni de complaisance; tous les articles, préalablement visés par un membre compétent du Comité de rédaction, seront signés; et ils seront aussi brefs, aussi pleins et aussi impersonnels que possible.» D'un prix très bas (l'abonnement est de 3 francs par an pour la France), cette publication vise surtout, comme on voit, à aider les bibliothécaires dans le choix des livres nouveaux et à leur servir de bibliographie courante.

[1] On annonce comme prochaine la constitution d'une «Association des biblio-

notre avis, que dépend le progrès de l'institution des bibliothèques populaires.

thécaires français». Il s'agit des bibliothécaires des bibliothèques savantes. Mais il faut espérer que, suivant l'exemple de leurs collègues des États-Unis et de l'Angleterre, ils ouvriront leurs rangs aux bibliothécaires des bibliothèques populaires et qu'ils considéreront comme un devoir de s'intéresser à l'avenir de ces modestes dépôts.

TABLE DES MATIÈRES.

Pages.

I.   Les Bibliothèques publiques aux États-Unis............ 1

Historique.............................. 2
Législation et administration 6
Installation matérielle et organisation............. 12
Le rôle et la situation des bibliothécaires.......... 17
Les résultats............................ 25

II.   Les Bibliothèques municipales en Angleterre 31

Historique.............................. 31
Législation, ressources, administration 46
Installation matérielle et fonctionnement........... 43
Les Bibliothèques et l'éducation................. 49
Les résultats............................ 57

III.   Les Bibliothèques populaires en Allemagne............ 60

Les origines............................. 60
La période de 1840 à 1890.................... 66
La période contemporaine.................... 71

IV.   Les Bibliothèques scolaires en Allemagne............. 86

V.   Coup d'œil sur la situation des Bibliothèques populaires
dans les principaux pays d'Europe 95

Autriche-Hongrie.......................... 95
Belgique................................ 102
Hollande................................ 107
Suisse.................................. 110
Danemark............................... 115
Finlande................................ 118
Norvège................................ 119
Suède.................................. 121
Espagne................................ 124
Portugal................................ 127
Italie.................................. 129
Russie.................................. 134

VI.   Les Bibliothèques populaires en France 144

       Historique et législation. 144

VII.   Les Bibliothèques populaires en France 170

       Ressources, installation, fonctionnement. 170

VIII. Les Bibliothèques scolaires en France 187

IX.   Propositions et conclusion. 197